고급 이탈리아어 문법

고급 이탈리아어 문법

초판	1쇄 발행 2021년 12월 20일
지은이	조문환
발행인	송주선(Silvia)
디자인	송주선(Silvia)
발행처	넬라비타(NELLA VITA)
원어 녹음	Giulia Macrì
홈페이지	www.silviaitalia.com
문의 메일	songjooseon@naver.com
등록번호	2021년 12월 20일 979-11-973851-2-4
출판권	© NELLAVITA 2021

이 저서는 2021년도 한국외국어대학교 교내학술연구비 지원에 의해 이루어졌습니다.
이 책은 저작권법에 따라 보호받는 저작물이므로 무단복제와 무단전재를 금합니다.
이 책 내용의 전부 또는 일부를 이용하려면 반드시 저작권자와 출판사 넬라비타의
서면동의를 받아야 합니다. ▫ 잘못된 책은 교환해 드립니다. ▫ 책 값은 뒤표지에 있습니다.

고급 이탈리아어 문법

서문

한국에서 이탈리아어 공부는 별 쓸모가 없다. 온통 영어 세상이니 국제어인 영어 단어 하나를 더 외우는 것이 낫겠고 사회적 수요가 아예 없으니 이 언어에 '올 인'할 이유가 전혀 없다. 사람들은 거리에서 보았던 수많은 이국적 이름들이 이탈리아어란 사실에 놀란다. 간판에 새겨진 뜻 모를 이 외국어에 한국인은 무한 매력을 느낀다. 하지만 작곡가가 아닌 이상에야 작명가로 살 수도 없다. 바로 그런 이유로, 서점에 가면 대개 여행용 취미오락용 치매 예방용 이탈리아어 서적뿐이고 이들은 모두 한 달 만에 두 달 만에 이탈리아어를 끝낸다고 한다.

하지만 이탈리아어는 논리 굴절의 언어이므로 그런 기적이 일어나지는 않는다. 멋진 문장 20여개를 달달 외워 멋지게 뽐내고 싶지만 온통 단어의 꼬리가 변하니 한 문장도 제대로 써먹을 데가 없고, 한 달 만에 끝낸 문법 지식으로 신문을 줄줄 읽어내리기는 커녕 한 줄도 읽을 수가 없다. 이탈리아어 학습에 이렇게 제한이 많으니 배워야 할 이유가 있을까? 이 언어를 배워야 할 모티베이션은 없다.

모티베이션! 그 언어를 배워야 할 현실적인 이유, 그것을 찾으면 된다. 내가 좋아하는 이탈리아의 패션, 관광, 음식, 역사, 문화, 건축, 음악, 예술, 그 어떤 분야에서 일하기 위한 것일 때에만 이탈리아어는 배울만한 충분한 가치를 갖는다. 우리가 이른바 '융합의 시대'에 살고 있음을 기억하자.

언어는 수단, 즉 '무언가'를 하기 위한 도구일진대 '한 달 만에 완성한' 그런 이탈리아어로 아무것도 할 수 없음은 자명하다. 본서 출판의 이유이다. 이 책에서는 기존 문법서들이 다루지 않는 난해한 문법을 설명과 함께 세밀하게 다루고자 하였고 감히 '고급 이탈리아어 문법'이란 제목을 붙였다. 조금은 거창한 타이틀일지 모르겠다. 이 문법책에서 얻은 고급 지식으로도 1400년대의 단테나 페트라르카의 시를 읽어 내리진 못 할 것이 뻔하므로! 하긴 난 한국시를 보아도 잘 이해를 못하긴 한다.

코로나 비루스, 인간 악마들, 그 천인공로할 악행들
그리고 신곡의 '인페르노'를 생각하면서
2021. 12. 20.
조문환

도서 목차

01　PRIMI PASSI
　문자와 소리　　　　　　10
　발음　　　　　　　　　11
　음성 및 음운 형상　　　11
　철자　　　　　　　　　25
　형태　　　　　　　　　28
　통사　　　　　　　　　29

02　관사 (L'articolo)
　부정관사　　　　　　　34
　정관사　　　　　　　　35
　전치사관사　　　　　　36
　부분관사　　　　　　　36
　관사의 출현과 생략　　36

03　명사 (Il nome)
　명사의 성과 수　　　　46
　명사의 분류　　　　　47
　명사의 성　　　　　　48
　명사의 수　　　　　　51
　과잉 복수명사　　　　53
　수 불변 명사　　　　　54
　결여명사　　　　　　　54
　합성어　　　　　　　　55

04　형용사 (L'aggettivo)
　성질형용사　　　　　　62
　한정형용사　　　　　　68
　형용사의 등급　　　　72

05　대명사 (I pronomi)
　인칭대명사　　　　　　82
　직접, 간접, 이중 목적대명사　84
　관계대명사　　　　　　88

06　동사 (I verbi)
　동사 기초　　　　　　　98
　재귀동사와 대명동사　　116
　반과거와 근과거　　　　132
　부정법　　　　　　　　134
　제룬디오　　　　　　　138
　분사　　　　　　　　　139
　가정문　　　　　　　　143
　수동문　　　　　　　　145
　비인칭　　　　　　　　147
　양태와 시제일치　　　　149
　직접 화법과 간접 화법　167

07　부사 (L'avverbio)
　부사의 종류　　　　　　176
　작용역에 따른 부사의 위치　178
　부사의 비교급과 최상급　179

08　전치사(La preposizione)
　전치사의 종류　　　　　184

09　접속사(La coniugazione)
　접속사의 분류　　　　　192

10　감탄사(L'interiezione)
　감탄사의 분류　　　　　198

11　신표준어 (Italiano Neostandard)
　언어의 변화　　　　　　204

APPENDICI
　동사 변화표　　　　　　215
　관용표현　　　　　　　251
　파생어 목록　　　　　　271
　연습문제 해답　　　　　281

주요 약호

*	비문법적 형태 혹은 비문
?	의미적으로 비문법적
[ ]	발음
/ /	음소
-	음절분리
ti	(traccia coindicizzata) 동지표 흔적
/	분리 혹은 대치요소의 나열
_	밑줄 강조
→	변화
'	아포스트로포
...	생략, 기타 등등
>	대신에
∅	선행사의 원 생성위치

PRIMI PASSI

- **포인트1** 문자와 소리
- **포인트2** 발음
- **포인트3** 음성 및 음운 현상
- **포인트4** 철자
- **포인트5** 형태
- **포인트6** 동사

포인트1 문자와 소리 (LETTERE E SUONI)

문자	발음		문자	발음	
A a	[a]	아	N n	['enne]	엔네
B b	[bi]	비	O o	[o]	오
C c	[tʃi]	치	P p	[pi]	삐
D d	[di]	디	Q q	[ku]	꾸
E e	[e]	에	R r	[erre]	에레
F f	['effe]	에페	S s	[esse]	에세
G g	[dʒi]	지	T t	[ti]	띠
H h	['akka]	아까	U u	[u]	우
I i	[i]	이	V v	[vu]	부
L l	['elle]	엘레	Z z	['dʒeta]	제따
M m	['emme]	엠메			

+ 기타 외래어 표기에 필요한 철자 5개

J j [i lunga], **K k** [kappa], **W w** [doppia vu], **X x** [iks], **Y y** [ipsilon]

포인트2 알고 있어야 할 발음 규칙 (PRONUNCIA)

	a	e	i	o	u
c	ca [까]	ce [체]	ci [치]	co [꼬]	cu [꾸]
		che [께]	chi [끼]		
g	ga [가]	ge [제]	gi [지]	go [고]	gu [구]
		ghe [게]	ghi [기]		
gl	gla [글라]	gle [글레]	gli [리]	glo [글로]	glu [글루]
gn	gna [냐]	gne [녜]	gni [니]	gno [뇨]	gnu [뉴]
sc	sca [스까]	sce [쉐]	sci [쉬]	sco [스꼬]	scu [스꾸]

H : 무음, R : 설전음

포인트3 음성 및 음운 현상 (FENOMENI FONETICI E FONOLOGICI)

1. 악센트 (L'accento)

이탈리아어에서 악센트는 단어마다 존재하며 음운적 변별자질이다. 즉 이탈리아어의 단어는 고유의 악센트를 가지고 있어 동일한 철자의 단어라도 악센트의 위치가 다르면 그 의미도 달라진다. 따라서 이탈리아어의 단어를 암기할 때는 악센트 위치 또한 함께 기억하여야 한다.

예시

libro, stazione, farfalla, macchina

pàpa papà

ìndico indìco

àncora ancòra

이탈리아어의 악센트 위치는 단어마다 다르다. 악센트가 있는 위치에서 강세가 동반되며 크게 세 종류의 위치 분포를 갖고 있다. 대부분의 이탈리아어 단어(약 70%)는 'parole piane' (마지막으로부터 두 번째 음절에 악센트가 있는 단어)이고 약간(약 20%)의 단어는 'parole sdrucciole'(마지막으로부터 세 번째 음절에 악센트가 있는 단어)이며 나머지(약 10%) 단어는 'parole tronche'(마지막 음절 모음에 악센트가 있으며 철자상으로도 표시되는 단어)로 구성되어 있다.

> **예시**
>
> **- parole piane o parossitone**
> port**a**te, ordin**a**te, am**i**co, lav**o**ro, c**a**sa
>
> **- parole sdrucciole o proparositone**
> p**o**rtano, **o**rdino, **a**lbero, piac**e**vole, c**o**modo
>
> **- parole tronche o ossitone**
> porter**ò**, ordin**ò**, citt**à**, caff**è**, avr**ò**

이탈리아어의 단어는 모두 음성적 악센트(accento fonico)를 가지고 있고 대개 철자상에 표기되지 않지만 종종 철자 악센트(accento grafico) 표기를 동반하는 경우들이 있다. 이 경우 폐음 악센트(accento acuto)와 개음 악센트(accento grave)는 철자 상으로 구별되어야 한다.

> **예시**
>
> 폐음 악센트:
> **perché, finché, ventitré, batté, altroché, rifletté** (원과거 형), **né** (부정), **sé** (인칭대명사)
>
> 개음 악센트:
> **tè, ciò, già, giù, più, può, è, cioè** (단음절)
> **caffè, città, verità, pietà, andrò, lunedì, Cefalù, parlerà, amò, cantò, giocò, nontiscordardimè, virtù, mezzodì** (2음절 이상)
> **vicerè, ventitrè, rossoblù, lassù,** (복합어의 경우)

1) 악센트 유무에 따라 의미 차이가 있는 경우

	의미		의미
dà	dare 동사	da	전치사
dì	giorno	di	전치사
è	essere 동사	e	접속사
là	장소 부사	la	정관사
lì	장소 부사	li	직접 목적어 대명사
sì	긍정의 부사	si	소사 대명사
né	접속사	ne	부분사
sé	인칭대명사	se	접속사

2) 악센트 철자표기가 없는 경우

예시

so (prima persona del verbo sapere)
do (prima persona del verbo dare)
fa (terza persona del verbo fare)
va (terza persona del verbo andare)
sto (prima persona del verbo stare)
sta (terza persona del verbo stare)
qui, qua, su (부사)
me, te (강세형 인칭대명사)
blu, fra, tra, fu, ma, no, tre 등

3) 악센트 철자표기가 있는 경우

예시

giù, più, però, ciò, già, può, ...

2. 악센트의 이동 (Il movimento dell'accento)

1) 접사파생의 경우

어기가 되는 단어에 접사가 첨가될 경우 원래 단어의 악센트는 이동된다.

예시

portaglielo, ordinagli, ordinaglielo
(portare → portaglielo, ordinare → ordinaglielo)
postino (posta → postino)
velocità (veloce → velocità)
piano (piano → pianissimo)

2) 이중모음이 단음화될 경우

예시

piede → pedone
tieni → teniamo
uovo → ovetto
muori → moriamo
pasticciere → pasticceria
infermiere → infermeria

3. 모음축약 (L'elisione)

단어의 끝 모음과 뒤이은 단어의 첫 모음이 만날 경우 무강세인 앞 모음을 생략하고 아포스트로포(apostrofo)를 붙일 수 있다.

1) 생략이 일어나는 경우

예시

① 정관사 lo :

l'amico, l'inizio, l'esercizio

② 연결체 :

dell'occhio, quell'opera, nell'atrio, d'altro canto, sant'Agata, sant'Angelo, cent'anni, a quattr'occhi, l'altro ieri, senz'altro, d'ora in poi, quest'anno, quant'altro

③ 무강세 인칭대명사 (lo, la, si, …) :

s'arrende, l'ho vista, l'ho detto

④ 관사 la, una의 경우는 선택적 :

l'amica, un'amica, l'esposizione, un'esposizione

⑤ 기타 :

ravvedersi (> ri + avvedersi), elegantone (> elegante + one)
d'inverno, d'estate, d'improvviso
com'è bella!, quant'è bella!

2) 생략이 일어나지 않는 경우

예시

① 강세있는 앞 모음: **un blu intenso, qui in alto**

② 고풍체 아닌 현재 이탈리아어에서: **di ieri, gli ingegneri, le erbe**

③ 직간접목적어인 접어대명사 le, li: **le offro un caffè, li odio**

④ 기타: **ci incontriamo (> c'incontriamo), ci osserva (*c'osserva)**

4. 절단 (Il troncamento)

마지막 모음 혹은 한 단어의 마지막 음절을 절단할 수 있는 경우들이 있다.

1) 모음절단이 있는 경우

예시.

① buono, bene, uno, alcuno, nessuno, ciascuno의 경우:

un buon vino, ben arrivato, nessun motivo

② 단어의 마지막 음절이 'l, m, n, r + 모음'의 형태일 경우:

in tal caso, possiam venire, ben detto, far soldi

③ '직업 + 고유명사'의 경우:

signor / professor / dottor / ingegner / cavalier / commendator / suor Martini

④ 기타:

amarlo, vederla (부정사+무강세 대명사)
qual è (*quale è)
andar via, prestar fede
in fin dei conti, mal di stomaco

2) 음절절단의 경우

예시

① 'bello, quello, grande, santo, frate'의 경우

bel giardino, quel ragazzo, gran giorno, san Francesco, fra Cristoforo

② 일부 표현: **a mo'(>modo) di, un po' (>poco) di**

축약과 절단을 정리하자면 mi, ti, si, ci, vi, ne, lo, la, gli, le, che와 같은 단음절 다음에 어떠한 형태의 모음이 이어진다면 대개 앞 단어의 마지막 모음이 삭제되고 대신 아포스트로포의 등장을 통해 축약이 이루어질 가능성이 많다.

예시

l'onore, l'umile, l'isola, ecc.

하지만 앞 단어의 끝 모음과 이어지는 단어의 첫 모음이 동일할 경우에만 축약이 이루어지는 것이 일반적이다.

예시

c'inginocchiammo / ci abbracciamo
io ch'ero
Le invio / *l'invio
gl'ideali / *gl'alcolici
quant'inganni / *quant'esami

또한 축약이 언제나 아포스로포를 통해서만 이루어지는 것은 아니며 (예. un buon amico, un bel fiore, nessun luogo 등), 명령법에서도 축약형 아포스트로포 (예. di', da', fa', sta', va' 등 토스카나어의 영향)가 사용되고 있다

5. 음절의 분리 (La divisione in sillabe)

음절은 음소와 단어의 중간 음운 단위로서 다음의 규칙에 따라 분리한다.

① 하나의 모음핵

ora: o-ra, amico: a-mi-co

② 자음 모음의 연쇄

muro: mu-ro, secolo: se-co-lo

③ 이중모음(dittongo), 삼중모음(trittongo)의 단음화

dieci: die-ci, pieno: pie-no, fiore: fio-re

miei, guai, buoi

④ 모음의 분리(iato)

paese: pa-e-se, paura: pa-u-ra, bugie: bu-gi-e, corteo: cor-te-o

⑤ 두개의 자음과 모음

primo: pri-mo, libro: li-bro

l, r, m, n은 앞쪽에 붙인다(a sinistra)

molto: mol-to, porta: por-ta

tempo: tem-po, cinque: cin-que

's impura'는 뒤쪽에 붙인다(a destra)

busta: bu-sta, questo: que-sto

⑥ 같은 자음이 겹칠 때는 그 중간을 분리 (doppia consonante divisa)

penna: pen-na, tutto: tut-to

6. 대문자 (Le maiuscole)

① 텍스트의 시작과 마침표, 의문부호, 감탄부호 다음

② 직접화법의 시작: **disse: «Mi chiamo Marco»**

③ 사람, 동물, 장소 등의 고유명사 및 거리나 광장의 이름:

Feltrinelli, il Caravaggio, piazza Navona, via Cavour

④ 축제명: **Pasqua, Natale**

7. 구두점 (La punteggiatura)

구두점은 그 사용법이 점차 불명확해지고 있으며 그 사용 또한 줄어드는 추세에 있다. 감정과 문체, 역사, 작가 개인의 주관적 요소와 관련이 깊으며 그 사용이 확정적이지 않기 때문이다.

,	1) la virgola	[ ]	9) parentesi quadra
;	2) il punto e virgola	.	10) punto fermo
:	3) due punti	—	11) la lineetta o trattino lungo
?	4) punto interrogativo	-	12) trattino
!	5) punto esclamativo	'	13) apostrofo
…	6) puntini sospensivi	*	14) asterisco
« » 혹은 " "	7) virgolette	/	15) sbarretta
( )	8) parentesi tonda	!?	16) punto misto

1) la virgola (,)

① 두 단어 혹은 두 문장 사이의 짧은 휴지
② 호격다음

Ragazzi, siate buoni!

③ 열거

… te, tuo padre, tua madre e tuo fratello

… ho comprato mele, arance, miele, carciofi, pane e patate

… corre, si precipita, e vola

④ 새 문장의 도입 부사구 뒤

Detto questo, …

Per quanto riguarda la situazione attuale, …

⑤ 동격, 부가정보 삽입구, 감탄사

Roma, capitale d'Italia, è città antichissima.

Paolo, il ragazzo di cui ti ho parlato, è appena tornato da Parigi.

Oh, potessi scrivere così bene!

⑥ 날짜, 장소 표기

Roma, 12 dicembre 2020

⑦ 몇몇 부사 뒤

Sì, No, Bene, ...

⑧ 동사반복 없는 문장

le fortezze furono smantellate; le città, distrutte; le campagne, devastate.

⑨ sebbene, affinché, perché, 연속의 che, 조건의 se, ma, però, anzi 앞 등의 상호관련문

è bravo, ma poco socievole; gridò tanto, che perse la voce;

⑩ 종속문의 분리

Venne, vide, vinse

⑪ 시제 구분을 강조하기 위한 문장

Ho visto, mentre partivo, che arrivava tuo padre.

⑫ 주절과 종속절이 도치된 경우

Che volevano il mio voto, era chiaro.

⑬ 쉼표의 생략

잦은 쉼표의 사용대신 e, o, ovvero, né 와 같은 접속사로 연결될 경우

Né il denaro né la promessa di una brillante carriera possono corrompermi.

주절과 종속절이 이어진 자연스런 어순의 경우

Era chiaro che volevano il mio voto.

2) il punto e virgola (;)

① 쉼표보다 길고 종지부보다는 짧은 휴지를 가져온다.

② 공통된 전체 콘텍스트 속 두 부분의 차이 내지 반대 상황을 나타낸다.

> **I pantaloni erano grigi; la camicia, bianca; le scarpe, nere;
> e la giacca, azzurra.
> Le vendite aumentarono durante tutto l'anno; tuttavia,
> il bilancio non fu positivo.**

③ 의미적으로 밀접하지만 통사적으로 분리된 경우에 사용

> **Dovremmo interrompere la produzione;
> non sono arrivate le sovvenzioni.**

3) i due punti (:)

① 하위구성요소의 나열, 설명, 직접화법을 언급하기 전

> **A scuola si studiano molte lingue: inglese, francese e tedesco.
> Le proposizioni subordinate sono di vario tipo: interrogative,
> oggettive, finali, ecc.
> Non mi è piaciuta la pizza: era troppo spessa.
> Gli dissi: "Sto bene".**

4) il punto fermo (.)

① 문의 종결을 나타내는 종지부

② 단어생략의 끝

> **ecc., part., sm., avv.**

③ 두문자약어의 각 철자 뒤

> **O.N.U., C.G.I.L.**

5) l'apostrofo (')

① 아포스트로포 (')는 어떤 단어에서 하나 혹은 그 이상의 철자가 탈락되었음을 나타낸다.

> **un'ape, grand'uomo, di', be'**

6) il punto interrogativo (?)

① 직접의문 부호로 간접의문문에는 등장하지 않음.

Cosa dice?
Dimmi cosa dice.

② 의문부호 다음의 철자는 대문자로 시작하여야 한다.

Dove sei stato? Ti ho cercato tutto il giorno.

③ 하지만 연속된 질문이 이어질 때는 소문자로 시작된다.

Chi è stato? chi ha rotto il vetro?

④ 괄호 안 삽입구의 ?는 생략되지 않지만 두 개의 쉼표 사이에 삽입된 경우에는 ?가 생략된다.

Il capo non sapeva (e chi avrebbe dovuto dirglielo?) che alcuni avevano tradito.
Un giorno, chi sa, potremo incontrarci ancora.

⑤ 아니러니, 의심 등을 표현하기 위해 단어나 문장 뒤 괄호 안에 ?가 등장할 수 있다.

Il professor (?) Alessi sostiene il contrario.

7) il punto esclamativo (!)

① 놀라움, 경이, 감탄, 고통 등의 심리상태를 표현할 때 사용

Guarda che bello!

② 문의 중간에 혹은 괄호 안에 등장할 수 있다.

Quando ti vidi, ahime!, mi sentii mancare.
La nostra proposta fu giudicata "paradossale" (!)

8) il punto misto (!?)

① 놀라움, 경이로움, 의심 등의 복합적 감정 표현

Ha mentito. Possibile!?

9) i puntini sospensivi (...)

① 대화의 쉼, 머뭇거림, 말없음을 표현하기 위한 것으로 독자로 하여금 얘기의 결말을 유도하기 위한 용도, 인용 필요시 앞 뒤 내용 절단의 용도, 일련의 동일한 것이 이어질 것임을 암시하는 용도 등으로 쓰인다.

> **se io... ma non finì; Non vorrei che...**
> **"...mi ritrovai per una selva oscura..."**
> **Primo, secondo, terzo...**

10) le virgolette (《...》 oppure "...")

① 한 단어나 문장 요소를 강조하거나 직접 인용을 사용할 때 사용.

> **Considera che la parola "piano" può avere più significati.**
> **Cesare disse: "Il dado è tratto".**

11) la parentesi tonda (( ))

① 둥근 괄호는 본 담화와 직접 관련없는 부가요소를 넣는 칸이다.

> **Luigi (chi lo direbbe?) è stato promosso senza esame.**

12) il trattino o tratto d'unione (-)

① 둥근 괄호와 마찬가지로 부가정보를 - - 사이에 넣는데 쓰인다.

> **Fabio – nonostante tutti gli impegni – è riuscito a portare a termine il suo lavoro.**
> **Io credo – disse l'uomo con uno sguardo intenso – che tu sia la cosa più bella che mi sia mai capitata!**
> **Secondo me dovresti chiederle scusa – ahia! Questa tazza scotta! – perché sei tu che hai sbagliato!**

② 한 줄의 마지막 단어가 끝나지 않아 다음 줄로 분리되지 않고 이어질 때 사용한다.

delicata
-mente,
spa
-zio

③ 또한 형용사, 명사, 고유명사 쌍의 합성적 어휘 단일화에도 사용한다.

le leggi-truffa, la partita Juve-Inter,
l'accademia scientifico-letteraria, il confine italo-austriaco

13) la lineetta o trattino lungo (—)

① 종종 virgolette(≪...≫ 혹은 "...")를 대치하여 사용.

Carlo disse: — Dove vai? — E Giorgio rispose: — Vado a trovare un amico.

14) l'asterisco (*)

① 각주에 주로 등장하는 기호이며 연속된 세 개로써 *** 익명 내지 밝힐 수 없는 사람, 장소 등을 나타낼 때 쓰인다.

Il padre Cristoforo da * era un uomo più vicino ai sessanta che ai cinquant'anni (Manzoni).**

15) la sbarretta (/)

① 두 가지 교대 가능성이나 숫자 표기 그룹을 분할 할 때 사용

e/o, Bologna/Milano,
Decreto legge 101/12, 15/06/2004

16) la partentesi quadra ([ ])

① 명확성을 위해 첨가한 텍스트 외의 단어를 넣는데 사용

Quel grande [Petrarca] alla cui fama è angusto il mondo,
per cui Laura ebbe in terra onor celesti (Alfieri).

포인트4 철자 (ORTOGRAFIA)

1. 자음

예시 accelerare (*accellerare)

soprattutto (*sopratutto)

purtroppo (*pultroppo)

2. 아포스트로포

예시 dappertutto (*d'appertutto, *dapertutto)

po'(troncamento) (*pò)

d'accordo, non c'entra (*daccordo, *non centra)

tuttora (*tutt'ora)

3. c o q?

예시 innocuo, evacuare, promiscuo (*innoquo, *evaquare, *promisquo)

4. sce o scie?, cie o ce?

예시 coscienza (*coscenza)

conoscenza (*conoscienza)

scienza (*scenza)

sufficiente (*sufficente)

5. meteo-, aero-

예시 meteorologia (*metereologia)

aeroporto (*areoporto)

6. accento acuto

예시 perché, poiché, finché (*perchè, *poichè, *finchè)

7. 명령법 동사

예시 va', fa', sta', da', di' (*và, *fà *stà, *dà, *dì)

8. troncamento senza apostrofo

예시 qual è (*qual'è)

9. c'è spazio o no?

예시 a fianco(~곁에) (*affianco)
a parte (별도로, 한 켠에) (*apparte)
farlo apposta (>farlo a posta, 일부러)
sto male (*stò male)
non lo so (*non lo sò)
un po' (*un pò)
qua (*quà)
un altro (*un'altro), un'altra (*un altra), qualcun altro (*qualcun'altro)

10. -gniamo

예시 insegniamo, sogniamo, disegniamo (*insegnamo, *sognamo, *disegnamo)

11. I possibili errori commessi dagli italiani

예시 fu (*fù)
di (전치사), dì (giorno), di' (명령)
Sì (*Si)

un abbraccio (*un'abbraccio)

a me piace (*a me mi piace)

proprio (*propio)

a volte (*avvolte)

A volte mi arrabbio per il suo comportamento.

all'inguine (*al linguine)

ce ne (*c'è ne, *c'è né)

e ed a ad (vado ad Amburgo, Era felice ed entusiasta)

porta il cane che gli faccio fare pipì (*porta il cane che lo piscio)

Le dico (*gli dico riferito a una femmina)

Ce la faccio (*c'è la faccio)

se io fossi (*se io sarei)

Un attimo (*un attimino)

Leggi altre schede (*Leggi le altre schede)

12. 수 관련

simboli matematici
+ più
- meno
x per
÷ diviso
± più o meno
= fa, fanno, è uguale a
% percento (il 60%, il 60 percento, il 60 per cento)

영어나 한국어에서 천 단위에 사용하는 콤마는 이탈리아어에서 점이 된다. 또한 영어나 한국어에서 사용하는 점은 이탈리아어에서 콤마가 된다.

한국어(영어)	이탈리아어
13,570	13.570
285,650,200	285.650.200

이는 소수에서도 마찬가지로 표현된다.

한국어(영어)	이탈리아어
32.45 %	32,45 %
465.218	465,218
1,458.22	1.458,22
€ 15.84	€ 15,84
€1.2 million	€1,2 milioni
€1,300,000,000.00	€1.300.000.000,00

포인트5 형태 (MORFOLOGIA)

이탈리아어에 있어 단어들은 의미와 기능에 따라 형태가 변화된다. 각 단어들이 취하게 되는 형태들을 분석하고 기술하는 문법의 한 영역을 형태론이라 하는데 이탈리아어의 단어들을 품사로 분류하자면 9개의 그룹으로 분류할 수 있다. 이 가운데 부사(l'avverbio), 전치사(la preposizione), 접속사(la congiunzione), 감탄사(l'interiezione)는 그 형태가 변하지 않는 반면 동사(il verbo), 명사(il nome), 관사(l'articolo), 형용사(l'aggettivo), 대명사(il pronome)는 변화한다. 명사, 관사, 형용사, 대명사는 성과 수에 따라 자신의 모습을 변화시키고 문장 구성의 핵심 요소인 동사는 시제와 양태에 따라 다양하게 활용(coniugazione)한다. 이러한 변화 때문에 이탈리아어의 학습자들은 누구나 초기에 곤란을 겪지만 이내 익숙해지기 마련이다. 핵심은 동사와 관련된 것이라 할 수 있는데 문장이 구성되려면 동사가 필수적인 것이므로 다소 복잡하지만 이탈리아어의 문법은 주로 동사의 변화에 집중할 수밖에 없다. 형태론과 관련된 이탈리아어의 핵심 문법 사항들은 본서의 본론 챕터들에 상세히 기술되어 있다.

포인트6 통사 (SINTASSI)

이탈리아어의 문장은 어떻게 만들어지는가. 복잡하고 학술적인 구문론적 논의를 뒤로 한다면 기본적으로 학습자가 문장을 만드는 법을 아주 간단하게 설명할 수 있다. 다음의 기초 사항을 기억하는 것만으로도 우리는 모두 이탈리아어 문장 만들기에 도전할 수 있을 것이다.

먼저 이탈리아어는 (S)VO의 언어이다. 문장이란 단어의 나열이고 일정한 어순에 의해 조직된다.

> 예시 Il professore è italiano. (주어부 + 술어부)
> Il professore mangia la pizza. (주어부 + 술어부)
> Il professore telefona a sua madre. (주어부 + 술어부)
> Il professore dà la penna alla ragazza. (주어부 + 술어부)

평서문과 달리 의문문의 경우 주어부는 주로 문의 끝에 위치한다.

> 예시 Consuma tanta benzina la tua macchina? (술어부 + 주어부?)

이탈리아어의 부정문은 동사 앞에 non을 놓으면 된다.

> 예시 Il bambino non dorme.
> Mario non aspetta l'autobus.
> Mario non mi dà la mela.
> ('mi'는 원래 동사 뒤에서 생성되어 이동된 요소)

주어를 강조할 때는 문 뒤에 위치시킨다.

> 예시 Luca ha pagato il conto. → Ha pagato il conto, Luca.
> Il dottore l'ha detto. → L'ha detto il dottore.

단문과 달리 복문은 복수의 주어부와 술어부를 갖는다.

> 예시 Maria dice che quella ragazza è coreana.
> (주어 + 술어 + che + 종속절 주어 + 종속절 술어)
> La ragazza che legge il giornale è coreana. (주어부 + 술어부)

시간의 부사절은 주문장과는 독립적이다.

(예시) **Quando Luca arriva, andremo al negozio.**
Dopo che sei andato via, è arrivata Silvia.

생략되어도 이해가 가능한 요소들은 불완전문으로 해결한다.

(예시) **Ieri. ("Quando sei andato al cinema con Maria?"에 대한 답)**
Bene, grazie. ("Come stai?"에 대한 답)

능동문을 수동문으로 전환할 수 있으며 이 경우 주어와 목적어가 도치된다.

(예시) **I professori hanno eletto il nuovo Rettore.**
Il nuovo Rettore è stato eletto dai professori.

간접화법의 문장은 복문으로 풀어쓸 수 있지만 직접화법의 경우에는 인용부호 안에서 직접 처리할 수 있다.

(예시) **Carla dice che i ragazzi sono italiani.**
Carla dice: "I ragazzi sono italiani."

이탈리아어 문장의 핵심은 동사이고 동사는 전체 문장의 모습을 규제한다. 이탈리아어 문장 내 동사는 자신의 주변에 반드시 등장해야만 하는 필수 요소, 즉 논항(argomento)의 개수와 질을 지정하는데 이에 따라 문장이 구성된다. 이것이 충족되지 않으면 이탈리아어의 문장은 완성되지 않는다. 이탈리아어는 논항가 이론(teoria della valenza)을 매우 엄격하게 준수하는 언어이며 이를 어기면 비문을 생성한다. 필수 논항의 충족은 문장 구성에 있어 일차적으로 중요한 요소이다. 문장론의 관점에서 논항을 제외한 기타 요소들은 군더더기로서 부차적 중요성을 지니기 때문에 부사구와 같은 성분들은 대개 문장 내에서의 위치가 필수논항들에 비해 자유롭다고 할 수 있다. 예를 들어 "(Io) incontro una ragazza."란 문장에서 'incontrare' 동사는 누가 누구를 만나는지 2개의 논항을 반드시 표현해야만 하고 이를 표현하였으므로 문장이 완성되었다. 그 외의 부가적인 요소들은 문장을 완성하는데 있어 선택사항일 뿐이며 반드시 등장해야 하는 필수요소는 아니다.

"(Io) incontro una ragazza al bar alle sette" 혹은 "Al bar, alle sette, (io) incontro una ragazza"처럼 비 필수 요소들은 문장 내에서 자유로운 위치를 점할 수 있는 특징을 가진다. 강조하건대 문장을 구성할 때 고려해야할 첫 번째 사항은 동사의 논항가이다. 바로 그런 이유로 이탈리아어의 '알다/모르다'는 *"(io) so." *"(io) non so."라고 할 수 없고 "(io) lo so." "(io) non lo so."로 표현된다.

논항가의 개수만 중요한 것은 아니다. 예를 들어 "(Lui) guarda la tv."는 정문이지만 *"la tv guarda lui."는 비문이다. 텔레비전은 무정성(non animato)의 주어로서 바라다 볼 수 있는 자격을 갖춘 존재라고 볼 수 없으므로 의미론적 관점에서는 비문이다. 물론 문학에서 말하는 '의인화'라는 옷을 입은 것이라 본다면 비문이 아니라고 해석할 여지는 있겠다. 하지만 문장 내 등장하는 각각의 논항들은 각기 행동주역, 대상역, 수혜역과 같은 의미적 역할을 지녀야만 한다. 따라서 동사의 논항가 개수 외에 논항의 의미 자격 조건을 말하는 의미역(ruolo tematico) 또한 이탈리아어 문장을 만드는데 있어 중요하게 고려해야할 두 번째 사항이다.

마지막으로 이탈리아어는 영어 내지 프랑스어와 달리 주어의 탈락(soggetto nullo)을 허락하는 언어이다. 주어가 탈락되어 있어도 그것을 화청자가 유추할 수 있다면 반복할 필요가 없다. 이탈리아어에서는 동사의 굴절 안에 이미 주어에 대한 정보가 들어있기 때문일 것이다. 이탈리아어에서 주어는 외현적으로 표현되든 내재적으로 존재하든 하나의 논항으로서 존재하고 있는 것이다.

논항가 이론에 따라 이탈리아어 동사들은 다음과 같이 분류된다.

0가의 동사 (verbi zerovalenti)　　1가의 동사 (verbi monovalenti)
2가의 동사 (verbi bivalenti)　　3가의 동사 (verbi trivalenti)
4가의 동사 (verbi tetravalenti)

0가의 동사 (verbi zerovalenti)

piovere, nevicare처럼 주어 없이도 문장이 완결되는 비인칭 동사들

1가의 동사 (verbi monovalenti)

nascere, dormire, miagolare처럼 주어만 있으면 문장이 되는 자동사들

2가의 동사 (verbi bivalenti)

baciare, toccare, osservare처럼 주어 외에 직접 목적어를 요구하는 타동사들
contare, andare, abitare처럼 주어 외에 전치사 논항을 요구하는 자동사들

3가의 동사 (verbi trivalenti)

dare, dire, mandare, mettere처럼 주어, 직접 목적어, 전치사 논항을 요하는 타동사들
cadere, passare, rallegrarsi처럼 주어와 두 개의 전치사 논항을 요하는 자동사들

4가의 동사 (verbi tetravalenti)

spostare, trasferire, tradurre 처럼 주어, 직접 목적어, 2개의 전치사 논항을 요하는 타동사들

그렇지만 동사의 의미에 따라 논항가는 고정되어 있지 않은 많은 경우들을 포함하고 있으며 언제나 변경(cambiamento della valenza)이 가능하다는 점을 명심할 필요가 있다. 잘 생각 해보면 논항가는 논리적으로 유추가 가능하고, 결국 말하고자 하는 바의 의미에 따라 자연스 럽게 정해질 수 있는 것이다.

예문

L'orologio non va.

('andare'의 주어, 1가)

Andrea va tutte le settimane a Venezia.

(주어 + 'dirigersi verso un luogo', 2가)

Il treno va da Napoli a Milano.

(주어 + 'coprire un percorso' + 2개의 전치사구, 3가)

Il bambino non parla ancora.

('sapere usare la lingua'의 주어, 1가)

Il prete parla bene l'inglese.

(주어 + 'conoscere una certa lingua' + 목적어, 2가)

Il prete parla ai fedeli di Dio

(주어 + 'dare messaggio' + a qualcuno + di qualcosa, 3가)

관사
L' ARTICOLO

포인트1 부정관사

포인트2 정관사

포인트3 전치사관사

포인트4 부분관사

포인트5 관사의 출현과 생략

포인트1 부정관사 (L'articolo indeterminativo)

청자 혹은 독자가 아직 모르는 어떤 것 (예시 **un giovane, una ragazza** 등)

어느 부류에 속하지만 지정되지 않은 어떤 것 (예시 **un foglio, una finestra** 등)

어느 부류 중 특이한 어떤 것 (예시 **un leone, un aereo, un giovane** 등)

복수의 신체부위 중 하나 (예시 **un dito, un piede, un occhio** 등)

un	모든 불확정적인 남성 단수 명사 앞 (단, s+자음, x, z, gn, pn, ps 등으로 시작하는 명사는 제외)
uno	s+자음, x, z, gn, pn, ps 등으로 시작하는 남성 명사 앞
una	모든 자음으로 시작하는 여성명사 앞
un'	모든 모음으로 시작하는 여성명사 앞

주의 **un uomo, un whisky** (반자음 /w/ → un)

uno sbadiglio, uno xilofono, uno yogurt (lo → uno)

un hobby, un hamburger (h를 무음으로 여길 경우 un)

uno humour (h를 기음으로 여길 경우, uno)

포인트2 정관사 (L'articolo determinativo)

텍스트에서 이미 언급한 것과 청자가 이미 알고 있는 것 (예시 **il piatto, il libro, l'amico** 등)

다른 것과 혼동되지 않는 유일한 것 (예시 **il sole, il foglio, la finestra** 등)

사람, 동물, 사물의 부류 (예시 **il leone, l'aereo, il giovane** 등)

신체부위 (예시 **il naso, i capelli, le mani** 등)

단수	복수	환경	예시
il	i	자음으로 시작하는 남성명사 앞(단, 's + 자음', z, gn, pn, ps 등으로 시작하는 남성명사 앞은 제외)	il libro → i libri
lo	gli	's + 자음', z, x, gn, ps, pn, 반자음 i (발음/j/)로 시작하는 남성명사 앞	lo studente → gli studenti lo zio → gli zii
l'	gli	모음으로 시작하는 남성명사 앞	l'amico → gli amici l'italiano → gli italiani
la	le	모든 자음으로 시작하는 여성명사 앞	la donna → le donne
l'	le	모든 모음으로 시작하는 여성명사 앞	l'amica → le amiche l'erba → le erbe

주의 il dio → gli dei (*i dii)

per lo più, per lo meno (*per il più, *per il meno)

lo iato, lo yogurt (반자음 /j/)

lo pneumatico o il pneumatico (두 가지 혼용)

l'uovo, l'uomo, il whisky, il wordprocessor (반자음 /w/의 경우 외래어이면 **il**)

il watt, il watrusso (/v/발음)

lo champagne, il chador (ch+모음의 경우 발음이 /ʃ/이면 **lo**, /tʃ/이면 **il**)

l'habitat, l'hobby, l'hamburger, l'hardware (h를 무음으로 여길 경우)

lo Hegel, lo humour (h를 기음으로 여길 경우)

포인트3 전치사관사 (Le preposizioni articolate)

명사 앞 전치사와 관사의 만남

	il	i	lo	gli	la	le	l'
di	del	dei	dello	degli	della	delle	dell'
a	al	ai	allo	agli	alla	alle	all'
da	dal	dai	dallo	dagli	dalla	dalle	dall'
in	nel	nei	nello	negli	nella	nelle	nell'
su	sul	sui	sullo	sugli	sulla	sulle	sull'
con	con il	con i	con lo	con gli	con la	con le	con l'
per	per il	per i	per lo	per gli	per la	per le	per l'

포인트4 부분관사 (L'articolo partitivo)

불명확한 양을 나타내며 '약간의', '몇몇의'를 의미 (**예시** **del vino, del sale** 등)

추상명사와 함께 비유적 의미 (**예시** **avere dello spirito** 유머감각, **avere del fegato** 용기)

주어와 목적어로서 역할을 할 때 부분관사는 언제나 등장해야 하지만 간접보어일 경우에는 생략이나 동등한 다른 대체 표현이 가능하다.

예문

Ci sono dei gatti in giardino.

Ho visto dei gatti nel parco.

Ho cenato con degli amici.

= **Ho cenato con amici.** = **Ho cenato con alcuni amici.**

포인트5 관사의 출현과 생략 (presenza o assenza degli articoli)

1. 인명 및 도시명 앞 관사 생략

 예문 Maria **vive a** Londra.

하지만 다음의 경우, 인명 앞에 관사가 등장할 수 있다.

주의   **Enzo si crede un Einstein. (= 천재)**
Giovanni è un Casanova. (= 대단한 호색꾼)
un Cavaraggio (= 카라바조의 작품)
Ti ha cercato una Barbara da Bologna. (= 어떤 바르바라 라는 아이)
Domani saranno a cena i Ruggieri. (= 루지에리 가족)
il Petrarca, il Boticelli (= 유명인)
*il Torquato Tasso, il Tasso (*관사 + 성 + 이름)

도시명 뿐만 아니라 작은 섬 앞에서도 관사는 없다.

Firenze, Bologna, Milano, Capri, Ischia

하지만 다음의 예외는 존재한다.

주의   **L'Aquila, La Spezia, Il Cairo, L'Avana, La Valletta**

2. 지리적 명칭 관련

산, 강, 호수 (**예시** **le Alpi, gli Appennini, il Po, il Garda** 등), 큰 섬, 군도 (**예시** **la Sicilia, la Sardegna, le Mauritius** 등), 지역 (**예시** **il Lazio, la Calabria** 등), 나라, 대륙 (**예시** **la Gran Bretagna, La Corea, L'Asia**)의 명칭 앞에서는 관사가 등장한다. 하지만 **Israele, Cuba, Haiti, Cipro, Malta**와 같이 국가명에 관사가 없는 경우도 있다.

한편 국가명 앞에 관사가 등장한다 하더라도 이들 앞에 전치사 IN 이 놓이게 되면 관사는 등장하지 않는다.

예시   **In Svizzera, In Corea**

그러나 전치사 IN 이 이끄는 구 라 하더라도 '왕국, 나라, 주, 지역, 연합, 도시, 대륙'의 이름과 함께 형용사가 개입한다면 정관사가 등장하여야 한다.

예시   **nel Regno Unito, nei Paesi Bassi, nella Repubblica di Corea, negli Stati Uniti**
Nella bell'Italia, Nella meravigliosa Roma, Nella fredda Lombardia, Nella torrida Africa

주의 In Repubblica Ceca > *Nella Repubblica Ceca (국명)
La Roma, Il Napoli (축구팀)
Il Ludo, La Giada (인명, 북부이탈리아의 경우)

3. 소유형용사를 동반한 단수 친족 명 앞 관사 생략.

예시 mio zio, nostra madre, nostro cugino

하지만 애칭의 단수 친족명이라면 관사는 있어야 하고 소유형용사 loro 와 결합할 때도 관사가 있어야 한다.

예시 il mio papà, la mia mamma, il nostro figlioletto
il loro fratello, la loro madre

소유형용사가 복수명사와 결합한다면 관사는 등장한다.

예시 i miei genitori, i loro fratelli, il loro padre

4. 요일, 월 이름과 함께하는 시간보어에서 관사 생략

관사가 생략되면 월과 요일에 어떤 형용사적 정보가 함축되기 마련이다.

예시 Luglio è il mese peggiore per prenotare un volo. (ogni luglio)
A luglio andrà in Italia. (luglio prossimo)
Mercoledì ho avuto un appuntamento con Marco. (mercoledì scorso)

형용사를 동반하여 특별한 의미의 요일, 월이 된다면 관사가 등장한다.

예시 Nel marzo del 2000
Il lunedì di Pasqua
Il treno del sabato(=ogni sabato)

5. 무엇으로 만들어졌는지를 나타내는 재료의 보어에서 관사 생략

예시 una giacca di velluto, un libro di carta riciclata, un bicchiere di vetro

6. 전치사 IN으로 시작하는 장소의 보어에서 관사 생략

예시 in camera, in salotto, in cucina, in centro, in giardino

하지만 설명적 보어 내지 형용사로써 명사가 특정화 된다면 관사를 붙여야 한다.

주의 In periferia / Nella periferia di Firenze

In banca / Nella banca del mio quartiere

Nel centro storico, Nel bellissimo giardino

한편 소유형용사가 개입하는 경우 위치에 따라 두 가지 옵션 규칙이 적용된다.

예시 Nella mia casa = In casa mia

Nella tua cucina = In cucina tua

7. 전치사 A로 시작하는 장소보어에서 관사 출현

예시 Al parco, al supermercato, all'università

예외 a casa, a teatro

8. 전치사와 함께 하는 관용구에서 관사 주로 생략

예시

1) di **di corsa**(달려서), **di fretta**(서둘러), **di proposito**(=**apposta**, 일부러), **di solito**(보통), **di base**(기본적으로), **di vertigini**(어지럼증으로), **di cancro** (암 때문에), **di diabete**(당뇨로), **di fame**(배고파서), **di sete**(목말라서)

2) a **a quintali**(백 킬로그램에), **a piedi**(걸어서), **a spasso**(산보하듯), **a tutto gas/ a gambe levate**(빠르게), **a caso**(우연히), **a proposito**(그런데, 화제전환), **a fatica** (힘들게), **a naso**(본능적으로), **faccia a faccia**(면대면), **poco a poco**(조금씩)

3) da **da piccolo/da bambino**(어려서부터), **da padre**(아버지로서), **da tutore**(튜터로서) **occhiali da sole**(썬글라스), **costume da bagno**(수영복), **tuta da ginnastica** (트레이닝 복)

4) in **in realtà**(사실상), **in effetti**(사실상), **in pratica**(실제로), **in teoria**(이론상), **in tempo**(제 때에), **in ritardo**(늦게), **in anticipo**(미리), **in fretta**(서둘러), **in parte**(부분적으로)

5) su   su suggerimento/consiglio/proposta (di)

6) per   per esempio, per caso, per scherzo, per amore, per fortuna
               neanche per sbaglio, neanche per scherzo

7) tra/fra   tra la folla, tra gli uomini (sostantivo)

8) con, senza con passione, con forza, con pazienza (추상명사)
               con le mani, con la testa, col coltello (구체명사)
               senza senso, senza scrupoli (추상명사)
               senza mani, senza testa, senza patente (구체명사)

관사의 등장과 생략의 문제는 늘 어렵고 복잡하지만 확실한 것 하나는 형용사 같은 어떤 부가적 정보가 더해져 명사가 특정성을 갖게 될 때 정관사가 붙게 된다는 점이다. 기본적으로 'senza'와 결합하는 명사에는 그것이 추상명사든 구체명사든 관계없이 관사가 출현하지 않지만 부가적 정보가 붙으니 관사가 생겨난 것을 주목하면 된다.

예시   **senza la mano destra, senza la giacca di cottone**

그 외에도, 정관사의 경우 두 명사를 같은 형용사가 수식할 때 (예시 **le sue insuetudine e malinconie**), 접속사 o로 연결되지만 두 단어가 같은 것일 때 (예시 **il mercurio o argento vivo**), 명사 하나를 여러 개의 형용사가 수식할 때 (예시 **la chiara e precisa idea**) 뒤의 단어 에서 정관사는 생략된다. 하지만 구별되는 두 개의 개념 일 때 (예시 **la lingua italiana e la coreana**)는 두 곳에 모두 등장한다. 부정관사의 경우에도 두 명사가 같은 사람을 나타낼 때 (예시 **un suo confratello e amico**) 뒤의 단어에서 생략된다.

속담과 같은 관용표현 (예시 **Scegliere fior da fiore** '최상의 선택을 하다'), 열거식 표현 (예시 **notte e giorno per lui fa lo stesso.**), 부정문 (예시 **non mutò aspetto né mosse ciglio.**) 그리고 의문문 (예시 **Si era mai visto coraggio simile?**)에서도 관사

의 생략을 관찰할 수 있다.

문장론의 관점에서 관사의 생략 현상을 살펴보면 대개 주어 명사구에서는 생략이 일어나지 않으나 **목적어 위치에서는 간혹 관사가 생략되는 듯하다.**

> **La sicurezza è vita.**
> **Mio cugino è rappresentante di classe.**
> **Si è versato latte.**
> **Preferisci burro o formaggio?**

목적어 위치의 무관사 명사들 (vita, latte, burro, formaggio)의 공통된 특징은 무엇일까. 이들은 '**불특정 불확정indeterminato non specifico 단수 명사**'로서 집합명사이다. 보통 주어 위치의 명사구에서는 목적어 위치의 명사구와 달리 관사를 생략할 수 없다. 하지만 관사가 가지고 있는 확정성을 수식어구가 대신 할 수 있다면 생략이 가능하다.

> **Latte di questa qualità è raro.**
> **Amici così gentili sono sempre graditi.**

한편 동사 후 위치의 주어 명사구, 목적어 명사구, 전치사구 내 '불특정 불확정 복수 명사'는 무관사를 취한다.

> **Ci sono ancora giornali in edicola a quest'ora.**
> **Mi ha regalato libri.**
> **L'ho chiamato per sbaglio.**

아는 바와 같이 부분관사는 부정관사의 복수개념('약간의' '몇몇의')을 표현하기 위한 장치로서 활용된다.

> **Dava del lavoro ai ragazzi.**
> **Dice delle bugie.**

하지만 여기에서 부분관사가 빠진다면 관용적 표현처럼 다른 의미가 되어버린다.

> **Dava lavoro ai ragazzi.** (아이들을 부려먹다.)
> **Dice bugie.** (그는 거짓말쟁이이다.)

연습문제

I. 필요한 곳에만 관사를 넣어보세요.

1. Ieri ho visto ___ tua madre e ___ tue sorelle.

2. ___ Luigi oggi non sarà con noi perché ___ suoi figli hanno l'influenza.

3. ___ domani andrò a parlare con ___ prof. Cho.

4. Hai visto che goal ha fatto ___ Sony? È ___ calciatore incredibile.

5. Alla festa hanno partecipato tutte ___ famiglie, meno ___ Bellardinelli.

6. Dicono che ___ Ronaldi si è divorziata da ___ suo marito.

7. ___ Seoul è una città grandissima, non come ___ piccola Assisi.

8. Secondo me ___ Lombardia, soprattutto ___ Milano, è una zona ricchissima.

9. ___ Juve per me è ___ delle migliori squadre italiane.

10. Ci sono ancora ___ giornali in ___ edicola a quest'ora.

II. 문장 내 관사의 오류를 찾아보세요.

1. Domenica andrò al teatro con i Rubini ed i loro figli.

2. Il Massimo è diventato il professore della scuola superiore a Firenze.

3. Non posso scrivere senza la mano destra.

4. Ho trovato un vero matto pessimo al mondo nel marzo del 2019.

5. La Spezia e la Costiera Amalfitana sono posti meravigliosi.

6. Quest'anno voglio visitare la Gran Bretagna e conoscere la Londra.

7. Le materie che mi piacciono sono: la storia, la geografia e l'arte.

8. Mi metto una tuta da la ginnastica per andare in palestra.

9. La Schon e la Sue sono passate a salutare il loro nonno.

10. Quest'estate voglio visitare la Firenze storica, la Roma antica e la Napoli.

III. 밑줄 친 곳에 적절한 전치사관사 혹은 부분관사를 넣어 문장을 완성하세요.

1. _____ tavolo della mia camera ci sono _____ libri che stavi cercando.

2. Domani devo andare _____ università per studiare _____ miei amici.

3. Ho un po' di mal di testa perché ieri ho bevuto _____ vino.

4. In questa classe ci sono _____ ragazze e _____ ragazzi che parlano

    benissimo l'italiano e possono comunicare _____ italiani senza problemi.

5. _____ zaino dovrebbero esserci _____ appunti che mi hai dato

    dopo la lezione, ma non riesco a trovarli.

6. Quando ero piccolo mi piaceva salire _____ alberi,

    sedermi _____ rami e guardare il tramonto.

7. Dicono che _____ trattorie si mangia meglio che _____ ristoranti.

    *nel - nell' - nello - nella - nei - negli - nelle

8. _____ sguardo di una persona,

    si possono intuire più cose che _____ parole che dice.

9. _____ borsa ci sono degli oggetti del mio bambino.

10. Se vai _____ macellaio, compra _____ salsicce.

정답은 p.282 참고

VOCABOLI
ABITAZIONE

abitabilità	주거 적합성
abitazione	거주지
acquisto	매입
affitto	월세
androne	진입로
arredo	구비된 가구
attico	다락방
bagno	욕실
baita	산속의 작은집
balcone	발코니
bene immobile	대지 내 고정자산

disimpegno	액세스 룸
dispensa	음식 저장 공간
gazebo	정원용 키오스크
giardino	정원
ingresso	입구
loft	수직확장 로프트
terrazzo	테라스
Open Space	넓은 공간
palazzo	건물
pertinenza	부속공간
portico	주랑 현관
prima casa	제1주택
salone / salotto	저택의 응접실
servitù	소유권 제한

monolocale	원룸
bilocale	비로칼레(방2개 크기의 공간)
trilocale	트리로칼레(방3개 크기의 공간)
quadrilocale	꽈드리로칼레(방4개 크기의 공간)
bow-window	유리 테라스
box	차고
casa	집
decoro edilizio	건축물의 외부장식
dependance	부속건물
dimora	일시 거주지
appartamento	아파트

Quiz. 왼쪽 어휘표를 참고하여 빈칸에 알맞는 단어를 적어 넣으세요.

1. 욕실 → b

2. 원룸 → m

3. 산 속의 작은 집 → b

4. 저택의 응접실 → s

5. 구비된 가구 → a

6. 건물 → p

7. 제 1주택 → p

8. 부속 공간 → p

9. 테라스 → t

10. 유리 테라스 → b

11. 차고 → b

12. 아파트 → a

13. 매입 → a

14. 월세 → a

15. 진입로 → a

16. 반지하 → s

17. 정원 → g

18. 입구 → i

19. 소유권 제한 → s

20. 지붕창 집 → m

명사
IL NOME

- **포인트1** 명사의 성과 수
- **포인트2** 명사의 분류
- **포인트3** 명사의 성
- **포인트4** 명사의 수
- **포인트5** 과잉 복수명사
- **포인트6** 수 불변 명사
- **포인트7** 결여명사
- **포인트8** 합성어

포인트1 명사의 성과 수 (genere e numero dei nomi)

	단수 singolare	복수 plurale
남성 명사 maschile	-o	-i
여성 명사 femminile	-a	-e
남성 혹은 여성 명사	-e	-i

사람 내지 동물의 명칭은 대개 자연적 성과 문법적 성이 일치한다 (예. **il padre/la madre, il gatto/la gatta**). 하지만 **la guardia, la spia, il soprano**처럼 불일치하는 경우들도 있다. 따라서 il sole, la luna와 같이 성이 부여된 것은 당위의 결과가 아니다.

대개 단수의 어미가 –o인 명사와 자음으로 끝나는 외래어 기원의 명사 (예외. **la gang, la holding** 등)는 남성명사이다.

대개 단수의 어미가 –a인 명사와 -i로 끝나는 명사 (예외. **il brindisi, il bikini** 등), -tà, -tù로 끝나는 명사 (예외. **il podestà, il tutù** 등), -ie 로 끝나는 명사 (예시 **la serie, la specie**)는 여성명사이다.

그리고 단수가 복수로 전환하려면 위 도식의 오른쪽처럼 어미가 변화한다. 수많은 명사들에 굴절어미(desinenza) 형태를 활용하여 성과 수를 구분하고 있지만 이를 따르지 않는 경우들이 많아 명사의 체계를 문법으로 처리하기란 간단하지가 않다. (**예시** 남성명사: **programma, problema, specialista → i programmi, i problemi, gli specialisti**, 여성명사: **mano, eco, moglie, superficie → le mani, gli echi, le mogli, le superfici**)

포인트2 명사의 분류 (classificazione dei nomi)

구분 1.
구상 명사 (nomi concreti)
      fanciullo, cane, sedia, odore, salto
추상 명사 (nomi astratti)
      bontà, amore, virtù, ambizione

구분 2.
고유명사 (nomi propri)
      Carlo, Fido, Arno, Gran Sasso, Roma 첫 문자는 대문자
보통명사 (nomi comuni)
      uomo, cane, pietra, fiume, monte, città
 - 가산명사 (**nomi numerabili**): **libro, bottiglia, carta** 등
 - 불가산명사 (**nomi non numerabili**): **latte, sangue, acqua** 등
 - 집합명사 (**nomi collettivi**): **popolo, gregge, esercito, vasellame** 등

구분 3.
남성명사 : **operaio, libro, orso, sentimento, uomo, fratello, bue, leopardo**
여성명사 : **donna, casa, gentilezza, automobile, sorella, mucca, giraffa, scimmia**
중립명사 : **ingegnere, architetto, cantante, nipote, coniuge, erede, tigre, ecc.**
교대명사 : **maestro/maestra, dottore/dottoressa, infermiere/infermiera,**
      lavoratore/lavoratrice, figlio/figlia, avvocato/avvocatessa, merlo/merla

구분 4.

단수명사 : **cane, macchina, penna**

복수명사 : **cani, libri, persone**

불변명사 : **città, virtù, lunedì** (단복수 동형)

결여명사 : **latte, sangue, pazienza, domani, buio, zinco, ecc.** (단수만)

　　　　　nozze, viveri, redini, occhiali, stoviglie, spezie, dintorni, ecc. (복수만)

포인트3 명사의 성 (genere dei nomi)

1. 동일한 어간에 다른 어미를 붙이는 명사들

-o → -a형 : **amico → amica, gatto → gatta, maestro → maestra**

-a → -essa형 : **duca → duchessa, poeta → poetessa, profeta → profetessa**

-e → -essa형 : **professore → professoressa, principe → principessa**

-e → -a형 : **cameriere → cameriera, giardiniere → giardiniera**

-tore → -trice형 : **attore → attrice, scrittore → scrittrice**

-tore → -tora형 : **pastore → pastora, tintore → tintora**

-sore → -itrice형 : **difensore → difenditrice, possesore → posseditrice**

2. 어근 자체가 다른 명사

padre	아버지	madre	어머니
fratello	남자 형제 (오빠/형)	sorella	여자 형제 (언니/누나)
marito	남편	moglie	아내
genero	사위	nuora	며느리
fuco	숫벌	ape	꿀벌
montone	숫양	pecora	암양
porco, maiale	수퇘지	scrofa	암퇘지
toro	황소	vacca	암소

3. 어미의 형태와 성의 불일치

1) -a 형 남성 명사

직업		동물		기타	
acrobata	곡예사	anaconda	아나콘다	clima	기후
analfabeta	문맹인	gorilla	고릴라	colera	콜레라
astronauta	우주 비행사	panda	판다곰	diploma	디플로마
atleta	육상선수	koala	코알라	dramma	드라마
geometra	기하학자	boa	보아뱀	enigma	수수께끼
strega	마법사	lama	라마	fonema	음소
collega	동료	puma	푸마	grafema	철자소
giornalista	저널리스트	baccalà	말린대구	lemma	어휘소
artista	아티스트			magma	마그마
linguista	언어학자			morfema	형태소
pianista	피아니스트			pianeta	행성
pediatra	소아과 의사			pigiama	잠옷
				poema	시
				schema	도식
				sperma	정자
				tema	주제
				trauma	트라우마
				parassita	기생자
				yoga	요가

2) -o 형 여성 명사

metro	지하철	eco	메아리
foto	사진	libido	리비도
moto	오토바이	pallacanestro	농구
auto	자동차	mano	손
dinamo	발전기	radio	라디오

3) 남성명사로도 여성명사로도 쓰이는 명사들 주로 사람 명사이며 대상에 따라 관사 다르게 사용

amante	연인	nipote	손주, 조카
cantante	가수	consorte	배우자
dirigente	경영인	collega	동료
giornalista	저널리스트	parente	친척
pediatra	소아과 의사	insegnante	교사
pianista	피아니스트	artista	아티스트

4) 축소사를 통해 남녀 구분하는 명사들

eroe	남자 영웅	eroina	여자 영웅
gallo	수탉	gallina	암탉
re	왕	regina	여왕
zar	황제	zarina	황후

5) 불규칙적으로 남녀 구분하는 명사들

abate	남 수도원장	badessa	여 수도원장
cane	수캐	cagna	암캐
dio	남신	dea	여신
doge	통령	dogaressa	통령 부인
fante	남자 하인	fantesca	시녀
caprone	수 염소	capra	암 염소
stregone	남 점성술사	strega	여 마법사, 마녀

6) 남성형과 여성형의 의미가 다른 명사들

il balzo	도약	la balza	산의 험준한 부분
il banco	의자	la banca	은행
il buco	구멍	la buca	웅덩이
il busto	상반신	la busta	봉투
il gmabo	(식물의) 줄기부	la gamba	(몸의) 다리 부분
il manico	손잡이	la manica	옷소매
il modo	방법	la moda	패션, 유행
il panno	직물	la panna	생크림
il pianto	울음	la pianta	식물
il porto	항구	la porta	문
il suolo	지층	la suola	신발 바닥
il tappo	마개	la tappa	단계, 국면
il capitale	자금	la capitale	수도
il fine	목적	la fine	끝
il fronte	격전지	la fronte	이마
il lama	라마	la lama	검, 금속판
il radio	라듐	la radio	라디오

포인트4 명사의 수 (numero dei nomi)

	단수 singolare	복수 plurale
남성 명사 maschile	-o	-i
여성 명사 femminile	-a	-e
남성 혹은 여성 명사	-e	-i

1. 어미 변형

la porta → le porte, l'amica → le amiche

il ragazzo → i ragazzi, la mano → le mani

il seme → i semi, la fede → le fedi

il prete → i preti, la lente → le lenti

주의 il geometra → i geometri, il poema → i poemi

2. -io형 의 복수

zio, brusio, mormorio, addio (강세로 인한 모음분리) → zii, brusii, mormorii, addii

occhio, armadio, specchio (무강세로 인한 이중모음) → occhi, armadi, specchi

osservatorio (관찰소), osservatore (관찰자) → osservatori

principio (원칙), principe (군주) → principi

arbitrio (부당행위), arbitro (레퍼리) → arbitri

omicidio (살해), omicida (살인자) → omicidi

3. -ca, -ga 형의 복수

-ca, -ga → -chi, -ghi (남성) / -che, -ghe (여성)

il monarca, lo strega → i monarchi, gli streghi

la marca, l'alga → le marche, le alghe

4. -cia, -gia 형의 복수

모음이 선행한 경우 -cia/-gia → **-cie/-gie**

camicia/camicie, audacia/audacie, ciliegia/ciliegie, acacia/acacie

자음이 선행한 경우 -cia/-gia → **-ce/-ge**

pelliccia/pellicce, pioggia/piogge, lancia/lance, frangia/frange

주의 (예외) pronuncia, provincia → pronuncie/pronunce, provincie/province
energia → energie

5. -scia 형의 복수
scia → scie (악센트 있는 음절은 iato)
fascia, striscia → fasce, strisce (악센트 없는 음절은 dittongo)

6. -co, -go형의 복수
affresco, buco → affreschi, buchi
fungo, luogo → funghi, luoghi (nomi piani)
medico, canonico → medici, canonici
biologo, asparago, teologo → biologi, asparagi, teologi (nomi sdruccioli)
주의 (예외) amico, nemico, catalogo, dialogo → amici, nemici, cataloghi, dialoghi
carico, valico, obbligo, prologo → carichi, valichi, obblighi, prologhi

7. -co, -go형의 복수형이 ci/gi, chi/ghi 다 가능한 경우
intonaco → intonaci/intonachi
stomaco → stomaci/stomachi
manico → manici/manichi
sarcofago → sarcofagi/sarcofaghi
chirurgo → chirurgi/chirurghi

8. 남성명사 –o 형 중 복수 형이 여성형으로 변화하는 몇가지 경우
il centinaio → le centinaia
il miglio → le miglia
l'osso → le ossa
il paio → le paio
il riso → le risa
l'uovo → le uova

포인트5 과잉 복수명사 (nomi con doppia forma di plurale)

il braccio	→	le braccia (팔), i bracci (팔 모양의 사물)
il budello	→	le budella (장), i budelli (좁은 길)
il cervello	→	le cervella (대뇌물질), i cervelli (지능, 머리)
il ciglio	→	le ciglia (속눈썹), i cigli (길 가)
il corno	→	le corna (뿔), i corni (호른)
il cuoio	→	le cuoia ('tirare le cuoia 죽다'), i cuoi (무두질한 가죽)
il dito	→	le dita (손가락전체), i diti (손가락 하나, diti medi 중지, diti indici 검지)
il filo	→	le fila (연결, le fila del discorso), i fili (선)
il fondamento	→	le fondamenta (기초), i fondamenti (추상적 기초, ~della civiltà)
il fuso	→	le fusa (고양이의 그르렁 소리), i fusi (실뭉치)
il gesto	→	le gesta (기업), i gesti (제스쳐)
il ginocchio	→	le ginocchia, i ginocchi (무릎)
il grido	→	le grida (인간의 외침), i gridi (동물의 외침)
il labbro	→	le labbra (입술), i labbri (상처, 도기의 경계부)
il lenzuolo	→	le lenzuola (침구세트), le lenzuoli (낱장의 개념)
il membro	→	le membra (전체 인체조직), i membri (조직의 일원)
il muro	→	le mura (도시, 요새의 성벽), i muri (집의 벽)
l'osso	→	le ossa (인간의 전체골격), gli ossi (동물의 일부 뼈)
il sopracciglio	→	le sopracciglia, i sopraccigli (눈썹)
l'urlo	→	le urla (인간의 외침), gli urli (특히 동물의 울음소리)

포인트6 수 불변인 명사 (nomi con una forma sola sia al singolare sia al plurale)

città, virtù, lunedì (마지막 모음에 악센트 있는 명사)
foto, metro (축약된 명사)
ipotesi, tesi, crisi (단수형이 –i 인 명사)
lapis, tram, gas, sport (자음으로 끝난 외래명사)
boia, vaglia (몇몇 –a 형 남성명사)
specie, serie (몇몇 –ie 형 명사)
radio, dinamo (몇몇 기술 용어)
Andrea/gli Andrea (남성이름)
i Colonna/i Rossi (성)

포인트7 결여명사 (nomi diffettivi)

1. 단수만 사용

il grano, il riso, il latte, il cemento, il sangue (불가산 명사)
la gente, la roba, il fogliame (집합 명사)
il coraggio, la pazienza, la superbia (대부분의 추상명사)
il tifo, il colera, la malaria (대부분의 병명)
l'idrogeno, l'oro, il bronzo, il rame (화학 금속의 물질)
gennaio, marzo, maggio (월의 이름)
il Natale, la Pasqua, il Ramadan (일부 축제의 이름)
l'equatore, l'universo (자연에 유일한 것을 지칭)

만약 위의 결여명사가 복수로 사용된다면 다른 의미가 되거나 비유적으로 사용된 것이다.
le genti italiche (이탈리아계 민족들), **i bronzi micenei** (미케네의 동 예술품들)

2. 복수만 사용

le forbici, le redini, le pinze, gli occhiali, i calzoni (같은 두 부분으로 이루어진 물건)
le spezie, le stoviglie, i viveri, i dintorni (다양한 것을 포괄하는 이름)
le nozze, le ferie, le tenebre, i posteri (라틴어에서 이어져 온 현학적 어휘)

포인트8 합성어 (nomi composti)

합성어란 독립된 두 개 이상의 단어가 결합하여 새로운 의미의 단어를 탄생시키는 어형성법이다. 합성어의 특징 (proprietà dei composti)으로는 비분리성 (예 **portaombrelli, *porta-grandi-ombrelli**), 대용어처리 불가성 (예 **un biancospino, *una cosa bianca**), 한 구성소 수식의 불가성 (예 **villagio globale, *vilaggio molto/più globale**), 이동불가성 (예 **Maria taglia carte → Cosa taglia ti M?, Maria ha un tagliacarte → *Cosa ha un taglia ti Maria?**), 내부구성소 전도 불가성 (예 **caffellatte/*lattecaffè, gentiluomo /*uomogentile**), 의미적 특수성 (예 **bianconero** 유벤투스, **pellerossa** 아메리칸 인디언)을 들 수 있다. 핵의 위치에 따라 내심 우핵합성어 (예 **manoscritto, gentiluomo**)와 내심 좌핵합성어 (예 **pescecane, camposanto, capostazione**), 외심 합성어 (예 **libro giallo, luna di miele, senzatetto, pellerossa**)로 구분할 수 있으며, 그 외 형태적 특성에 따라 어근합성어 (예 **conferenza stampa, salario base, carro frigorifero**), 축약 합성어 (예 **smog=smoke+fog, UE, NU**), 구 합성어 (예 **scala mobile, busta paga, pena di morte, pasta al sugo**) 등으로 구분할 수도 있다. 합성어의 품사를 기준으로 할 때 동사성 합성어 (예 명사+동사 **fotocopiare**, 전치사+동사 **sottovalutare**)와 명사성 합성어 (예 **terraferma, altopiano**)로 구분할 수 있으나 본장은 명사를 다루고 있는 만큼 명사성 합성어에 관한 것만 살펴보기로 하자. 명사성 합성어의 경우 문법적 복수형태가 매우 복잡하다.

1. 명사+명사

l'arcobleno → **gli arcobaleni, il cavolfiore** → **i cavolfiori** (두 요소의 성이 같을 때)
il centrotavola → **i centritavola, il pescespada** → **i pescispada** (두 요소의 성이 다를 때)
la banconota → **le banconote, la ferrovia** → **le ferrovie, il capocollo** → **i capicolli**
(설명불가의 경우)

il capobanda → i capibanda, il capoufficio → i capiufficio ('capo-'의 합이 남성일 때)

la capoclasse → le capoclasse, la caposala → le caposala ('capo-'의 합이 여성일 때)

la capolista → le capoliste, la caporedattrice → le caporedattrici ('capo-' 설명불가의 경우)

il crocevia → i crocevia, il fondovalle → i fondovalle,

il centropagina → i centropagina (설명불가의 경우)

2. 명사+형용사

il camposanto → i camposanti, il palcoscenico → i palcoscenici,

la cartapesta → le cartapeste (하나만 변하는 경우)

l'acquaforte → le acqueforti, la cassaforte → le casseforti,

la terracotta → le terrecotte (두 어미 모두 변하는 경우)

 i pellerosse o i pellerosse → i pellerosse o i pellirosse

la roccaforte → le roccaforti o le roccheforti (두 개 다 가능한 경우)

3. 형용사+명사

l'altoparlante → gli altoparlanti, il bassorilievo → i bassorilievi,

il francobollo → i francobolli (남성명사로 하나만 변하는 경우)

il mezzobusto → i mezzibusti (남성명사로 두 어미 모두 변하는 경우)

l'altoforno → gli altoforni o gli altiforni, l'altopiano → gli altopiani o gli altipiani

(남성명사로 두 개 다 가능한 경우)

il mezzosangue → i mezzosangue,

il purosangue → i purosangue (남성명사로 불변인 경우)

la falsariga → le falserighe, la mezzaluna → le mezzelune (여성명사로 둘 다 변하는 경우)

la chiaroveggenza → le chiaroveggenze (여성명사로 하나만 변하는 경우)

la piattaforma → le piattaforme o le piatteforme,

la mezzanotte → le mezzanotti o le mezzenotti (여성명사로 두 개 다 가능한 경우)

4. 형용사+형용사

il bianconero → i bianconeri, il chiaroscuro → i chiaroscuri,

il pianoforte → i pianoforti

5. 동사+명사

l'accendisigari → gli accendisigari, il cavatappi → i cavatappi (명사가 복수인 경우 불변)

l'aspirapolvere → gli aspirapolvere, il portacenere → i portacenere

(명사가 여성단수인 경우 불변)

il battibecco → i battibecchi, il passaporto → i passaporti (명사가 남성단수인 경우)

l'asciugamano → gli asciugamani, il baciamano → i baciamani (동사+mano의 경우)

il parasole → i parasole, il portasapone → i portasapone (불변인 경우)

6. 동사+동사, 동사+부사

il buttafuori → i buttafuori, il dormiveglia → i dormiveglia,

il saliscendi → i saliscendi (불변)

7. 전치사(혹은 동사)+명사

il dopopranzo → i dopopranzi, il soprannome → i soprannomi,

la sopratasse → le sopratasse (하나만 변화)

il doposcuola → i doposcuola, il fuoricorso → i fuoricorso,

il senzatetto → i senzatetto (불변)

8. 명사(혹은 동사)+전치사+명사

il ficodindia (o fico d'India) → i fichidindia (o fichi d'India)

la messinscena → le messinscene

il pomodoro → i pomodori o i pomidoro o i pomidori

연습문제

I. 다음 단어의 여성 형태를 적으세요.

1. il lettore →
2. il professore →
3. il cane →
4. il duca →
5. l'infermiere →
6. il leone →
7. il gallo →
8. il re →
9. il pastore →
10. il giornalista →
11. il consorte →
12. l'eroe →
13. il dio →
14. lo stregone →
15. il pediatra →
16. il fuco →
17. il montone →
18. il collega →
19. l'attore →
20. il cuoco →

II. 다음 단어의 복수 형태를 적으세요.

1. il poema →
2. il monarca →
3. la strega →
4. l'allergia →
5. la farmacia →
6. la valigia →
7. la camicia →
8. la freccia →
9. la provincia →
10. il buco →
11. la mano →
12. l'eco →
13. il fungo →
14. l'asparago →
15. il medico →
16. il biologo →
17. l'obbligo →
18. il tecnico →
19. l'aglio →
20. il centinaio →

III. 다음 합성명사의 복수 형태를 적으시오.

1. l'arcobaleno →

2. il capobanda →

3. il crocevia →

4. l'acquaforte →

5. il camposanto →

6. la mezzaluna →

7. il pescespada →

8. il bianconero →

9. l'accendisigari →

10. il passaporto →

정답은 p.282 참고

VOCABOLI
CALCIO

campionato	챔피언쉽	difesa	백 (수비)
campo	경기장	ala	윙
capitano	주장	ammonizione	경고
cartellino giallo	엘로우카드	árbitro	주심
cartellino rosso	레드카드	area di rigore	패널티 에리어
catenaccio	빗장수비	assistere	어시스트하다
centro	중앙	attaccante	공격수
centrocampista	미드필더	attacco	공격
classifica	랭킹	autogol	자책골
colpo di testa	헤딩슛	bandierina	깃발
contrattacco	반격	barriera	장벽
Coppa del mondo	월드컵	difensore	수비수
Coppa europa	유럽컵	bicicletta	오버헤드킥
		calci di rigore	승부차기
calcio d'angolo	코너킥	calcio d'avvio	킥 오프
cross	크로스	fallo	파울
derby	더비	fallo di mano	핸드볼반칙
diagonale	대각선		
		finta	페인팅
nazionale	국가대표팀	formazione	포메이션
palla lunga	긴 볼	fuga	돌진
pallone	축구공	fuorigioco	반칙
panchina	벤치	giocatore	선수
pareggio	비김	gol	골
partita	매치	guardalinee	부심
passaggio	패스	intervallo	하프타임
portiere	골키퍼	libero	리베로
possesso	공의 점유	melina	지연전술
rigore	직접 프리킥	difesa a uomo	대인방어
punizione	간접 프리킥	muro	차단벽전술
punto partita	단판승부	difesa a zona	지역방어
		dribbling	드리블링
		espulsione	추방
		recupero	연장

rete	골대		
retrocessione	강등		
riscaldamento	워밍업		
risultato	경기결과		
salvataggio	구원		
serie A	세리에 아		
sostituzione	교체		
squadra di casa	홈팀		
stadio	스타디움		
primo tempo	전반전		
secondo tempo	후반전		
tifoso	팬		
dodicesimo uomo	팬		
trofeo	트로피		
allenatore	트레이너		

Quiz. 왼쪽 어휘표를 참고하여 빈칸에 알맞는 단어를 적어 넣으세요.

1. 축구공 → p
2. 백 (수비) → d
3. 골키퍼 → p
4. 챔피언쉽 → c
5. 파울 → f
6. 교체 → s
7. 트로피 → t
8. 추가시간 → t
9. 추방 → e
10. 승부차기 → c
11. 공격 → a
12. 선수 → c
13. 골 → g
14. 트레이너 → a
15. 홈팀 → s
16. 더비 → d
17. 엘로우카드 → c
18. 중앙 → c
19. 미드필더 → c
20. 대각선 → d

regola del vantaggio
어드벤티지 룰

rimessa in gioco laterale
드로잉

tempi supplementari
추가시간

linea mediana del campo
중앙선

lancio della moneta
동전 던지기

형용사
L' AGGETTIVO

- **포인트1** 성질형용사
- **포인트2** 한정형용사
- **포인트3** 형용사의 등급

포인트1 성질형용사 (gli aggettivi qualificativi)

1. 기본형이 –o인 형용사

명사	기본형이 -o인 형용사	
ragazzo	piccolo	
남성단수 (ragazzo)	ragazzo piccolo	-o
남성복수 (ragazzi)	ragazzi piccoli	-i
여성단수 (ragazza)	ragazza piccola	-a
여성복수 (ragazze)	ragazze piccole	-e

2. 기본형이 -e인 형용사

명사	기본형이 -e인 형용사	
ragazzo	grande	
남성단수 (ragazzo)	ragazzo grande	-e
남성복수 (ragazzi)	ragazzi grandi	-i
여성단수 (ragazza)	ragazza grande	-e
여성복수 (ragazze)	ragazze grandi	-i

3. 기본형이 –a인 형용사 (-ista, -cida, -ita)

	예시	
남성단수 명사	ragazzo egoist**a** liquido battericid**a** uomo vietnamit**a**	egoista 이기적인 battericida 살균의 vietnamita 베트남인의
남성복수 명사	ragazzi egoist**i** liquidi battericid**i** uomini vietnamit**i**	
여성단수 명사	ragazza egoist**a** pomata battericid**a** donna vietnamit**a**	
여성복수 명사	ragazze egoist**e** pomate battericid**e** donne vietnamit**e**	

4. 불변 형용사

pari (짝수의), **impari** (홀수의; 불공정한), **dispari** (홀수의) (예시 sei è un numero pari. / uno e tre sono numeri dispari. / siamo in una societa impari)는 불변 형용사이다. 접두사 **anti-**와 결합하여 생성된 **antifurto, antinebbia, antiacido** 등의 몇몇 형용사들은 불변형용사로 작동한다.

몇몇 색채어 형용사 **lilla, blu, rosa, indaco, viola** (예시 vestiti rosa, pantaloni blu)는 불변형용사이지만 marrone, arancione는 마찬가지의 불변형용사로 쓰이기도 하고 복수가 –i (예시 vestiti marrone o vestiti marroni) 로 변할 수도 있다. 두 형태 다 쓰일 수 있다.

또한 '색 + 비교대상 명사'인 합성어 형용사일 때 (예시 le automobili rosso fuoco) 이 형용사구는 불변이다.

부사구에서 유래한 형용사 (예시 'dappoco가치 없는, 시시한', la gente dappoco)나 동사의 원형에서 유래한 형용사 (예시 'avvenir 도래하는', i secoli avvenir)처럼 다른 품사에서 온 형용사는 불변형용사로 쓰인다.

'**arrosto**'는 불변형용사이다 (예시 gli ottimi polli arrosto).

마지막모음에 악센트 있는 형용사 (예시 pantaloni blu)나 자음으로 끝나는 외래어 형용사 (예시 donne chic)는 불변형용사이다.

5. 불규칙 형용사

그러나 위의 규칙을 따르지 않는 몇몇 형용사들이 있다. 이탈리아어에서 '**불규칙**'은 일반적으로 일상생활에서 많이 사용되는 **기초어휘**들이 대부분인데 다음의 형용사들이 전치수식(명사 앞에 위치)을 할 경우 아래와 같이 독자적인 변형을 한다.

1) buono ('좋은'): 부정관사처럼 변형

부정관사	형용사 buono	예시		
un	buon	un giorno un amico		buon giorno buon amico
uno	buono	uno stomaco	→	buono stomaco
una	buona	una ragazza		buona ragazza
un'	buon'	un'amica		buon'amica
복수	buoni buone	buoni biscotti, buoni amici buoni pneumatici buone torte, buone amiche		

2) quello ('저것'), bello ('멋진, 아름다운'): 정관사처럼 변형

정관사	quello	bello	예시		
il	quel	bel	il ragazzo		quel ragazzo
i	quei	bei	i ragazzi		quei ragazzi
lo	quello	bello	lo studente	→	quello studente
gli	quegli	begli	gli studenti		quegli studenti
la	quella	bella	la ragazza		quella ragazza
le	quelle	belle	le ragazze		quelle ragazze
l'	quell'	bell'	l'amico		quell'amico

3) grande ('큰'): 수식하는 명사의 첫 철자에 따라 각기 다른 형태로 변형

수식하는 명사의 첫 철자	'grande'의 형태 변형	예시
z, ps, gn, x, s impura 시작 남성명사 앞	grande (단) grandi (복)	grande specchio grandi specchi
그 외 자음시작 남성명사 앞	gran o grande (단) gran o grandi (복)	gran/grande sogno gran/grandi sogni
모음시작 남성명사 앞	grande (단) grandi (복)	grande amore grandi amori
여성명사 앞	gran o grande (단) grandi (복)	gran/grande storia grandi storie

4) santo ('성, 성스러운'):

수식하는 명사의 첫 철자	'santo'의 형태 변형	예시
z, ps, gn, x, s impura 시작 남성명사 앞	**santo** (단) **santi** (복)	santo Stefano santi Stefano e Lorenzo
그 외 자음시작 남성명사 앞	**san** (단) **santi** (복)	san Francesco santi Pietro e Paolo
모음시작 남성명사 앞	**sant'** (단) **santi** (복)	sant'Antonio santi Andrea e Agata
자음시작 여성명사 앞	**santa** (단) **sante** (복)	santa Paola, santa Zita sante Teresa e Maria
모음시작 여성명사 앞	**sant'** (단) **sante** (복)	sant'Anna sante Agata e Assunta
여성명사 앞	Santo Paradiso!, Santo cielo! Tutto il santo giorno, Santo Padre	

6. 기억해야할 형용사의 복수 형태

-co (antìco – stàtico) → -chi
악센트가 끝에서 두 번째있다면 복수는 **antìchi**
악센트가 끝에서 세 번째있다면 복수는 **stàtici**

-ca (antìca – stàtica) → -che
악센트가 끝에서 두 번째 있든 세 번재 있든 복수는 **antiche, statiche**

-go (largo) → –ghi (larghi), -ga (larga) → –ghe (larghe)
-scio (liscio) → -sci (lisci), -scia (liscia) → –sce (lisce)
-io (pìo, i에 악센트) → -ii (pìi), –ia (pìa, i에 악센트) → –ie (pìe)
–io (gàio, i에 악센트없음) → -i (gài), –ia (gàia, i에 악센트 없음) → –ie (gàie)

7. 두 개의 명사를 수식하는 형용사

1) 두 개의 명사가 같은 성이라면 형용사는 같은 성의 복수형태가 된다.

예문 **La rosa e la margherita sono belle.**
Un libro e un quaderno neri.
L'appartamento era arredato con mobili e dipinti *antichi e lussuosi*.
Anna ha comprato una camicetta e una gonna *nuove* per la festa di sabato.

2) 두 개의 명사가 다른 성이라면 형용사는 남성 복수의 형태를 취한다.

예문 **Maria e Paolo sono simpatici.**
Un uomo e una donna assai *affabili e gentili*.

8. 형용사의 명사화

예시
Il buono, il brutto, il cattivo
Un ricco va a Montecarlo.
Questi giovani sono incorreggibili.
Certi studiosi sono antipatici.

명사화된 남성 형용사가 추상명사를 대치한다.

예시
il giusto (= la giustizia)
il buono (= la bontà)
il bello (= la bellezza)
il vero (= la verità)

많은 경우 명사화된 형용사는 명사의 생략으로부터 발생한다.

예시
la destra (= la mano destra)
il sinistro (= il piede sinistro)
il Neolitico (= il periodo neolitico)
il Pavese (= il territorio pavese)
una retta (= una linea retta)
la mobile (= la squadra mobile)
il giornale (= il foglio giornale, cioè 'quotidiano')
la capitale (= la città capitale, cioè 'più importante')
il mobile (= l'arredo mobile, cioè 'che può essere spostato')
il sonnifero (= il medicinale sonnifero, cioè 'che aiuta a prendere sonno').

거의 대부분의 형용사들은 사실상 명사화가 가능하다고도 볼 수 있다.

예문
i piccoli (=i bambini)
il bello (= bellezza)
il difficile (= difficoltà)
il vero (= verità)

그리고 당연히 또 다른 성질형용사와 조합할 수 있다.

예문
Quel simpatico povero sta all'angolo della via.
Un ricco generoso non è così frequente.

9. 형용사의 부사화

명사화된 형용사는 부사의 기능을 하기도 한다.

> **예문**   **Bisogna parlare chiaro.**

또한 전치사와 함께 부사구를 창출하기도 한다.

> **예시**   **con le buone**
> **all'antica**
> **alla svelta**

명사화된 형용사는 단수 형태이든 복수 형태이든 전체 종, 조건, 계층을 나타낼 수 있다.

> **예문**   **Il coraggioso muore una volta, il codardo cento volte al giorno.**
> **È importante per i piccoli.**

또한 또 다른 형용사를 동반할 수 있다.

> **예시**   **il freddo intenso delle alpi**
> **la strana calma che vissero i cristiani**

국적을 나타내는 성질 형용사는 그 곳에 사는 사람들을 의미한다.

> **예문**   **La precisione dei giapponesi non conosce limite.**

10. 형용사의 위치

이탈리아어에서는 대개 형용사가 명사의 뒤에서 수식하는 것이 일반적이다. 형용사가 후치 수식인 경우 일반적인, 물리적인 의미를 나타낸다. 반면 형용사가 전치하여 명사를 수식한다면 분별적, 특정적 의미를 갖게 된다.

> **예시**   **un professore alto** (키가 큰 교수)
> **un alto professore** (중요한 교수)

　　　　un amico vecchio (나이든 친구)
　　　　un vecchio amico (옛 친구)
　　　　una macchina nuova (신차)
　　　　una nuova macchina (또 다른 차)
　　　　un insegnate buono (착한 선생님)
　　　　un buon insegnate (훌륭한 선생님)
　　　　un uomo povero (가난한 사람)
　　　　un pover'uomo (불운한 사람)
　　　　un viso brutto (못난 얼굴)
　　　　un brutto viso (험상궂은 얼굴)

모든 형용사가 명사의 앞뒤에 놓일 수 있는 것은 아닌데 다음의 경우에는 항시 형용사가 명사 뒤에 와야 한다. 국적 (예시 **la capitale italiana**), 소속 (예시 **un pittore impressionista**), 장소위치 (예시 **la mano destra**), 색깔, 형태, 재료 (예시 **una rosa blu, una tavola tonda**)를 나타내는 형용사들이 그것이다.

포인트2 한정형용사 (gli aggettivi determinativi)

한정형용사에는 소유형용사, 지시형용사, 식별형용사, 부정형용사, 수 형용사, 의문형용사, 감탄 형용사가 있다.

1. 소유형용사/대명사 (aggettivi e pronomi possessivi)

누군가의 소유인지를 나타내는 형용사로 명사 앞에 놓이며 거의 대부분 관사를 동반한다.

　　예문　**Maria mi ha dato i suoi** (형) **libri** (명).

소유형용사 앞에 일반적으로 관사가 등장한다.

　　예시　**il mio libro, la mia casa, la loro rivista**

	남성 단수	남성 복수	여성 단수	여성 복수
mio	mio	miei	mia	mie
tuo	tuo	tuoi	tua	tue
suo	suo	suoi	sua	sue
nostro	nostro	nostri	nostra	nostre
vostro	vostro	vostri	vostra	vostre
loro	loro			

하지만 호격 내지 감탄문, 화석화된 관용구 표현에서는 관사가 사라진다.

예문 **figlio mio!**
amore mio!
a casa mia, in cuor mio da parte mia, di testa sua

다음과 같은 소유주 관련문에서 전치사 di 는 필수이다.

예문 **Di chi è? È del professore.**
Di che colore è?
Di che nazionalità è?

소유형용사를 동반한 단수의 친족 명 앞에서 관사는 생략 (**예시** **mio zio, nostra madre, nostro cugino**) 된다. 하지만 단수 친족명이라도 애칭이면 관사가 있어야 하고 (**예시** **il mio papà, la mia mamma, il nostro figlioletto**) loro 와 결합할 때도 관사가 있어야 한다 (**예시** **il loro fratello, la loro madre**). 그 외에 'proprio', 'altrui' 같은 소유형용사는 늘 관사를 동반한다 (**예시** **il proprio giardino, l'altrui**).

소유형용사가 문의 주어를 지칭할 경우 suo, loro를 대신하여 'proprio'로 대치할 수 있다.

예문 **Luca dovrebbe fare il proprio dovere.**

문의 주어와 관련 없고 불확정적인 '다른 이들의'의 뜻일 경우 'altrui'로 대치할 수 있다.

예문 **Lui è molto rispettoso delle cose altrui.**

2. 지시형용사/대명사 (aggettivi e pronomi dimostrativi)

지시적 기능(funzione deittica) 외에 앞의 것을 환기 (funzione anaforica)하거나 뒤의 것을 예고 (funzione cataforica)하는 기능을 수행한다.

예시
questo/i/a/e
codesto/i/a/e
quello/quelli/quei/quegli/quella/quelle

예문
Vorrei quel maglione verde là e non questo pullover rosso qui.
Giorgio ha chiamato Giulia per scusarsi; quel gesto è stato molto apprezzato da tutti.
Ti preannuncio questa novità: che a breve l'azienda aprirà un nuovo dipartimento all'estero.

3. 식별형용사/대명사 'stesso', 'medesimo' (agg. e pron. identificativi)

예문
Ogni anno andiamo al mare nello stesso posto;
Io stesso (cioè, anch'io o persino io) sono rimasto molto colpito dall'episodio;
Il giudice stesso (cioè, il giudice in persona) firmò la sentenza di condanna.

4. 불확정 형용사/대명사 (agg. e pron. indeterminativi)

1) 형용사로만 사용되는 불확정 형용사

남성 단수	여성 단수
ogni qualche qualsiasi qualunque	ogni qualche qualsiasi qualunque

2) 대명사로만 사용되는 불확정 대명사

남성 단수	여성 단수
nulla niente qualcuno	qualcuna

3) 형용사와 대명사로 사용되는 불확정 형용사(대명사)

	남성 단수	남성 복수	여성 단수	여성 복수
alcuno	alcuno	alcuni	alcuna	alcune
altro	altro	altri	altra	altre
certo	certo	certi	certa	certe
ciascuno	ciascuno	-	ciascuna	-
diverso	diverso	diversi	diversa	diverse
molto	molto	molti	molta	molte
nessuno	nessuno	-	nessuna	-
parecchio	parecchio	parecchi	parecchia	parecchie
poco	poco	pochi	poca	poche
tale	tale	tali	tale	tali
tanto	tanto	tanti	tanta	tante
troppo	troppo	troppi	troppa	troppe
tutto	tutto	tutti	tutta	tutte
vario	vario	vari	varia	varie

예문 Ogni giorno mi sveglio alle sette.

Qualcuno mi ha chiamato da lontano.

Alcuni studenti non hanno studiato per niente per l'esame.

5. 수 형용사/대명사 (agg. e pron. numerali)

1) 기수 (numeri cardinali)

*tre는 맨 뒤에 악센트

1	uno	16	sedici	40	quaranta
2	due	17	diciassette	50	cinquanta
3	tre	18	dicciotto	60	sessanta
4	quattro	19	diciannove	70	settanta
5	cinque	20	venti	80	ottanta
6	sei	21	ventuno	90	novanta
7	sette	22	ventidue	100	cento
8	otto	23	*ventitre	200	duecento
9	nove	24	ventiquattro	300	trecento
10	dieci	25	venticinque	1,000	mille
11	undici	26	ventisei	2,000	due mila
12	dodici	27	ventisette	10,000	dieci mila
13	tredici	28	ventotto	100,000	cento mila
14	quattordici	29	ventinove	1,000,000	un milione
15	quindici	30	trenta	2,000,000	due milinoni

10,000,000 dieci milioni / 100,000,000 cento milioni / 1,000,000,000 un miliardo

2) 서수 (numeri ordinali)

1°	primo	16°	sedicesimo	40°	quarantesimo
2°	secondo	17°	diciassettesimo	50°	cinquantesimo
3°	terzo	18°	dicciottesimo	60°	sessantesimo
4°	quarto	19°	diciannovesimo	70°	settantesimo
5°	quinto	20°	ventesimo	80°	ottantesimo
6°	sesto	21°	ventunesimo	90°	novantesimo
7°	settimo	22°	ventiduesimo	100°	centesimo
8°	ottavo	23°	*ventitreesimo	101°	centunesimo
9°	nono	24°	ventiquattresimo	102°	centoduesimo
10°	decimo	25°	venticinquesimo	200°	duecentesimo
11°	undicesimo	26°	ventiseiesimo	900°	novecentesimo
12°	dodicesimo	27°	ventisettesimo	1,000°	millesimo
13°	tredicesimo	28°	ventottesimo	2,000°	duemillesimo
14°	quattordicesimo	29°	ventinovesimo	1,000,000°	milionesimo
15°	quindicesimo	30°	trentesimo		

기수는 성수 무변

uno, due, tre, quattro, cinque, sei, sette...

여성 단수 mille만 여성 복수로 전환

서수는 성수에 따라 변화

primo, secondo, terzo...undicesimo, dodicesimo, tredicesimo...

6. 의문형용사와 감탄형용사 (agg. pron. interrogativi ed esclamativi)

남성 단수	남성 복수	여성 단수	여성 복수
che			
quale	quali	quale	quali
quanto	quanti	quanta	quante

포인트3 형용사의 등급 (i gradi dell'aggettivo)

원급(grado zero) : 예문 **Massimo è veloce.**

비교급(grado comparativo):

예문 **Massimo è più veloce di Simone.** (우등)

Massimo è meno veloce di Simone. (열등)
Massimo è veloce come Simone. (동등)

최상급(grado superlativo):

Massimo è il più veloce (di tutti). (상대적 최상급)
Massimo è velocissimo. (절대적 최상급)

1. 명사와 대명사의 비교

Gino è più piccolo di Luca. (우등)
Gino è meno piccolo di Lucia. (열등)
Gino è piccolo quanto(come) Lucia. (동등)

Lui è più alto di me. (우등)
Lui è meno alto di me. (열등)
Lui è (così) alto come me./Lui è tanto paziente quanto lei.

(동등)비교 대상인 두 개의 명사(대명사)는 동일한 무게로 비교되어야 한다. 예를 들어 어느 한 쪽에 관사가 있다면 비교 대상인 다른 쪽도 관사를 지녀야 한다.

Il gioco è più divertente dello studio.
La mia machina è più nuova della tua.

2. 동사, 형용사, 전치사구, 부사의 비교

Viaggiare è divertente quanto(come) studiare. (동사)
Viaggiare è (più/meno) divertente che studiare. (동사)
Lucia è furba quanto(come) intelligente. (형용사)
Lucia è più/meno furba che intelligente. (형용사)
Maria è più/meno cattiva con Silvia che con Lucia. (전치사구)
Sono contento più ora che prima. (부사)

3. 양의 비교

> **예문** **Conosco più/meno ragazze che ragazzi.**
> **Conosco tante ragazze quanti ragazzi.**
> **Conosco tanti ragazzi quante ragazze.**

4. 상대적 최상급

> **예문** **Vincenzo è il ragazzo più intelligente (di tutti).**
> 빈첸초는 모든 그 누구보다 머리가 좋은 아이다.
> **Vincenza è la ragazza più intelligente (della classe).**

5. 절대적 최상급

1) -issimo 형
Enzo è un uomo intelligentissimo.

2) '-eo, -io, -uo형 형용사' (예. fulmineo, ricattatorio, ingenuo)의 경우
una reazione veramente fulminea
un comportamento davvero ricattatorio

3) 'celebre, acre, integro, salubre, misero'의 경우 접미사 –errimo 를 붙여 최상급
celeberrimo, acerrimo, integerrimo, saluberrimo, miserrimo

4) 'benefico, munifico, benevole, malevolo'의 경우 접미사 –entissimo를 붙여 최상급
beneficentissimo, munificentissimo, benevolentissimo, malevolentissimo

5) 'ampio, aspro'의 경우 두 형태 모두 가능
ampissimo/amplissimo, asprissimo/asperrimo

구어체에서 '-errimo, -entissimo' 대신 'assai, molto, tutto, straordinariamente'같은 부사로 대치하여 사용하는 경향이 강하고, 형용사를 두 번 활용하기도 하며 'super, iper, stra, sovra, arci, extra'와 같은 접두사 붙여 표현하기도 한다.

una situazione molto misera
una condizione misera misera
tutto(completamente) vuoto
supermorbido, iperattivo

[원급, 비교급, 최상급의 예]

원급	비교급	상대적 최상급	절대적 최상급
buono	migliore più buono	il migliore il più buono	ottimo buonissimo
cattivo	peggiore più cattivo	il peggiore il più cattivo	pessimo cattivissimo
grande	maggiore più grande	il maggiore il più grande	massimo grandissimo
piccolo	minore più piccolo	il minore il più piccolo	minimo piccolissimo
alto	superiore più alto	il superiore il più alto	supremo altissimo
basso	inferiore più basso	l'inferiore il più basso	infimo bassissimo

[명사와 관계되지만 형태가 독자적인 형용사의 예]

명사	관련 형용사	명사	관련 형용사
cavallo	equino	calore	termico
maiale	suino	colore	cromatico
pecora	ovino	terremoto	sismico
pesce	ìttico	Spagna	iberico
bocca	orale	Germania	tedesco
cuore	cardiaco	Giappone	nipponico
febbre	febbrile	Grecia	ellenico
fegato	epatico	campagna	rurale
labbro	labiale	guerra	bellico
occhio	oculare	lettera	epistolare
sangue	ematico	gioco	ludico
stomaco	gastrico	navigazione	nautico
testa	cefalico	sogno	onirico
vecchiaia	senile	acqua	idrico

연습문제

I. 다음 명사구의 복수 형태를 적으세요.

1. mare blu →
2. bell'esempio →
3. cornice antica →
4. giacca marrone →
5. buono studente →

II. 괄호 속 형용사의 적절한 형태를 넣으세요.

1. Abbiamo (serio)_____ motivi per essere molto preoccupati.
2. Per il mio compleanno ho ricevuto tanti (belli)_____ regali.
3. Se studi avrai una (brillante)_____ carriera.
4. Non avevo mai conosciuto un uomo (egoista)_____ come te.
5. Quest'anno sono di moda i pantaloni (rosa)_____.

III. 적절한 소유형용사를 넣으세요.

1. La ragazza e _____ cane hanno attraversato la strada di corsa.
2. I signori Rossi e _____ figlio sono appena entrati al bar.
3. Il preside e molto abile, ma io non sono d'accordo con _____ idee.
4. Ognuno si preoccupa _____ problemi.
5. Dammi _____ numero di telefono cosi domani ti chiamo.

IV. '관사+stesso/medesimo' 형태의 형용사구를 만드세요.

1. Io ho studiato tanto e lui quasi niente, ma alla fine abbiamo avuto _____ voto!
2. Dove ci vediamo? _____ posto?
3. _____ persone che prima gli volevano bene, adesso non lo sopportano più.
4. I veri amici ti danno _____ affetto sia nei momenti belli che in quelli difficili.
5. A me non piace la pasta; io non ho _____ gusti degli italiani.

V. 비확정적 형용사 (parecchi - nessuna - poco - tutto - tanti - qualunque - tutta - troppi - ciascun – alcuno) 를 넣으세요.

1. Quando pensavamo di non avere più _____ speranza, abbiamo trovato un buon lavoro.
2. Dopo la festa _____ l'appartamento era in disordine.
3. Non c'è _____ dubbio che tu sia una persona intelligente!
4.. Ci sono _____ errori di ortografia.
5. In questa stanza c'è _____ spazio per un divano così grande.

VI. 의문 형용사 혹은 감탄형용사로 문장을 완성하세요.

1. Scusi mi può dire _____ chilometri mancano per Verona?
2. Fammi sapere al più presto _____ intenzioni hai.
3. Non so proprio _____ esercizio fare per primo.
4. _____ bella sorpresa! Non pensavo di vedervi così presto.
5. Guarda con _____ cura quella signora coltiva il suo giardino.

연습문제

VII. 필요에 따라 기수 혹은 서수 형용사를 넣으세요.

1. Scusi dove si trova l'ufficio stranieri? È al (3) piano, la(1) porta a destra.
2. Compera (2) etti di prosciutto crudo e (1) melone ben maturo.
3. più di (2000) anni fa Roma era la capitale di un grande impero; chissa come sara tra (1000) anni.
4. Questa camicia mi è costata (50) euro e la gonna (30)
5. Il Papa attuale si chiama Benedetto(XVI). lo scorso pontefice era G. Paolo (II)

VIII. 괄호 안에 적절한 단어들을 넣으시오.

1. Di solito l'aria in montagna è _____ salubre _____ quella in citta.
2. Alla fine il film è sembrato _____ comico _____ tragico
3. Rossella è _____ capricciosa _____ ingenua.
4. Certe volte è _____ prudente stare zitti _____ parlare
5. La tua tariffa telefonica è _____ costosa _____ mia.

정답은 p.282 참고

VOCABOLI
STANZE E ARREDAMENTO DELLA CASA

attaccapanni	스탠드형 옷걸이
divano letto	소파베드
ventilatore	선풍기
lavastoviglie	식기세척기
aspirapolvere	청소기
aspiratutto	진공 청소기
battitappeto	카펫 청소기
purificatore d'aria	공기청정기
frigorifero	냉장고
lavatrice	세탁기
guardaroba	물품보관함
lavello	싱크대
letto	침대
doccia	샤워
vasca da bagno	욕조
lavabo, lavandino	세면대
camino, caminetto	벽난로
armadio a muro	붙박이장
lampadario	샹들리에
comodino	사이드 테이블
libreria	책장
mensola per libri	책선반
cassettiera	서랍장
orologio	시계
attaccapanni	코트걸이
credenza	벽장
scrivania	데스크
tavolino da toletta	화장대
armadio classificatore	정리캐비넷
specchio	거울
finestra	창
porta	문

flat	플랫(아파트)
cantina	지하 저장고
ingresso	입구
salotto	거실
soggiorno	거실
cucina	부엌
sala da pranzo	다이닝 룸
camera da letto	침실
cameretta	아이방
studio	공부방
bagno	욕실
camera degli ospit	게스트룸
ripostiglio	다용도실
garage	차고
tetto	루프
pavimento	바닥
corridoio	복도

doppia finestra	이중 창
campanello	도어벨
grondaia	배수홈통
ingresso principale	출입문
parete	벽
balcone	발코니
soffitta	다락방
pianoterra	지층
primo piano	2층
secondo piano	3층
terrazzo	테라스
terrazza	루프 테라스
scale	계단
pianerottolo	계단의 층계참
giardino	정원
riscaldamento centralizzato	중앙난방

divano	소파		
poltrona	안락의자	Quiz. 왼쪽 어휘표를 참고하여 빈칸에 알맞는 단어를 적어 넣으세요.	
armadio	가구		
tavolo	테이블		
sedia	의자	1. 선풍기	→ v
sveglia	알람시계	2. 청소기	→ a
bilancia	저울		
lettore CD/DVD	플레이어	3. 지하 저장고	→ c
stufa elettrica/a gas	전기/가스난로	4. 거실	→ s
ferro da stiro	다리미	5. 욕실	→ b
asse da stiro	다림판		
paletta per rifiuti	쓰레받기	6. 부엌	→ c
scopetta	빗자루	7. 입구	→ i
lampada	램프		
calorifero	난방기	8. 도어벨	→ c
giradischi	레코드플레이어	9. 벽	→ p
asciugatrice	탈수기		
telefono	전화	10. 세탁기	→ l
radio	라디오	11. 가구	→ a
TV	텔레비전		
tappeto	카펫	12. 카펫	→ t
tende	커튼	13. 침대 시트	→ l
cuscino	쿠션		
materasso	매트리스	14. 냉장고	→ f
cuscino	베개	15. 거울	→ s
federa	베개 커버	16. 샹들리에	→ l
lenzuolo	침대 시트		
tovaglia	식탁보	17. 정원	→ g
appendiabiti	옷걸이	18. 욕조	→ v
pianoforte	피아노		
letto singolo	싱글베드	19. 침실	→ c
letto doppio	더블베드	20. 창문	→ f
sgabello	걸상		

대명사
I PRONOMI

포인트1 인칭대명사

포인트2 직접, 간접, 이중 목적대명사

포인트3 관계대명사

대명사는 명사를 대신하여 사용되는 것으로 아래와 같이 구분된다. 이탈리아어의 대명사로서 인칭대명사, 재귀대명사, 소유대명사, 지시대명사, 비확정 대명사, 관계대명사, 의문 및 감탄문 대명사, 수 대명사 등을 언급할 수 있겠으나 다른 품사들의 논의 속에서 이미 다루었고 중첩되므로 본 장에서는 인칭대명사, 이중대명사, 관계대명사만을 다루고자 한다.

포인트1 인칭대명사 (I pronomi personali)

인칭	주어	보어 강세형 직.목/간.목(동사 뒤)	보어 무강세형(약형) 직.목/간.목(동사 앞)	
단수 1	io	me/a me	mi/mi	
단수 2	tu	te/a te	ti/ti	
단수 3	lui, egli, esso	lui, sé (stesso), esso/a lui	lo/gli	ne, ci (간접보어)
단수 3	lei, ella, essa	lei, sé (stessa), essa/a lei	la/le	ne, ci (간접보어)
복수 1	noi	noi/a noi	ci/ci	
복수 2	voi	voi/a voi	vi/vi	
복수 3	loro, essi	loro, essi/loro	li/gli	ne, ci (간접보어)
복수 3	loro, esse	loro, esse/loro	le/gli	ne, ci (간접보어)
재귀		sé stesso,i,a,e/a sé (stesso,i,a,e)	si/si (직.목., 간.목.)	

1. 주어, 직접목적어, 간접목적어 속의 인칭대명사

1) 주어

"Io sono coreano." (주어)

"Lui/Lei parla molto bene l'italiano." (주어)

2) 직접목적어 (1인칭, 2인칭의 경우)

"Hanno chiamato me/te/noi/voi." (강세형 직.목.)

→ Mi/Ti/Ci/Vi hanno chiamato. (무강세형 직.목.)

   직접목적어 (3인칭의 경우)

"Vedo lui/lei/loro" (강세형 직.목.)

→ Lo/La/Li(m.)·Le(f.) vedo. (무강세형 직.목.)

3) 간접목적어 (1인칭, 2인칭의 경우)

"Hanno chiesto un favore a me/a te/a noi/a voi." (강세형 간.목.)

→ Mi/Ti/Ci/Vi hanno chiesto un favore (무강세형 간.목.)

   간접목적어 (3인칭의 경우)

"Parlo a lui·a lei/a Lei/*a loro(→ loro)/di essi/con ql.cu." (강세형 간.목.)

→ Gli(m.)·Le(f.)/Le/Gli/Ne/Ci parlo. (무강세형 간.목.)

4) 재귀형태 (3인칭의 경우)

"Il ragazzo pensa solo a sé./Loro hanno molta stima di sé." (강세형 단수 복수)

"Paolo si(=a sé) lava. /I genitori si(a sé) preoccupano." (무강세형 단수 복수)

"Anna si pettina./Anna si è comprata una gonna." (무강세형 직목/간목)

5) 간접보어 CI (in, a, con, su+무엇), NE (di, da+무엇)

"Ho visto Luisa e ci (=con lei) ho parlato a lungo."

"Kim è una persona arrogante, non ci(=su di lui) puoi fare niente."

"Ci (=a Milano) vado ogni venerdì."

"Non conosco il prof. Cho, ma ne(=di lui) ho sentito parlare."

"Appena la conobbe, ne(=da lei) rimase molto colpito."

"Sono andato a teatro e ne(=da lì) sono uscito due ore dopo."

6) 전접과 후접

'Voglio mandare un pacco a Silvia/a Enzo.'

Lo voglio mandare a Silvia/a Enzo.

Voglio mandarlo a Silvia/a Enzo.

Le/Gli voglio mandare un pacco.

Voglio mandarle/mandargli un pacco.

포인트2 직접, 간접, 이중 목적대명사 (Pronomi diretti, indiretti e doppi)

	-에게	-을	-에게 -을
단수 1	mi		me lo, me la, me li, me le, me ne
단수 2	ti	lo (남성 단수 명사)	te lo, te la, te li, te le, te ne
단수 3	gli/le(Le)	la (여성 단수 명사)	glielo, gliela, glieli, gliele, gliene
복수 1	ci	li (남성 복수 명사)	ce lo, ce la, ce li, ce le, ce ne
복수 2	vi	le (여성 복수 명사)	ve lo, ve la, ve li, ve le, ve ne
복수 3	gli	ne	glielo, gliela, glieli, gliele, gliene
재귀(rifl.)	si (3인칭 단,복수)		se lo, se la, se li, se le, se ne

1. 직접목적어 인칭대명사

예문   Conosco i ragazzi/le ragazze.
Li/Le conosco.

Ho conosciuto questi ragazzi/queste ragazze al mare.
Li/Le ho conosciuti/e al mare.

*직접 목적격 대명사 성,수에 맞춰 과거 분사 성,수일치

2. 간접목적어 인칭대명사

예문 Telefono a Franco/Francesca.
Gli/Le telefono.

Ho telefonato a Franco/Francesca.
Gli/Le ho telefonato.

3. 이중 목적대명사와 인칭대명사

1) 직접목적어 대명사와 간접목적어 대명사는 동사 앞에서 만나 이중목적 대명사의 형태를 만들어 낸다. '~에게 ~을'에 해당되는 이중대명사의 예는 다음과 같다.

예문 "Maria dà una penna a me."
Maria me la dà.

"Giovanni manda a te dei libri."
Giovanni te li manda.

"Do una penna a Mario."
Gliela do.

"Serena ci manda una cartolina."
Serena ce la manda.

"Luca vi scrive una lettera."
Luca ve la scrive.

"Giovanni regala loro dei bicchieri."
Giovanni glieli regala.

"Me ne dai uno/una." (ne=di tutti gli oggetti indicati)
"Ve ne ho già parlato." (ne=di questa cosa)

"Si lava le mani/i capelli."
Se le/li lava.

"Si lavano le mani/i capelli."
Se le/li lavano.

2) '약형 직접 목적대명사 + 장소부사 ci' 결합의 경우

예문 　① **mi ci lavo, ti ci vedo, vi ci convocheranno (mi, ti, vi**는 장소부사 앞**)**
　　　② **ce lo vedo, ce la trovi, ce ne sono (lo, la, li, le, ne**는 장소부사 뒤**)**

3) '약형 직간접 목적대명사 + 수동, 비인칭, 재귀의 si'의 경우

예문 　"È una bella casa: la si vende senza difficoltà." (수동)
　　　"Mi si offre una grande opportunità." (비인칭)
　　　"La si mette subito." (재귀)
　　　(단수 형태 mi, ti, lo, gli, la, le와 복수 형태 ci, vi, le는 첫 자리에 위치)

이중대명사는 또한 동사의 전접 혹은 후접이 가능하다.

예문 　'Voglio comprare una borsa nuova a Maria.'
　　　Gliela voglio comprare.
　　　Voglio comprargliela.

4) 복합시제에서 이중대명사를 사용할 때 과거분사의 어미 주의

예문 　'Ho dato i fiori a Elena.'
　　　Li ho dat**i** a Elena.
　　　Le ho dato i fiori.
　　　Glieli ho dat**i**.

　　　'Ho mandato una lettera a Enzo.'
　　　La ho mandat**a** a Enzo.(=**L'**ho mandat**a** a Enzo)
　　　Gli ho mandato una lettera.
　　　Gliela ho mandat**a**. (=**Gliel'**ho mandat**a**)

"Lui ci ha chiamati." = Lui ci ha chiamato.

Quanti fiori hai dato a Sofia?'
→ Gliene ho dato uno.
   Gliene ho dati due.
'Quante cartoline hai mandato a Paolo?'
→ Gliene ho mandata una.
   Gliene ho mandate tante.

5) 재귀동사의 복합시제와 대명사가 만난 문장에 직접목적어 대명사가 과거분사의 어미에 영향

예문 Mi sono lavato/a la faccia.
Me la sono lavata.

Ti sei lavato/a le mani.
Te le sei lavate.

Si è lavato/a le mani.
Se le è lavate.

Si sono lavati/e le mani.
Se le sono lavate.

6) 예외

① 조동사가 있는 문에서 무강세 대명사는 동사의 전 혹은 후에서 자유롭게 등장할 수 있다.

예문 "possiamo regalarglielo."
glielo possiamo regalare.

② 조동사가 두 개의 원형동사를 관할할 경우 다음의 세 가지가 모두 가능하다.

예문 "Ti vorrei poter accontentare."
Vorrei poterti accontentare.
Vorrei poter accontentarti.

③ 'fare', 'lasciare'가 사역동사로 쓰일 경우 대명사의 이동은 제한된다.

> 예문 "Ti faccio vedere." (*faccio vederti.)
> "Lo lascio partecipare" (*lascio parteciparlo.)

④ 'sembrare', 'parere' 다음에 원형동사가 올 경우에도 대명사의 위치는 제한된다.

> 예문 "Sembra accettarlo" (*lo sembra accettare.)
> "Pareva crederci" (*ci pareva credere.)

⑤ 반면 광고용 'affttasi', 'vendesi', 'cercasi' 등의 단어에서 대명사는 동사 뒤에 연접되어 나타난다.

포인트3 관계대명사 (I pronomi relativi)

관계대명사는 어떤 명사를 대치하는 역할과 두개 문장 사이의 관계를 설정하는 역할을 한다. 두 문장을 하나로 연결하는데 있어 명사(구)는 연결고리 역할을 하는 선행사이다. '선행사'(antecedente)는 연결 전의 두 문에서 공통적으로 존재하던 요소이다.

> 예문 Ho incontrato una ragazza che può risolvere tutti i tuoi problemi.
> Ho parlato con Giorgio che può risolvere tutti i tuoi problemi.

관계대명사 이후의 문장은 어떤 명사를 형용사가 후치 수식하는 변경자(modificatore)의 모습을 하고 있다. 관계대명사가 개입된 문을 전후로 구분할 때 전자는 모문(frase matrice), 후자는 관계문(frase relativa) 이라 한다.

> 예문 Ho incontrato una che può risolvere tutti i tuoi problemi.
> Ho parlato con lui che può risolvere tutti i tuoi problemi.
> La gente non dedica abbastanza al dormire, che è una necessità importante.
> Ottenere il massimo dei voti, il che è improbabila.

관계문 내의 생략된 어떤 명사(구)가 선행이기 마련인데 이들은 명사 외에도 대명사, 명사화된 어떤 것, 전체 문장이 될 수 있다.

1. 관계대명사 che

이탈리아어의 관계대명사 중에서 가장 자주 접하는 것으로서 주격 및 목적격 관계대명사로만 쓰인다. 종속절 문장의 주어 위치에 있던 요소가 선행사로 추출된다면 주격 관계대명사이고 종속절 문장의 목적어 위치에 있던 요소가 선행사로 추출된다면 목적격 관계대명사이다. 관계대명사 che는 전치사 혹은 정관사와 같은 요소와 결합하여 사용할 수 없으며, 늘 단독으로 사용한다. 한 문장이 선행사일 경우 'il che'를 사용한다. 경우에 따라서는 가 선행사를 'ciò che', 'quello che'등을 넣어 사용하기도 한다.

> **예문**
>
> **Queste sono le ragazze che ∅ cantano. (주어)**
> **Ecco le penne che ho comprato ∅. (목적어)**
> **Voglio mangiare meglio, il che ∅ non è semplice. (문장)**
> **Il giorno che (in cui) sarai famoso io sarò con te. (신표준어)**
>
> **È proprio quello che (=ciò che) volevo io.**
> **Ho ottenuto quanto(tutto quello che, tutto ciò che) volevo.**

2. 관계대명사 quale, quali

관계대명사 quale를 관계대명사 che 대신에 사용할 경우 '정관사+qulae(i)' 의 형태가 된다. 이 형태는 'che'에 비해 선행사의 성, 수 정보를 보다 정확하게 표현할 수 있는 장점이 있지만 일반적으로 잘 사용하지는 않는다. 관계대명사 quale의 또 다른 형태인 '전치사+관사+quale(i)' (a, di, da, in, con, su, per, fra/tra + 정관사 + quale/i) 는 전치사가 있는 문장을 처리하기 위한 도구로 사용된다. 관계대명사 quale는 선행사의 성, 수에 따라 il quale(남성단수), la quale(여성단수), i quali(남성복수), le quali(여성복수)로 변화된다.

> **예문**
>
> **Lucia salutò Mario, il quale già aveva deciso di scappare.**
> **Il ragazzo il quale(=che) ho conosciuto in centro si chiama Mario. (poco diffuso)**
> **Ieri ho incontrato Maria la quale (=che) voleva partire subito. (poco diffuso)**

La ragazza con la quale sono uscito si chiama Silvia.
Ho visto il ragazzo del quale mi hai parlato
Giovanna e Simona sono le ragazze alle quali ho chiesto di cantare.

Ci sono fatti sui quali(=su cui) è meglio riflettere.
(전치사+관사+**quale/i**=전치사+**cui**)

3. 관계대명사 cui

관계대명사 cui는 그 형태가 불변이며 크게 보아 세 가지 용법으로 사용된다. '전치사+cui', '정관사+cui', '단독으로서의 cui'가 그것이다.

> 먼저 '전치사+cui'는 '전치사+정관사+quale(i)'를 대치하여 마찬가지의 용도로 사용된다.
> 둘째 '정관사+cui'는 소유의 의미로 사용되며 여기에서 정관사는 cui 다음에 출현하는 명사의 성과 수를 반영하고 술부 또한 '정관사+cui'다음의 명사에 일치시킨다.
> 셋째 '단독으로서의 cui'는 'a +정관사+quale(i)' 내지 'a cui'를 대신하는 단순형태로 사용되기도 한다.

예문 Il ragazzo con cui(=con il quale) ho parlato si chiama Siu.
Il treno in cui(=nel quale, dove) viaggiavo era pieno di gente.

Quante persone conosci i cui genitori sono separati!
Le borse il cui manico è rovinato.
Un Istituto i cui laboratori sono all'avanguardia.
Un ristorante il cui indirizzo ora non ricordo.
Il pittore Tintoretto, il cui vero nome era Jacopo Comin, nacque a Venezia.

La ragazza cui(=a cui) scrivo un e-mail si chiama Sean.
Quella è la persona cui (=a cui) sono più legato.

GIUSTO O NO?

È un film del quale non ricordo il titolo.

È un film di cui non ricordo il titolo.

È un film il cui titolo non ricordo.

4. 관계대명사 chi

관계대명사 chi는 그 형태가 불변이며 문법상 단수로 취급된다. '~하는 사람' 의 의미로서 일반적인 사람인 선행사를 자체로서 포함하고 있다. 따라서 chi가 쓰인다면 선행사가 출현할 수 없으며 'colui/colei/coloro che~', 'qualcuno che~' 로도 표현할 수 있다.

예문 C'è chi non è d'accordo lo dica!
Non puoi fidarti di chi non conosci bene.
Chi dorme non piglia pesci.

연습문제

I. 적절한 직접목적대명사 혹은 간접목적대명사를 넣으세요.

1. Compro le caramelle e _____ mangio.
2. Se vedi Giorgio, _____ puoi dire di telefonarmi?
3. Vedo mio zio e _____ saluto.
4. Fanno i compiti e io _____ correggo.
5. Ami Carlo? No, non _____ amo.
6. Ho le foto della festa e _____ faccio vedere a tutti.
7. Amo la musica: per questo _____ ascolto.
8. -Ragazze, cenate con noi domani?
   -Grazie, ma Antonio _____ ha invitat__ a casa sua.
9. -Hai lavato la mia borsa? -No, _____ ha lavat__ tua sorella.
10. Quant'acqua hai bevuto ieri mattina? -_____ ho bevut__ molta.
11. Ho incontrato Marta e Angela e _____ ho parlat__ di te.
12. -Quanti anni hai? - _____ ho 20.
13. Non guardo mai film d'amore. _____ piacciono di più quelli d'avventura.
14 Laura è una ragazza che ama stare a casa. Non _____ va di uscire.
15. Compro un libro e _____ leggo in treno.
16. – Mangi i cioccolatini? – Sì, Laura _____ ha portati a scuola.
17. Domani sera andiamo a casa di Giulia. E _____ portiamo un mazzo di fiori.
18. A tua madre piacciono gli spaghetti? -No, non _____ piace la pasta.
19. Ho comprato una gonna per mia sorella. _____ regalo per il suo compleanno.
20. Ho ricevuto una lettera da Carla, ma non _____ ho risposto ancora.

II. 다음 문장 속 목적어를 대명사로 전환하여 이탈리아어로 답해보세요.

1. Chi ha lavato i vetri? _____

2. Quando avete visitato Roma? _____

3. Avete avuto le fotocopie? No, _____

4. Hai spento la luce? _____

5. Quando hai sentito i signori Rossi l'ultima volta? _____

6. Quando hai visto Anna e Tommaso? _____

7. Dove hai comprato la borsa? _____

8. Hai invitato Flavia alla festa? No, _____

9. Dove hanno trascorso le vacanze? _____

10. Quanti esercizi di grammatica hai fatto? _____

III. 약형 재귀대명사를 넣어 문장을 완성하세요.

1. A che ora _____ dobbiamo alzare domani?

2. Marco e Giovanna _____ sposano tra un mese.

3. Valerio _____ impegna molto nello studio. Suo fratello invece è molto sportivo.

4. _____ stai divertendo a questa festa? Sì, _____ sto divertendo molto!

5. Dove _____ vedete stasera, tu e Luca? _____ vediamo al cinema.

6. Paola e Francesca sono grandi amiche: _____ telefonano tutti i giorni!

7. Ho litigato con Giulio. Non _____ parliamo più.

8. Noi _____ trasferiamo a Milano.

9. Paolo e Lucia _____ devono abituare al nuovo orario di lavoro.

10. Voi _____ conoscete da molto tempo? _____ conosciamo da cinque anni.

연습문제

IV. 적절한 관계대명사를 활용하여 한 문장으로 만드세요.

1. Marcello è un ragazzo simpatico. Gli offro spesso il caffè.
2. Abbiamo letto sul giornale le notizie. Parlano tutti quanti delle notizie.
3. Filippo è un bambino affascinante. Marta è uscita con Filippo la sera.
4. Prendi i CD. Ti ho parlato dei CD l'altra volta.
5. È un ragazzo. Ci si può fidare di lui.
6. Ho vinto il concorso. Ho partecipato al concorso un mese fa.
7. Ho preparato il pranzo con le recette. Le ricette sono semplici.
8. Ho preso in prestito il maglione; il maglione hanno regalato a mia sorella.
9. Ho dato da mangiare al cagnolino. Il cagnolino era in cortile.
10. La collega è Maria.. Vado d'accordo molto con Maria.

V. 밑줄 친 곳에 적절한 관계대명사를 넣어 문장을 완결하세요.

1. Ecco le lettere .... dovete spedire a Marcella.
2. Come si chiama il ragazzo .... hai chiesto un appuntamento?
3. In TV abbiamo visto il programma .... ci hai parlato.
4. Valeria è la ragazza .... ho offerto un passaggio a casa.
5. Ricordati di prendere la borsa ....ci sono le chiavi e i documenti.
6. Hai bisogno di aiuto. Questa è la ragione ....siamo rimasti con te.
7. Gli studenti .... abbiamo conosciuto ieri sera sono molto intelligenti.
8. Luisa è la ragazza .... Marco è uscito ieri sera.
9. Il cantante a cui la folla rivolge tanti applausi è davvero bravo.
10. In cucina ci sono le torte .... abbiamo preparato per la festa.

11. Ecco i biglietti aerei .... ho comprato per il nostro viaggio.

12. Marta è la ragazza .... Roberto telefona ogni giorno.

13. Devo assolutamente comprare il libro .... mi hai parlato.

14. La mamma è tornata nel momento .... i bambini litigavano.

15. Enzo è il ragazzo .... ho offerto un aperitivo ieri sera.

16. La ragazza .... Marco vuole bene è davvero bella.

17. Conosco un negozio .... puoi trovare degli sconti eccezionali.

18. Il CD .... mi hai regalato è molto bello.

19. Martina è la ragazza .... ho prestato il libro di italiano.

20. Marta ha bevuto un caffè .... c'era troppo zucchero.

21. Queste sono tutte le cose .... hai bisogno per il viaggio.

22. L'università .... studiamo è molto prestigiosa.

23. Questo è il professore .... ho dovuto scrivere una tesina.

24. Ho perso il documento _____ mi serve per entrare in biblioteca.

25. Fuori fa freddo! Questa è la ragione .... abbiamo chiuso la finestra.

26. Anna è la ragazza .... farei qualsiasi cosa.

27. Siete arrivati nel momento _____ io stavo uscendo.

28. Ecco il titolo del libro .... ti ho parlato ieri.

29. Facciamo spesso la spesa nel supermercato .... si trova in centro.

30. L'appartamento .... vivono Serena e Paolo è molto grande.

정답은 p.283 참고

VOCABOLI
HOTEL

		quadro	그림
		lampadario	샹들리에
		lampada	전등
suite	스위트룸	frigobar	미니바
riscaldamento	난방	bagno	욕실
accsso internet	인터넷 액세스	doccia	샤워
stampa wireless	무선 프린터	vasca da bagno	욕조
gratuito	무료	gabinetto	변소
scarico	배수구	water	변기
parcheggio	파킹	lavandino	싱크대
volatini	브로셔	bidet	비데
macchina del caffè	커피머신		
servizio in camera	룸서비스		
brandina	엑스트라 침대	specchio	거울
biancheria da letto	침실 세탁물	asciugacapelli	드라이기
lenzuola	베드시트	asciugamano	수건
cuscino	베개	sapone	비누
armadio	옷장	rasoiso	면도기
comodino	나이트 테이블	spazzolino da denti	치솔
tavolo	테이블	dentifricio	치약
tavolino	작은 테이블	colazione	아침식사
sedia	의자	catering	케이터링
poltrona	팔걸이 의자	buffet	뷔페
aria condizionata	에어컨	palestra	피트니스
cassaforte	금고	piscina	수영장
patio	외부 테라스	vasca idromassaggi	마사지욕조
		lavanderia	세탁실

direttore	매니저	
portinaio	컨시어지	
facchio	짐 운반 직원	
domestici	청소 담당자	
mancia	팁	
prenotazione	예약	
check in/check out	체크인/체크 아웃	
sveglia telefonica	모닝콜	
ricevuta	영수증	
firma	싸인	

sala banchetti 컨퍼런스룸
corridoio 복도
uscita d'emergenza 비상구
centro business 비즈니스 센터
reception 프론트 데스크

letto singolo/double/matrimoniale/king size
싱글/더블/퀸사이즈/킹사이즈베드
camera singola/doppia
싱글/더블베드
cucinotto, angolo cottura
미니부엌
distributore automatico
자판기
addetto alla reception
리셉셔니스트
camera con vista mare
바다뷰룸

Quiz. 왼쪽 어휘표를 참고하여 빈칸에 알맞는 단어를 적어 넣으세요.

1. 바다뷰룸 → c
2. 드라이기 → a
3. 변기 → w
4. 수건 → a
5. 욕실 → b
6. 샤워 → d
7. 프론트 데스크 → r
8. 의자 → s
9. 그림 → q
10. 피트니스 → p
11. 복도 → c
12. 싸인 → f
13. 난방 → r
14. 팁 → m
15. 거울 → s
16. 예약 → p
17. 파킹 → p
18. 욕조 → v
19. 비누 → s
20. 베개 → c

고급 이탈리아어 문법

동사
I VERBI

- **포인트1** 동사 기초
- **포인트2** 재귀동사와 대명동사
- **포인트3** 반과거와 근과거
- **포인트4** 부정법
- **포인트5** 제룬디오
- **포인트6** 분사
- **포인트7** 가정문
- **포인트8** 수동문
- **포인트9** 비인칭
- **포인트10** 양태와 시제일치
- **포인트11** 직접 화법과 간접 화법

포인트1 동사 기초 (Base)

동사는 문 전체에서의 통사적 기능상 서술동사(verbi predicativi)와 연결동사(verbi copulativi)로 구분할 수 있다. 대부분의 동사들인 서술동사는 문의 서술부를 완결해 주는 동사이고 연결동사는 주어와 서술부인 명사 내지 형용사를 연결해주는 동사를 이른다.

예시
piovere, giocare, cambiare (일반 서술동사)
essere, sembrare, divenire, risultare, stare, rimanere (연결동사)

동사는 형태상 능동동사(forma attiva), 수동동사(forma passiva), 재귀동사(verbi riflessivi), 대명동사(verbi pronominali)로 구분할 수 있다.

예문
Marco legge il libro. (능동)
Il nuovo Presidente sarà eletto tra due mesi. (수동)
Gianni si lava. (재귀)
Si lamenta continuamente. (대명동사)

이탈리아어의 동사는 변화무쌍한 존재이다. 먼저 인칭에 따라 각기 다른 변형된 형태를 표한다.

> **예시** **Io parlo, Tu parli, Lui/Lei parla,**
> **Noi parliamo, Voi parlate, Loro parlano**
> ('**parlare**'동사의 인칭에 따른 직설법 현재 변형의 예)

다음으로 동사는 직설법(Indicativo), 접속법(Congiuntivo), 조건법(Condizionale), 명령법(Imperativo)과 같은 양태에서 각기 다른 인칭변형을 갖는 활용 동사(verbi finiti)와 부정법(l'infinito), 제룬디오(il gerundio), 분사(il participio)와 같이 인칭정보를 표하지 않는 부정형 동사(verbi indefiniti)로 나뉜다.

> **예시** **io parlo, tu parli, lui/lei parla, ...**
> ('**parlare**' 동사의 인칭에 따른 직설법 현재 변형의 예)
> **che io creda, tu creda, lui/lei creda, ...**
> ('**credere**' 동사의 인칭에 따른 접속법 현재 변형의 예)
> **io sentirei, tu sentiresti, lui/lei sentirebbe, ...**
> ('**sentire**' 동사의 인칭에 따른 조건법 현재 변형의 예)
> **tu senti, Lei senta, noi sentiamo, voi sentite**
> ('**sentire**' 동사의 인칭에 따른 명령법 변형의 예)
> **amare, aver amato, amante, amato, amando**
> ('**amare**'동사의 부정사, 분사, 제룬디오 형태의 예)

동사는 시제에 따라 현재, 과거, 미래를 표현한다.

> **예시** **Io lavoro.** (현재)
> **Io lavorerò.** (미래)
> **Io avrò lavorato.** (선립미래)
> **Io lavoravo.** (반과거)
> **Io ho lavorato.** (근과거)
> **Io lavorai.** (원과거)
> **Io avevo lavorato.** (대과거)
> **Io ebbi lavorato.** (선립과거)
> ('**lavorare**' 동사 직설법 1인칭의 시제에 따른 변형의 예)

그 외에 자동사(verbi intransitivi)와 타동사(verbi transitivi)로 구분된다.

> **예시** L'acqua del radiatore bolle. (자동사)
> La mamma ha bollito le uova. (타동사)

본동사와 조동사(verbi ausiliari)로 구분할 수 있다.

> **예시** Io parlo l'italiano. ('parlare' 본동사)
> Io posso parlare l'italiano. ('potere' 조동사)

이렇게 이탈리아어의 동사는 인칭, 양태, 시제에 따라 복잡하게 변형을 겪는 체계를 가졌으므로 보다 확실한 개념 파악이 중요하고 암기 또한 중요하다.

■ 직설법 현재 (Indicativo presente)

	essere	avere
io	sono	ho
tu	sei	hai
lui/lei/Lei	è	ha
noi	siamo	abbiamo
voi	siete	avete
loro	sono	hanno

	parlare	scrivere	sentire 1군	capire 2군
io	parlo	scrivo	sento	capisco
tu	parli	scrivi	senti	capisci
lui/lei/Lei	parla	scrive	sente	capisce
noi	parliamo	scriviamo	sentiamo	capiamo
voi	parlate	scrivete	sentite	capite
loro	parlano	scrivono	sentono	capiscono

	volere	potere	dovere	sapere
io	voglio	posso	devo	so
tu	vuoi	puoi	devi	sai
lui/lei/Lei	vuole	può	deve	sa
noi	vogliamo	possiamo	dobbiamo	sappiamo
voi	volete	potete	dovete	sapete
loro	vogliono	possono	devono	sanno

[-rre 형 동사]

tradurre: traduco-traduci-traduce-traduciamo-traducete-traducono

condurre: conduco-conduci-conduce-conduciamo-conducete-conducono

introdurre: introduco-introduci-introduce-introduciamo-introducete-introducono

[-are형 불규칙 동사의 직설법 현재 변형]

andare: vado-vai-va-andiamo-andate-vanno

stare: sto-stai-sta-stiamo-state-stanno

dare: do-dai-dà-diamo-date-danno

fare: faccio-fai-fa-facciamo-fate-fanno

[-ere 및 -ire형 주요 불규칙 동사의 직설법 현재 변형]

essere: sono-sei-è-siamo-siete-sono

avere: ho-hai-ha-abbiamo-avete-hanno

bere: bevo-bevi-beve-beviamo-bevete-bevono

dire: dico-dici-dice-diciamo-dite-dicono

morire: muoio-muori-muore-moriamo-morite-muoiono

rimanere: rimango-rimani-rimane-rimaniamo-rimanete-rimangono

salire: salgo-sali-sale-saliamo-salite-salgono

sapere: so-sai-sa-sappiamo-sapete-sanno

sedere: siedo-siedi-siede-sediamo-sedete-siedono

spegnere: spengo-spegni-spegne-spegniamo-spegnete-spengono

trarre: traggo-trai-trae-traiamo-traete-traggono

uscire: esco-esci-esce-usciamo-uscite-escono

venire: vengo-vieni-viene-veniamo-venite-vengono

[재귀동사의 직설법 현재]

	alzarsi	mettersi	vestirsi
io	mi alzo	mi metto	mi vesto
tu	ti alzi	ti metti	ti vesti
lui/lei/Lei	si alza	si mette	si veste
noi	ci alziamo	ci mettiamo	ci vestiamo
voi	vi alzate	vi mettete	vi vestite
loro	si alzano	si mettono	si vestono

직설법 미래 (Indicativo futuro)

	essere	avere	amare	scrivere	partire
io	sarò	avrò	amerò	scriverò	partirò
tu	sarai	avrai	amerai	scriverai	partirai
lui/lei/Lei	sarà	avrà	amerà	scrivrà	partirà
noi	saremo	avremo	ameremo	scriveremo	partiremo
voi	sarete	avrete	amerete	scriverete	partirete
loro	saranno	avranno	ameranno	scriveranno	partiranno

dovere	dov-	
volere	vor-	
potere	pot-	-rò
andare	and-	-rai
venire	ver-	-rà
dare	da-	-remo
stare	sta-	-rete
dire	di-	-ranno
vedere	ved-	

[선립미래(Indicativo futuro anteriore)]

주절	종속절
essere의 단순미래 + 과거분사	단순미래
avere의 단순미래 + 과거분사	

재귀동사 (verbi riflessivi)의 미래

lavarsi		
	단순미래	선립미래
io	mi laverò	mi sarò lavato/a
tu	ti laverai	ti sarai lavato/a
lui/lei/Lei	si laverà	si sarà lavato/a
noi	ci laveremo	ci saremo lavati/e
voi	vi laverete	vi sarete lavati/e
loro	si laveranno	si saranno lavati/e

■ 직설법 근과거(Indicativo passato prossimo)

[직설법 근과거의 공식]

essere 동사의 직설법 현재 + 과거분사	sono sei è	+ andato/a al mare
	siamo siete sono	+ andati/e al mare
avere 동사의 직설법 현재 + 과거분사	ho hai ha abbiamo avete hanno	+ studiato l'italiano

[규칙 과거분사 만들기]

-are → -ato (예시 parlare → parlato)

-ere → -uto (예시 sapere → saputo)

-ire → -ito (예시 capire → capito)

[불규칙 과거분사]

accendere	acceso	dire	detto
aprire	aperto	dividere	diviso
assistere	assistito	fare	fatto
assumere	assunto	illudere	illuso
bere	bevuto	leggere	letto
chiedere	chiesto	mettere	messo
chiudere	chiuso	nascondere	nascosto
cogliere	colto	offrire	offerto
concludere	concluso	perdere	perso
conoscere	conosciuto	prendere	preso
correggere	corretto	produrre	prodotto
correre	corso	ridere	riso
cuocere	cotto	rompere	rotto
decidere	deciso	scegliere	scelto
deludere	deluso	scrivere	scritto
difendere	difeso	spendere	speso
dipingere	dipinto	spegnere	spento
scoprire	scoperto	vincere	vinto
trascorrere	trascorso	vivere	vissuto

■ 직설법 반과거(Indicativo imperfetto)

[직설법 반과거의 규칙변형]

	essere	avere	cercare	leggere	dormire
io	ero	avevo	cercavo	leggevo	dormivo
tu	eri	avevi	cercavi	leggevi	dormivi
lui/lei/Lei	era	aveva	cercava	leggeva	dormiva
noi	eravamo	avevamo	cercavamo	leggevamo	dormivamo
voi	eravate	avevate	cercavate	leggevate	dormivate
loro	erano	avevano	cercavano	leggevano	dormivano

[직설법 비완료과거의 불규칙변형]

fare: facevo-facevi-faceva-facevamo-facevate-facevano

dire: dicevo-dicevi-diceva-dicevamo-dicevate-dicevano

bere: bevevo-bevevi-beveva-bevevamo-bevevate-bevevano

compiere: compivo-compivi-compiva-compivamo-compivate-compivano

muovere: movevo-movevi-moveva-movevamo-movevate-movevano

porre: ponevo-ponevi-poneva-ponevamo-ponevate-ponevano

tradurre: traducevo-traducevi-traduceva-traducevamo-traducevate-traducevano

trarre: traevo-traevi-traeva-traevamo-traevate-traevano

■ 재귀동사(Verbi riflessivi)의 직설법 근과거와 비완료과거 변형 정리

[재귀동사의 직설법 근과거 변형]

esservi 의 현재 + 과거분사	mi sono ti sei + alzato/a alle sei si è
	ci siamo vi siete + alzati/e alle sei si sono

[재귀동사의 직설법 반과거 변형]

lavarsi: mi lavavo-ti lavavi-si lavava-ci lavavamo-vi lavavate-si lavavano

■ 직설법 원과거 (Indicativo passato remoto)

[직설법 원과거의 규칙변형]

	amare	credere	sentire
io	am-ai	cred-ei(-etti)	sent-ii
tu	am-asti	cred-esti	sent-isti
lui/lei/Lei	am-ò	cred-é(-ette)	sent-ì
noi	am-ammo	cred-emmo	sent-immo
voi	am-aste	cred-este	sent-iste
loro	am-arono	cred-erono(-ettero)	sent-irono

[직설법 비완료과거의 불규칙변형]

essere: fui-fosti-fu-fummo-foste-fossero

avere: ebbi-avesti-ebbe-avemmo-aveste-ebbero

dare: diedi(detti)-desti-diede(dette)-demmo-deste-diedero(dettero)

bere: bevvi-bevesti-bevve-bevemmo-beveste-bevvero

dire: dissi-dicesti-disse-dicemmo-diceste-dissero

accendere: accesi-accendesti-accese-accendemmo-accendeste-accesero

cadere: caddi-cadesti-cadde-cademmo-cadeste-caddero

chiedere: chiesi-chiedesti-chiese-chiedemmo-chiedeste-chiesero

cogliere: colsi-cogliesti-colse-cogliemmo-coglieste-colsero

conoscere: conobbi-conoscesti-conobbe-conoscemmo-conosceste-conobbero

correre: corsi-corresti-corse-corremmo-correste-corsero

crescere: crebbi-crescesti-crebbe-crescemmo-cresceste-crebbero

decidere: decisi-decidesti-decise-decidemmo-decideste-decisero

dipingere: dipinsi-dipingesti-dipinse-dipingemmo-dipingeste-dipinsero

dividere: divisi-dividesti-divise-dividemmo-divideste-divisero

fare: feci-facesti-fece-facemmo-faceste-fecero

leggere: lessi-leggesti-lesse-leggemmo-leggeste-lessero

mettere: misi-mettesti-mise-mettemmo-metteste-misero

muovere: mossi-movesti-mosse-movemmo-moveste-mossero

nascere: nacqui-nascesti-nacque-nascemmo-nasceste-nacquero

nascondere: nascosi-nascondesti-nascose-nascondemmo-nascondeste-nascosero

offendere: offesi-offendesti-offese-offendemmo-offendeste-offesero

piacere: piacqui-piacesti-piacque-piacemmo-piaceste-piacquero

prendere: presi-prendesti-prese-prendemmo-prendeste-presero

produrre: produssi-producesti-produsse-producemmo-produceste-produssero

rimanere: rimasi-rimanesti-rimase-rimanemmo-rimaneste-rimasero

rispondere: risposi-rispondesti-rispose-rispondemmo-rispondeste-risposero

sapere: seppi-sapesti-seppe-sapemmo-sapeste-seppero

scendere: scesi-scendesti-scese-scendemmo-scendeste-scesero

stare: stetti-stesti-stette-stemmo-steste-stettero

tenere: tenni-tenesti-tenne-tenemmo-teneste-tennero

tradurre: tradussi-traducesti-tradusse-traducemmo-traduceste-tradussero

vedere: vidi-vedesti-vide-vedemmo-vedeste-videro

venire: venni-venisti-venne-venimmo-veniste-vennero

vincere: vinsi-vincesti-vinse-vincemmo-vinceste-vinsero

vivere: vissi-vivesti-visse-vivemmo-viveste-vissero

volere: volli-volesti-volle-volemmo-voleste-vollero

■ 모든 과거들의 과거 직설법 '대과거' (Indicativo trapassato prossimo)

종류	형태	예시	
자동사	essere의 반과거 + p.p.	ero eri era	+ stato/a
		eravamo eravate erano	+ stati/e
타동사	avere의 반과거 + p.p.	avevo avevi aveva	+ comprato
		avevamo avevate avevano	+ comprato

■ 직설법 선립과거 (Indicatvo trapassato remoto)

종류	형태	예시	
자동사	essere의 원과거 + p.p.	fui fosti fu	+ stato/a
		fummo foste furono	+ stati/e
타동사	avere의 원과거 + p.p.	ebbi avesti ebbe	+ comprato
		avemmo aveste ebbero	+ comprato

■ **재귀동사(verbi riflessivi)의 직설법 원과거, 대과거, 선립과거 정리**

[원과거]

lavarsi: mi lavai-ti lavasti-si lavò-ci lavammo-vi lavaste-si lavarono

credersi: mi credei-ti credesti-si credé-ci credemmo-vi credeste-si crederono

pulirsi: mi pulii-ti pulisti-si pulì-ci pulimmo-vi puliste-si pulirono

> 예문   Mi lavai, mi pettinai e mi vestii per uscire.

[대과거]

재귀대명사 + essere의 반과거 + p. p.(o/i/a/e)

> 예시   mi ero lavato/a-ti eri lavato/a-si era lavato/a-ci eravamo lavati/e
> -vi eravate lavati/e-si erano lavati/e, ...

[선립과거]

재귀대명사 + essere의 원과거 + p. p.(o/i/a/e)

> 예시   mi fui lavato/a-ti fosti lavato/a-si fu lavato/a-ci fummo lavati/e
> -vi foste lavati/e-si furono lavati/e, ...

■ **접속법 (Il congiuntivo)**

[접속법 현재 규칙변형]

	essere	avere	parlare	credere	sentire	capire
io	sia	abbia	parli	creda	senta	capisca
tu	sia	abbia	parli	creda	senta	capisca
lui/lei/Lei	sia	abbia	parli	creda	senta	capisca
noi	siamo	abbiamo	parliamo	crediamo	sentiamo	capiamo
voi	siate	abbiate	parliate	crediate	sentiate	capiate
loro	siano	abbiano	parlino	credano	sentano	capiscano

[접속법 현재 불규칙변형]

andare: vada-vada-vada-andiamo-andiate-vadano

bere: beva-beva-beva-beviamo-beviate-bevano

cogliere: colga-colga-colga-cogliamo-cogliate-colgano

dare: dia-dia-dia-diamo-diate-diano

dire: dica-dica-dica-diciamo-diciate-dicano

dovere: debba-debba-debba-dobbiamo-dobbiate-debbano

fare: faccia-faccia-faccia-facciamo-facciate-facciano

morire: muoia-muoia-muoia-moriamo-moriate-muoiano

porre: ponga-ponga-ponga-poniamo-poniate-pongano

produrre: produca-produca-produca-produciamo-produciate-producano

riempire: riempia-riempia-riempia-riempiamo-riempiate-riempiano

rimanere: rimanga-rimanga-rimanga-rimaniamo-rimaniate-rimangano

salire: salga-salga-salga-saliamo-saliate-salgano

sapere: sappia-sappia-sappia-sappiamo-sappiate-sappiano

scegliere: scelga-scelga-scelga-scegliamo-scegliate-scelgano

sciogliere: sciolga-sciolga-sciolga-sciogliamo-sciogliate-sciolgano

sedere: sieda-sieda-sieda-sediamo-sediate-siedano

spegere: spenga-spenga-spenga-spegniamo-spegniate-spengano

stare: stia-stia-stia-stiamo-stiate-stiano

tacere: taccia-taccia-taccia-tacciamo-tacciate-tacciano

tenere: tenga-tenga-tenga-teniamo-teniate-tengano

togliere: tolga-tolga-tolga-togliamo-togliate-tolgano

uscire: esca-esca-esca-usciamo-usciate-escano

venire: venga-venga-venga-veniamo-venitate-vengano

volere: voglia-voglia-voglia-vogliamo-vogliate-vogliano

[접속법 과거의 변형]

종류	형태	예시	
자동사	essere의 접속법 현재 + p.p.	sia sia sia	+ stato/a
		siamo siate siano	+ stati/e
타동사	avere의 접속법 현재 + p.p.	abbia abbia abbia	+ comprato
		abbiamo abbiate abbiano	+ comprato

[접속법 반과거의 변형]

	essere	avere	parlare	credere	sentire	capire
io	fossi	avessi	parlassi	credessi	sentissi	capissi
tu	fossi	avessi	parlassi	credessi	sentissi	capissi
lui/lei/Lei	fosse	avesse	parlasse	credesse	sentisse	capissi
noi	fossimo	avessimo	parlassimo	credessimo	sentissimo	capissimo
voi	foste	aveste	parlaste	credeste	sentiste	capiste
loro	fossero	avessero	parlassero	credessero	sentissero	capissero

[주요불규칙 동사의 접속법 반과거 변형]

bere: bevessi-bevessi-bevesse-bevessimo-beveste-bevessero

compiere: compissi-compissi-compisse-compissimo-compiste-compissero

cuocere: cocessi-cocessi-coccesse-cocessimo-coceste-cocessero

dare: dessi-dessi-desse-dessimo-deste-dessero

dire: dicessi-dicessi-dicesse-dicessimo-diceste-dicessero

trarre: traessi-traessi-traesse-traessimo-traeste-traessero

fare: facessi-facessi-facesse-facessimo-faceste-facessero

muovere: movessi-movessi-movesse-movessimo-moveste-movessero porre: ponessi-ponessi-ponesse-ponessimo-poneste-ponessero

produrre: producessi-producessi-producesse-producessimo-produceste-producessero

stare: stessi-stessi-stesse-stessimo-steste-stessero

[접속법 대과거의 변형]

종류	형태	예시	
자동사	essere의 접속법 반과거 + p.p.	fossi fossi fosse	+ stato/a
		fossimo foste fossero	+ stati/e
타동사	avere의 접속법 반과거 + p.p.	avessi avessi avesse	+ comprato
		avessimo aveste avessero	+ comprato

■ 재귀동사(Verbi riflessivi)의 접속법 변형

[현재]
mi lavi-ti lavi-si lavi-ci laviamo-vi laviate-si lavino

[과거]
mi sia lavato/a-ti sia lavato/a-si sia lavato/a-ci siamo lavati/e-vi siate lavati/e-si siano lavati/e

[반과거]
mi lavassi-ti lavassi-si lavasse-ci lavassimo-vi lavaste-si lavassero

[대과거]
mi fossi lavato/a-ti fossi lavato/a-si fosse lavato/a-ci fossimo lavati/e-vi foste lavati/e-si fossero lavati/e

■ 접속법을 이끄는 여러 형태의 접속사들 (Vari congiunzioni con il congiuntivo)

원인: **perché, siccome, dato che, poiché, non perché**

비교: **di quanto**

양보: **benché, sebbene, nonostante, malgrado, per quanto, quantunque, qualunque, qualsiasi, chiunque, dovunque**

조건: **purché, a patto che, a condizione che, qualora, nel caso che, posto che, sempre che, ammesso che, caso mai**

결과: **in modo che, far sì che, così...che, tanto...che**

제외: **a meno che, salvo che, eccetto che, se non che, senza che, non che**

목적: **affinché, perché, ché**

양상: **come se, quasi che, in qualunque/qualsiasi modo che, comunque, sia...sia...**

관계절: **possibilità/eventualità/ipotesi** 를 이끄는 접속사 **che**

■ 조건법 (Il condizionale)

[조건법 현재의 규칙변형]

	essere	avere	parlare	credere	sentire
io	sarei	avrei	parlerei	crederei	sentirei
tu	saresti	avresti	parleresti	crederesti	sentiresti
lui/lei/Lei	sarebbe	avrebbe	parlerebbe	crederebbe	sentirebbe
noi	saremmo	avremmo	parleremmo	crederemmo	sentiremmo
voi	sareste	avreste	parlereste	credereste	sentireste
loro	sarebbero	avrebbero	parlerebbero	crederebbero	sentirebbero

-ciare - giare > comin**ce**rei, ... man**ge**rei, ...

-care -gare > cer**che**rei, ... pa**ghe**rei, ...

[조건법 현재의 불규칙변형]

andare: andrei-andresti-andrebbe-andremmo-andreste-andrebbero

bere: berrei-berresti-berrebbe-berremmo-berreste-berrebbero

cadere: cadrei-cadresti-cadrebbe-cadremmo-cadreste-cadrebbero

compiere: compirei-compiresti-compirebbe-compiremmo-compireste-compirebbero

dare: darei-daresti-darebbe-daremmo-dareste-darebbero

dovere: dovrei-dovresti-dovrebbe-dovremmo-dovreste-dovrebbero

fare: farei- faresti-farebbe-faremmo-fareste-farebbero

porre: porrei-porresti-porrebbe-porremmo-porreste-porrebbero

potere: potrei-potresti-potrebbe-potremmo-potreste-potrebbero

produrre: produr/...rei-...resti-...rebbe-...remmo-...reste-...rebbero

rimanere: rimarrei-rimarresti-rimarrebbe-rimarremmo-rimarreste-rimarrebbero

sapere: saprei-sapresti-saprebbe-sapremmo-sapreste-saprebbero

stare: starei-staresti-starebbe-staremmo-stareste-starebbero

tenere: terrei-terresti-terrebbe-terremmo-terreste-terrebbero

vedere: vedrei-vedresti-vedrebbe-vedremmo-vedreste-vedrebbero

venire: verrei-verresti-verrebbe-verremmo-verreste-verrebbero

vivere: vivrei-vivresti-vivrebbe-vivremmo-vivreste-vivrebbero

volere: vorrei-vorresti-vorrebbe-vorremmo-vorreste-vorrebbero

[조건법 과거의 변형]

종류	형태	예시	
자동사	**essere**의 조건법 현재 + p.p.	sarei saresti sarebbe	+ stato/a
		saremmo sareste sarebbero	+ stati/e
타동사	**avere**의 조건법 현재 + p.p.	avrei avresti avrebbe	+ comprato
		avremmo avreste avrebbero	+ comprato

■ 재귀동사(verbi riflessivi)의 조건법 변형

[현재]

mi laverei-ti laveresti-si laverebbe-ci laveremmo-vi lavereste
-si laverebbero

[과거]

mi sarei lavato/a-ti saresti lavato/a-si sarebbe lavato/a
-ci saremmo lavati/e-vi sareste lavati/e-si sarebbero lavati/e

■ 명령법 (L'imperativo)

[명령법 현재 규칙변형(긍정)]

	essere	avere	amare	temere	sentire	finire
tu	sii	abbi	ama	temi	senti	finisci
Lei (존칭)	sia	abbia	ami	tema	senta	finisca
noi	siamo	abbiamo	amiamo	temiamo	sentiamo	finiamo
voi	siate	abbiate	amate	temete	sentite	finite
Loro (존칭)	siano	abbiano	amino	temano	sentano	finiscano

[명령법 현재 불규칙변형(긍정)]

dire: di'(dici)-dica-diciamo-dite-dicano

dare: dai(da')-dia-diamo-date-diano

andare: vai(va')-vada-andiamo-andate-vadano

fare: fai(fa')-faccia-facciamo-fate-facciano

stare: stai(sta')-stia-stiamo-state-stiano

sapere: sappi-sappia-sappiamo-sappiate-sappiano

venire: vieni-venga-veniamo-venite-vengano

bere: bevi-beva-beviamo-bevete-bevano

[명령법 부정명령]

2인칭 단수의 경우에만 'non + 동사의 원형'의 형태를 취하고 (예문 **non dire, non dare, ...**) 나머지는 긍정형과 동일한 변화형 앞에 부정어 non을 놓는다.

■ 재귀동사(Verbi riflessivi)의 명령

[재귀동사의 긍정 명령]

	alzarsi	mettersi	vestirsi	pulirsi
tu	alzati	mettiti	vestiti	pulisciti
lui/lei/Lei	si alzi	si metta	si vesta	si pulisca
noi	alziamoci	mettiamoci	vestiamoci	puliamoci
voi	alzatevi	mettetevi	vestitevi	pulitevi
loro	si alzino	si mettano	si vestano	si puliscano

[재귀동사의 부정 명령]

2인칭 단수의 경우에만 'non + 동사의 원형'의 형태를 취하고(예문 **non lavarti, non riposarti, ...**) 나머지는 긍정형과 동일한 변화형 앞에 부정어 non을 놓으면 된다.

포인트2 재귀동사와 대명동사 (VERBI RIFLESSIVI E PRONOMINALI)

■ **재귀동사와 대명동사의 구별**

재귀동사(verbi riflessivi)란 동사의 행위주(agente)인 주어에게 그 행위의 영향이 되돌아오는 패턴의 동사를 이른다. 재귀동사는 논항의 수를 확정하는 동사가 (valenza dei verbi), 재귀대명사의 논항적/비 논항적 특성, 행동주의 유정성(animatezza) 및 연관 정도(grado di coinvolgimento)에 따라 여러 유형으로 구분된다. 즉 문을 만들기 위해 필요한 필수 구의 개수, 재귀대명사의 대치 요소, 행동주의 의지 개입 여부 등에 따라 아래와 같이 구분된다.

■ **재귀동사 (Verbi riflessivi)**

동사는 타동사, 재귀대명사는 목적어이며 주어와 동 지표(coreferente) 관계에 있다. 모든 타동사가 재귀동사로 전환되어 사용되지는 않으며 일부 타동사가 재귀동사로도 전용되어 쓰이게 된다.

> 예시　타동사 **lavare** / 재귀동사 **lavarsi** (lavare se stesso)
> 　　　타동사 **nascondere** / 재귀동사 **nascondersi** (nascondere se stesso)
> 　　　타동사 **vestire** / 재귀동사 **vestirsi** (vestire se stesso) 등

직설법 단순시제

	직설법 현재		단순 미래		반과거		원과거	
io	mi	lavo	mi	laverò	mi	lavavo	mi	lavai
tu	ti	lavi	ti	laverai	ti	lavavi	ti	lavasti
lui/lei	si	lava	si	laverà	si	lavava	si	lavò
noi	ci	laviamo	ci	laveremo	ci	lavavamo	ci	lavammo
voi	vi	lavate	vi	laverete	vi	lavavate	vi	lavaste
loro	si	lavano	si	laveranno	si	lavavano	si	lavarono

재귀동사는 인칭에 따른 동사의 일반적 어형변화(coniugazione) 앞에 재귀대명사(**mi, ti, si, ci, vi, si**))가 첨가된 형태로 만들어진다.

직설법 복합시제

		직설법 근과거 (복합시제)	
io	**mi**	sono	lavato/a
tu	**ti**	sei	
lui/lei	**si**	è	
noi	**ci**	siamo	lavate/i
voi	**vi**	siete	
loro	**si**	sono	

선립 미래 (**mi sarò lavato/a, ti sarai lavato/a, si sarà lavato/a, ...**), 대과거 (**mi ero lavato/a, ti eri lavato/a, si era lavato/a, ...**), 선립 과거 (**mi fui lavato/a, ti fosti lavato/a, si fu lavato/a, ...**)와 같은 복합시제에서 재귀대명사는 essere 동사 앞에 위치한다.

조건법

		조건법 현재			조건법 과거	
io	**mi**	laverei		**mi**	sarei	lavato/a
tu	**ti**	laveresti		**ti**	saresti	
lui/lei	**si**	laverebbe		**si**	sarebbe	
noi	**ci**	laveremmo		**ci**	saremmo	lavati/e
voi	**vi**	lavereste		**vi**	sareste	
loro	**si**	laverebbero		**si**	sarebbero	

접속법

			접속법 현재				접속법 과거	
io		**mi**	lavi			**mi**	sia	lavato/a
tu		**ti**	lavi			**ti**	sia	
lui/lei	che	**si**	lavi		che	**si**	sia	
noi		**ci**	laviamo			**ci**	siamo	lavati/e
voi		**vi**	laviate			**vi**	siate	
loro		**si**	lavino			**si**	siano	

		직설법 반과거			접속법 대과거	
io	**mi**	lavassi		**mi**	fossi	lavato/a
tu	**ti**	lavassi		**ti**	fossi	
lui/lei	**si**	lavasse		**si**	fosse	
noi	**ci**	lavassimo		**ci**	fossimo	lavati/e
voi	**vi**	lavaste		**vi**	foste	
loro	**si**	lavassero		**si**	fossero	

명령법

	명령법
tu	lavati
Lei	si lavi
noi	laviamoci
voi	lavatevi
Loro	si lavino

조동사가 개입한 문(文)에서 원형동사를 사용하게 될 경우 재귀대명사는 **전접** 혹은 **후접**의 형태로 나타날 수 있다.

예문 **Mi devo** svegliare alle sei domani.
Devo svegliar**mi** alle sei domani.

또한 **명령법**(imperativo)이나 **함축법** (modi indefiniti – 원형부정사, 제룬디오, 분사) 구문에서는 **후접** 형의 한 단어로 나타날 수 있다.

예문 Alza**ti**!
Ragazzi, finite di lavar**vi** e andate a dormire!
Essendo**si** alzata presto, Laura riuscì a vedere l'alba.
Finito**si** di vestire uscì con l'ombrello.

문이 복합시제를 이룰 경우 타동사임에도 불구하고 조동사로 **essere**를 취하고, 문의 **주어의 성과 수에 따라 과거분사의 어미는 일치관계**를 이루어야 한다.

예문 **Claudia** si **è** svegliat**a** alle sei. (=ha svegliato se stessa)
Marco si **è** svegliat**o** alle sei. (=ha svegliato se stesso)
I ragazzi si **sono** fermat**i** per due giorni a Roma. (=hanno fermato se stessi)

결론적으로 **재귀대명사를 타동사 구문의 직접목적어로 대치**할 수 있다면 본연의 재귀적 기능을 갖는 '**직접 재귀동사**'이다. 행위주(주어)와 목적보어(목적어)가 동 지표 관계를 이루기 때문이다.

예문 **mi** lavo = lavo **me stesso**
ti guardi allo specchio = guardi **te stesso** allo specchio
si specchia = specchia **se stesso**

간접 재귀동사 (Riflessivo indiretto)

여격(dativo) 형의 타동사 구문은 간접 재귀동사 구문으로 표현된다. 이 경우 재귀대명사는 주어 및 수혜주(beneficiario)와는 동 지표관계에 있지만 목적어와는 아니다. 따라서 재귀대명사를 간접목적어 (complemento di termine)로 대치할 수 있다면 '간접 재귀동사'이다.

> **Si lava le mani = lava le mani a sé**
> **si taglia la barba = taglia la barba a sé**
> **si pettina i capelli = pettina i capelli a sé**
> **si prepara un caffè = prepara un caffè a/per sé**
> **Luca/Silvia si è preparato/a un caffè = ha preparato un caffè a/per sé**

여격형 타동사 구문이 복합시제를 이룰 경우 조동사로 essere를 취하고, 문의 주어의 성과 수에 따라 과거분사의 어미가 일치되며 행위주와 수혜주는 일치관계에 있지만 행위주와 목적어는 일치되지 않는다.

> **Si è tolto il cappotto. (=ha tolto il cappotto a se stesso)**
> **Si è lavata i capelli. (=ha lavato i capelli a se stessa)**

한편 'si'가 직접목적어인 대명사와 결합될 경우 상황은 더 복잡해진다. 과거분사의 어미는 목적어의 성수를 반영하니 주의하여야 한다.

> **Si prepara un caffè.**
> **→ Prepara un caffè per sé/a se stesso.**
> **→ Se lo prepara.**
>
> **Mario/Maria si è comparato/a un cestino.**
> **→ Mario/Maria se lo è comprato.**
> **Mario/Maria si è comprato/a una macchina.**
> **→ Mario/Maria se la è comprata.**
> **Mario/Maria si è comprato/a i libri.**
> **→ Mario/Maria se li è comprati.**

Mario/Maria si è comprato/a le mele.
→ Mario/Maria se le è comprate.

Massimo e Enzo si sono fatti le fettucine.
→ Loro se le sono fatte.
Laura e Clara si sono fatte le fettucine.
→ Loro se le sono fatte.

■ 상호 재귀동사 (Riflessivo reciproco)

두 명 이상이 개입된 행위의 결과가 **서로에게 영향**을 미치는 동사(**abbracciarsi, baciarsi, salutarsi, dividersi, incontrarsi, separarsi, parlarsi** 등)가 이 부류에 속한다.

예문 Enzo e Elena si sposano (una persona sposa l'altra)
Ci conosciamo (io conosco lei e lei conosce me)
Ci vediamo domani! (io vedrò te e tu vedrai me domani)

복합시제일 경우, 과거분사의 어미는 주어의 성수를 반영한다.

예문 Enzo e Elena si sono sposati.
Ci siamo conosciuti.
Ci siamo visti l'altra volta.
Si sono parlati un po'.
Vorrei sapere se si sono parlati.

■ 대명동사 (Verbi pronominali)

위에 언급한 재귀동사의 이론적 틀과 관련하여 다음의 예는 상당한 문제를 야기한다.

예문 I ragazzi si sono stancati molto.
(?si sono stancati se stessi)
Mario si è bagnato mentre svitava il rubinetto.
(?si è bagnato se stesso volontariamente)

먼저 첫 문장의 재귀대명사는 절대 동사의 논항(argomento)이 될 수 없고 (*sono stancati molto ma i ragazzi hanno stancato tutti), 둘째 문장의 주어는 행동주라고 볼 수 없다. 이렇게 재귀적 형태처럼 보이지만 재귀적 기능이 없는 동사들이 있는데 이들은 지금까지 살펴본 재귀동사와는 엄격히 구별되어야 하는 대명동사들(Verbi pronominali)이다. 대명동사는 재귀대명사를 직접목적어 내지 간접목적어로 대치할 수 있는 재귀동사(verbi riflessivi)와는 다른 것이다.

1. 재귀동사와 대명동사의 구별

대명동사는 '대명타동사(verbi transitivi pronominali)'와 '대명자동사(verbi intransitivi pronominali)'로 구분할 수 있다. 동사가 타동사로서 직접목적어를 관할하고 허구처럼 보이는 재귀대명사를 생략할 수 있다면 '대명타동사'이다.

> **예문** **Io mi mangio un panino.**
> **Io mi bevo un caffè.**

동사가 자동사로서 재귀대명사 생략이 불가능하고, 이를 직접목적어 내지 간접목적어로 대치할 수도 없다면 '대명자동사'이다.

> **예문** **Io mi arrabbio.**
> **Io mi adatto.**
> **Mi sono addormentato.**

'대명동사'는 재귀대명사를 직접목적어나 간접목적어의 형태로 대치할 수 없을 뿐만 아니라 재귀대명사 없는 단독의 동사 형태 또한 존재하지 않는 경우가 대부분이다. 이들은 별도의 한 단어처럼 행동한다.

> **예시** **pentirsi/*pentire**
> **accorgersi/*accorgere**
> **vergognarsi/*vergognare**
> **arrabbiarsi/*arrabbiare**
> **lamentarsi/*lamentare**
> **suicidarsi/*suicidare**

재귀대명사를 직접목적어나 간접목적어로 풀어쓸 수 없다면 대명동사이다.

> **Fabio si pente di quello che ha fatto.**
> *****Fabio pente se stesso di quello che ha fatto.**
> *****Fabio pente a se stesso di quello che ha fatto.**

하지만 이렇게 별개의 한 단어 형태로 존재하고, 이에 상응하는 동사의 형태가 존재하지 않는 경우가 대부분인 반면 (예. vergognarsi/*vergognare) 가끔은 두 형태 모두가 다 사용되는 경우도 있다. 만일 '재귀대명사 없는 타동사의 형태'와 '재귀대명사 있는 대명동사의 형태' 둘 다 쓰이고 있다면 두 단어의 의미는 어떤 식으로든 다르기 마련이다. 아래의 예시에서 보는 바와 같이 두 형태의 의미가 조금 다르다는 점을 인식할 필요가 있다.

> **abbattere**(막대로 쳐서 떨어뜨리다)/**abbattersi**(실망하다)
> **allontanare**(떼어놓다)/**allontanarsi**(가버리다)
> **sedere**(앉아있는 상태)/**sedersi**(앉는 동작 내지 상태의 변화)
> **dispiacere, dolere**(행동주=간접목적어)/**dispiacersi, dolersi**(행동주=주어)
> **sbagliare, dimenticare**(주어의 의도 있음)/**sbagliarsi, dimenticarsi**(주어의 의도 없음)

이와 비슷하게 어떤 문장이 역사적 정보와 같은 사실적 표현일 때는 단순히 일반적인 동사가 쓰이고, 인간의 심리감정적 상태를 표현할 때는 대명동사가 쓰이고 있다.

> **Nel 1937 Hitler *se ne è andato/è andato a Monaco per incontrare Mussolini.** (문맥: 역사적 사실 정보)
> **Il 25 aprile, invece di partecipare alle celebrazioni per la Festa della Liberazione, Berlusconi se ne è stato/*è stato nella sua villa di Arcore con il suo amico Mariano Apicella.**
> (문맥: 사실과 정보가 아닌 주관적 비판)

한편 타동사만 존재하지만 마치 재귀동사처럼 보이는 오류 형태(verbi falsamente riflessivi)들이 간혹 구어체에서 발견된다. comprarsi, mangiarsi, fumarsi, leggersi 처럼 재귀적 용법이 전혀 없는 구어체 형태들이 그것인데 사실 이러한 형태들은 재귀적 기능이 없고 동사의 의미를 강화하는 허 요소에 불과하다. 타동사의 오류형태이지만 구어체에서 널리 사용되다 보니 새롭게 문법의 영역으로 들어온 신 표현들이라 할 수 있다.

> **예문** Si è mangiato un panino.
> (Ha mangiato un panino.)
>
> Mi sono mangiato/bevuto/fatto/letto/comprato/preparato
> un panino, una birra, una bella dormita, un bel romanzo, ecc.
> (Ho mangiato/bevuto/fatto/letto …)

재귀형태와 관련한 문법의 영역은 견고하게 설명할 수 없는 화용적 예외들을 포함하고 있어 난해하고, 각종 문법서에서 조금씩은 다른 설명과 해석을 하고 있다. 예를 들어 타동사의 자동사적 사용이 그러하다.

> **예문** Il vaso si ruppe. (*Il vaso ruppe)
> La carne bruciò/si bruciò in pochi minuti.

2. 다양한 형태의 대명동사 (Vari tipi dei verbi pronominali)

대명동사들은 접어대명사를 갖는 통합형 동사로서 어근을 이루는 일반 타동사와는 다른 의미를 가지며 관용적 표현처럼 한 덩어리로써 행동한다. 이러한 대명동사들은 다음의 여러 형태로 표현된다.

1) ~si 형

▶ vergognarsi (창피해하다, 수줍어하다)
   Mi vergogno di parlare con le ragazze.
▶ arrabbiarsi (화나다)
   Non so perché Luisa si arrabbia sempre.

2) ~la 형

▶ farla (속이다)
   Marco sa mentire davvero bene! Me l'ha fatta anche questa volta!
▶ farla finita (사람/사물과의 관계를 끝내다)
   Massimo l'ha fatta finita.

▶ farla franca (불법을 저지르고도 무사히 피해가다)

Dopo aver rapinato la banca, i ladri sono riusciti a farla franca fuggendo con un motorino.

▶ farla grossa (대단한 실수를 하다)

Massimo l'ha fatta grossa.

▶ piantarla, finirla, smetterla (귀찮게 하는 것을 그만두다)

Finiscila / Smettila / Piantala con le tue lamentele!

Spero che il nostro vicino la pianti con questa musica! Devo studiare!

▶ spuntarla (어려움과 장애를 극복하고 원하는 바를 이루다)

Con lui, non riuscirai a spuntarla!

La spunti sempre!

3) ~ci 형

▶ andarci (적절하다, 어울리다)

In questa camera ci andrebbe bene un tavolo bianco!

Il tavolo scuro là non ci va!

▶ arrivarci (이해하다)

Vi ho spiegato diverse volte. Ma proprio non ci arrivate?

▶ cascarci (속아 넘어가다)

Quando mi fai una bugia, ci casco sempre.

▶ crederci (믿다)

Non ci credo.

▶ entrarci (어떤 상황에 관련되다)

Che c'entro io con queste persone?

Non c'entro niente.

▶ esserci (~이 있다, 도착하다, 이해하다, 준비되다)

C'e' un libro sul tavolo. / Ci sono i miei amici a scuola.

Sono arrivato. Ci sono quasi.

Ci sei? Ci sono ora.

Ci sei? Dobbiamo uscire!

- pensarci (생각해보다)

    Ci pensiamo e ti faccio sapere.
- perderci (타격을 입다)

    Se investi a quell'azienda, ci perdi!
- prenderci (예견해내다)

    Lui ci prende sempre.
- provarci (해보다, ~에게 찝쩍대다)

    Paolo è un dongiovanni: ci prova con tutte le ragazze che incontra!
- restarci male (상심해 있다)

    Simone ci è restato male.
- rimetterci (잃다)

    Ma tu fumi ancora! Non vorrai mica rimetterci la salute!
- saperci fare (무언가를 잘 할 줄 알다)

    Tu ci sai fare!
- scapparci (~일 가능성이 있다)

    Se ci arrabbiamo potrebbe scapparci una parolaccia.
- sentirci (잘 듣다)

    Mio nonno non ci sente più.
- starci (승인하다, 동의하다, 공간이 있다)

    Mi sembra una buona idea. io ci sto!

    Ci state per una birra stasera?

    A questo qui, non ci sta il frigorifero.
- starci male (고통을 겪다)

    Simone ci sta male.
- tenerci (애착/관심이 있다, 배려하다)

    Ci tengo a te.

    Vieni stasera. Ci tengo io!
- vederci (잘 보다)

    Lui ci vede solo con gli occhiali.

▶ vederci + lo, la, li, le (어떤 상황 속의 누군가를 상상하다)

Non ce lo vedo!

▶ vederci chiaro (상황을 알다)

Vorrei vederci chiaro!

▶ volerci/metterci (시간이 걸리다)

Da Roma a Firenze ci vogliono due ore in treno.

Ci metto un po' meno con il treno.

4) ~cela 형

▶ avercela con (누군가에게 화나다)

Scusa, ce l'hai con me? Perché non mi parli?

▶ avercela con (할 말이 있다. 주의 환기용 표현)

Vedi che quel ragazzo ce l'ha con te!

Massimo, ce l'ho con te!

▶ farcela (해내다)

Finalmente ce l'ho fatta a passare l'esame di latino!

Non ce la faccio più! Sono esausto.

▶ mettercela tutta (최선을 다하다, 전념하다)

Ce la metterò tutta per imparare l'italiano.

5) ~ne 형

▶ averne abbastanza/averne fin sopra i capelli (참을 수 없다)

Ne ho abbastanza di lei.

▶ andarne (위험을 무릅쓰다)

Non andate mai in moto senza casco! Ne va della vostra vita!

▶ farne (di tutti i colori / di cotte e di crude, 수많은 실수를 범하다)

Ora è calmo, ma quando era piccolo, Luca ne faceva di tutti i colori!

▶ non azzeccarne una (실패하다, 잘 못 고르다)

Fabio non ne azzeca una!

▶ non poterne più (참을 수 없다)

>**Non ne posso più il rumore del piano di sopra.**

▶ venirne fuori/venirne a capo (문제를 해결해 내다)

>**Non ne vengo a capo!**

6) ~sela 형

▶ cavarsela (힘든 상황을 잘 헤쳐 나오다)

>**Dopo l'incidente in macchina, Luca se l'è cavata per miracolo!**
>
>**Sono un disastro con l'inglese! Con l'italiano, invece, me la cavo.**

▶ cercarsela / volersela (어찌될지 알면서도 잘못된 길을 가다)

>**E' proprio andato a cercarsela!** (못된 짓 하러 갔다!)
>
>**Me la sono voluta!**
>
>**Se l'è cercata!** (그런 못된 짓을 하다니!)

▶ darsela / filarsela / svignarsela (곤란한 상황을 피하려고 도망치다)

>**Quando ha capito che stava per essere scoperto, se l'è data.**
>
>**Se l'è filata e nessuno ha più saputo nulla di lui per mesi.**
>
>**Quando ho visto che le cose si mettevano male, me la sono svignata.**

▶ farsela (con qualcuno, 꾸준히 교류하다)

>**Il figlio di Roberta se la fa con i peggiori criminali della città!**
>
>**Il direttore Rossi se la fa con la sua segretaria.**

▶ farsela sotto (두려워하다)

>**Me la faccio sotto.**

▶ passarsela bene / male (잘 지내다 / 못 지내다)

>**Stavano parlando di chi aveva l'aria di passarsela bene e chi no.**

▶ prendersela (상처입다, 화나다)

>**Sono un po' permaloso. Quando qualcuno mi offende**
>
>**o mi fa uno scherzo, me la prendo.**

▶ prendersela comoda (느릿느릿 하다)

>**Te la prendi comoda!**

▶ sbrigarsela (짧은 시간에 복잡한 일을 해결하다)

Ho detto al mio insegnante del mio problema con la matematica : ha detto che se la sbriga lui!

▶ sentirsela (무언가를 할 수 있다)

Ti vedo un po' male. Te la senti di andare a scuola?

▶ spassarsela (즐겁게 시간을 보내다)

Aveva solo voglia di spassarsela e spendere soldi.

▶ svignarsela (아무도 모르게 사라지다)

Che noia questa riunione! Appena posso me la svigno!

▶ tirarsela (잘난체하다)

La fidanzata di Stefano è davvero antipatica! Non parla con nessuno e se la tira un sacco!

▶ vedersela (해결해야 할 문제가 있는 사람과 말하다)

Me la vedo io con Lucio.

▶ vedersela brutta (나쁜 경험을 갖다)

Me la sono vista brutta.

7) ~cela 형

▶ farcela (해내다, 성공하다)

Gianni ce l'ha fatta finalmente!

Non ce la faccio più!

▶ avercela (상처입다, 화나다)

**Perché non rispondi ai messaggi di Sara?
Ce l'hai ancora con lei per quella vecchia storia?**

8) ~sene 형

▶ andarsene (가버리다)

Dopo che abbiamo litigato, Luigi se n'è andato e non l'ho visto per mesi.

▶ fregarsene / infischiarsene (관심 없다, 신경쓰지 않다)

    Loro ci hanno detto che siamo brutti, ma noi ce ne siamo fregati.

    Chi se ne frega!

    Me ne frego / infischio.

▶ farsene una ragione (내키지 않지만 상황을 받아들이다)

    Te ne devi fare una ragione di quello che è successo e guardare avanti!

▶ intendersene (어떤 분야에 탁월한 능력과 경험을 가지다)

    Si è rotto il computer, quindi ho chiamato Sergio per aiutarmi.
    Lui se ne intende di informatica.

▶ infischiarsene (신경쓰지 않다, 상관하지 않다)

    Oggi me ne infischio della dieta! Mangio il pollo e le patatine fritte!

▶ lavarsene le mani (책임 없다)

    Me ne sono lavato le mani.

▶ starsene (어떤 곳에 머무르다)

    Me ne sto a casa.

9) ~cene 형

▶ volercene (많은 시간과 노력을 요하다)

    Luigi è molto testardo: ce ne vuole per convincerlo!

    Finalmente abbiamo finito quel progetto ma ce n'è voluto!

▶ corrercene (상당한 차이가 있다)

    Tra il libro e il film, ce ne corre!

10) ~selo 형

▶ aspettarselo (사건을 예견하다)

    Non te l'aspettavi che sarei arrivato?

▶ sentirselo (무언가 일어날 것 같은 예감을 갖다)

    Me la sento! Vinceremo noi questa volta!

연습문제

I. 시제(현재/과거)를 생각하며 밑줄친 곳에 적절한 재귀 동사의 형태를 넣으세요.

1. Ieri mattina mio padre (farsi) _____ la barba.

2. Noi (lavarsi) _____ i denti tre volte al giorno.

3. Questi ragazzi (fermarsi) _____ qui ancora qualche giorno.

4. Mio marito (svegliarsi) _____ tardi stamattina.

5. Io e Maria (salutarsi) _____ quando

   (vedersi) _____ sulla strada.

6. Prima di colazione, devi (vestirsi) _____.

7. Gli studenti (trovarsi) _____ bene in Italia.

8. Prendo l'asciugamano per (asciugarsi) _____.

9. Sara (arrabbiarsi) _____ molto con me ieri. Non so perché.

10. Come (chiamarsi) _____ i tuoi nipotini? Non mi ricordo.

II. 괄호 속의 동사를 알맞는 직설법 현재형으로 변형시키세요.

1. Se non (piantarla, tu) _____ di fare casino,

   perderai sicuramente la salute!

2. Quando arriva Marco, io (andarsene) _____.

3. Io sto bene, non c'è male. E tu? Come (passarsela) _____ ?

4. Nel dormitorio, ci sono regole di base da rispettare ma loro

   (fregarsene) _____ e continuano a fare casino.

5. Forse Luisa (avercela) _____ ancora con me per quell'errore che le ho fatto.

6. Ti serve un aiuto? No, grazie. (farcela)_____ da solo.

7. L'indifferenza morale non fa più scandalo: la gente (infischiarsene)_____

8. È un lavoro difficilissimo ma se esiste una persona che può

   (farcela) _____ , quella persona è proprio lui!

9. Per comprare un appartamento al centro (volerci) _____ almeno 30 anni.

10. Non ti preoccupare per me: (cavarsela) _____.

III. 괄호 속의 동사를 알맞는 직설법 근과거 형태로 변형시키세요.

1. L'argomento era difficile, ma avevo studiato tanto per l'esame e (cavarsela)

   _____.

2. Quando le ho detto la mia opinione personale, Paolo (prendersela)_____ .

3. Quando stavamo in Hawaii per le vacanze,

   (spassarsela) _____ così tanto che non volevamo più tornare.

4. Pensavo di non riuscire più a passare l'esame, ma poi (farcela) _____ !

5. Abbiamo fatto uno scherzo a Franca e lei (cascarci) _____ come un salame.

6. Per superare quell'esame io (mettercela) davvero _____ tutta.

7. Quando ho visto quella scena aggressiva (prendersela) _____.

8. Dopo la partita di calcio tutti (andarsene) _____ a casa

9. (Volerci) _____ dieci anni per la costruzione di questo giardino.

10. Io non gli ho fatto niente di male! Lui non aveva nessun motivo di

    (avercela) _____ con me!

정답은 p.284 참고

포인트3 반과거와 근과거 (L'IMPERFETTO E IL PASSATO PROSSIMO)

■ 반과거와 근과거의 구분

> Da piccolo sono andato in montagna.
> Da piccolo andavo in montagna ogni tanto.

1. 근과거의 용법

1) 과거 속 완결된 행위 (과거 속 기간이 명시된 행위)

예문 L'anno scorso sono andato a Roma.
Ho studiato italiano per 9 mesi.
Siamo rimasti in palestra fino alle 18.00.
Ieri ho vauto mal di testa tutto il giorno.

2) 한번 혹은 정확한 횟수로 일어난 행위

예문 Ieri sera Luca è tornato a casa presto.
Sono andato a Barcellona molte volte.

3) 한 가지 사건 혹은 행위

예문 Sono andato a letto perché era tardi.
Ho messo la giacca perché faceva freddo.
Abbiamo preso un regalo perché era il compleanno di Luca.

4) 정확한 사건

예문 La vacanza è stata terribile.
Com'è andato il weekend?

2. 반과거의 용법

1) 과거 속 진행적 행위 (기간이 명시되지 않은 행위)

> Ieri avevo mal di testa.

2) 과거 속 묘사

> Da piccola avevo i capelli ricci.
> In centro c'erano molte persone.

3) 과거의 습관적 행위 (di solito, sempre, spesso, normalmente 같은 부사 동반)

> Da piccola andavo a Barcellona ogni estate.

4) 상황 묘사

> Sono andato a letto perché era tardi.
> Ho messo la giacca perché faceva freddo.
> Abbiamo preso un regalo perché era il compleanno di Luca.

5) 나이

> Quando avevo 25 anni mi sono sposato.

6) 의도, 느낌, 희망

> L'altro giorno volevo andare al mare.

7) mentre + imperfetto, 근과거/반과거

> Mentre ascoltavo la musica, lavavo i piatti./è suonato il telefono.

포인트4 부정법 (MODI INDEFINITI)

■ 원형부정사, 제룬디오, 분사의 올바른 사용

부정법은 동사의 행위를 일반적이고 불확정적인 방식으로 표현한다. 함축법(Modi impliciti)이라고도 한다. 부정법은 (단순/복합 혹은 현재/과거)부정사, (단순/복합) 제룬디오, (현재/과거) 분사를 포함하고 있다. 이들은 인칭과 성, 수에 대한 정보가 없어 행위의 주체가 누구인지 언급을 하지는 않지만 문장 내의 다른을 통해 동일인임을 유추하는 것이 가능하다.

■ 원형부정사 (L'INFINITO)

모든 불확정의 대중에게 명령이나 금지와 같은 메시지를 표현한다.

> **예문** Tradurre in coreano.
> Versare il latte sull'impasto.
> Non fumare.

원형부정사는 문의 주어로서 명사처럼 기능하기도 한다.

> **예문** Il fumare nuoce.
> È necessario approfondire lo studio.
> Comportarsi in questo modo non è consigliabile.
> Lavarsi le mani va bene alla salute.

의문문, 감탄문에서 의심, 반대, 희망을 표현한다.

> **예문** A fare che?
> Io prendere ordini da lui?
> Ah, poter vederla di nuovo!

부사 ecco 다음의 원형동사는 행위를 강조한다.

> **예문** Ecco arrivare Massimo sulla sua nuova moto.
> Eccolo arrivare lui.

전치사 혹은 조동사 다음에 원형동사가 출현한다.

> **Dobbiamo impegnarci per ottenere buoni risultati.**
> **Mi sembra di essere chiaro.**
> **Potrò diventare un direttore.**

원형부정사는 종속절에 등장하여 주절의 인칭과 동일인임을 나타낸다.

> **Pensa di avere ragione.**
> **Preferisco uscire stasera.**
> **È andato via senza aver finito il lavoro.**

복합부정사[essere + p. p.(-o/i/a/e), avere + p. p.(o), essersi + p. p.(-o/i/a/e)] 는 다른 행동 보다 먼저 일어난 행위를 나타낸다.

> **Crede di avere avuto ragione.**
> **L'aver lavorato molto ci ha fatto diventare ricchi.**
> **Dopo essere stato a Busan, è andato a Seoul.**
> **Potrebbe essersi lavato le mani.**

일반 동사들에서 단순 부정사(동사의 원형)와 복합 부정사 [essere + p.p.(-o/i/a/e), avere + p.p.(o)]로 구분하듯이 재귀동사의 경우도 단순부정사는 재귀동사의 원형 (예. lavarsi)을, 복합 부정사는 과거 형(예. essersi lavato)을 사용한다.

> **Voglio alzarmi presto.**
> **Dopo essermi laureato, ho iniziato a viaggiare in giro per il mondo.**

연습문제

I. 문맥에 맞게 괄호 안의 주어진 동사를 직설법 근과거 또는 반과거의 시제로 완성하세요.

1. Sara e Maria (arrivare) _____ a Torino ieri.

2. Da giovane Franco (mangiare) _____ molta carne di maiale.

3. Mia sorella e io (andare) _____ ogni estate al mare in Liguria.

4. Mia moglie e io (decidere) _____ di comprare un appartamento in centro.

5. Stamattina i nostri figli (perdere) _____ l'autobus.

6. Mentre Luigi (guardare) _____ la televisione, sua moglie (lavare) _____ i piatti.

7. Sabato scorso io (volere) _____ uscire, ma mia madre (stare) _____ male perciò (decidere) _____ di rimanere a casa.

8. Quando (essere) _____ piccolo, (giocare) _____ sempre a calcio.

9. Quando Anna e Maria (essere) _____ in vacanza, (visitare) _____ molte città.

10. Quando noi (sposarsi) _____ nel 2000, mia moglie (avere) _____ solo 22 anni.

11. Filippo (suonare) _____ la chitarra tutta la sera.

12. Mentre la mamma (cucinare) _____, i figli (fare) _____ i compiti.

13. Quando Lei mi (chiamare) _____, io non (essere) _____ ancora a casa.

14. Quando noi (conoscere) _____ Liana e Andrea, loro non (sapere) _____ scrivere bene in coreano.

15. Io (comprare) _____ una bicicletta nuova quando questa (rompersi) _____ definitivamente.

II. 괄호 속 동사를 문맥에 맞게 적절한 현재 혹은 과거 **부정사** 형태로 넣으시오.

1. Non puoi essere in tranquillità, dopo (offendere) il tuo amico.

2. Sono annoiata, non vedo l'ora di (tornare) a casa.

3. Dobbiamo (finire) il lavoro se vuoi riposarti un po'.

4. Dopo (vedere) l'esito del test, il ragazzo era davvero triste.

5. C'e ancora molta strada per (arrivarci)?

6. Non partirò senza (provare) un dolce tipico di questa città.

7. Non ti sei accorto di (andare (m)) nella direzione opposta?

8. Dopo (cambiare) lavoro, Stefano non si è più fatto sentire.

9. Dopo (avere) il covid si può contagiare.

10. Credo di (fare) un errore.

정답은 p.284 참고

포인트5 제룬디오 (Il gerundio)

현재(단순 제룬디오)와 과거(복합 제룬디오) 시제가 있으며 형태는 아래와 같다.

단순 제룬디오			복합 제룬디오
amare	temere	sentire	essendo + p. p.
amando	temendo	sentendo	avendo + p. p.
amandolo/la/li/le			avendolo/la/li/le amato/a/i/e essendoci stato/a/i/e
'lavandosi' (rifl.)			'essendosi lavato' (rifl.)

제룬디오의 현재형은 동시성을, 과거형은 선 행위를 나타낸다. 제룬디오는 우리말의 '~하면서, ~함으로써, ~하는 동안 ~하기 때문에' 등 여러 형태로 해석될 수 있다.

[현재] 예문

Amando Dario, mi sono sentita finalmente felice. (= mentre amavo)
Crescendo, ho imparato ad ascoltare di più gli altri. (= mentre crescevo)
Si addormentò, sentendo il rumore della pioggia. (= mentre sentiva)
Potrò uscire solo avendo finito il lavoro.(= quando avrò finito)

[과거] 예문

Avendo amato molti uomini, veniva giudicata negativamente.
Essendo cresciuto in città, non aveva mai visto una mucca!
Avendo sentito dell'incidente, corse in ospedale.
Ho potuto uscire solo avendo finito il lavoro.(= quando avevo finito)

[진행형] 예문

stare + gerundio	현재 진행
andare + gerundio	지속, 점진

Sto/Stavo studiando.
Va/andava migliorando sempre più.

[기타 사항]

약형 대명사 내지 재귀대명사는 제룬디오 구문에서 동사에 후접한다.

예문 Avendogli detto tutto, mi sentivo meglio.
Vedendola, si dimenticò tutto.
Essendosi addormentato, non sentì Laura che rientrava a casa.

주절과 종속절의 주어가 다를 때는 다음의 방식으로 문장이 이루어진다.

예문 Avendo Sandro avuto la febbre, siamo andati tutti a trovarlo.
Essendo lui arrivato in ritardo, tutti noi abbiamo perso il treno.

재귀동사의 제룬디오는 다음과 같이 현재와 과거를 표현한다.

Svegliarsi	Essendosi svegliato
Alzarsi	Essendosi alzato
Chiamarsi	Essendosi chiamato
Lavarsi	Essendosi lavato

Svegliandomi presto, sono riuscito a finire i compiti.
Alzandomi molto presto, posso avere una lunga giornata.
Chiamandosi con lo stesso nome, vengono spesso confusi.
Lavandoti con l'acqua così calda ti rovinerai la faccia.

Essendomi svegliata tardi, non ho fatto colazione.
Essendoti alzato presto, sei riuscito ad arrivare in tempo.
Mio zio, essendosi chiamato Giuseppe, veniva chiamato Peppe.
Essendoci lavati bene le mani, il fango è andato via.

포인트6 분사 (Il participio)

[현재분사]

부류	-are	-ere	-ire
원형동사	amare	credere	agire
현재분사 (규칙)	amante	credente	agente

불규칙 현재분사의 예.
fare → facente, stare → stante, bere → bevente, cuocere → cocente, convenire → conveiente, obbedire → obbediente, condurre → conducente

현재분사는 주로 형용사나 명사로 사용된다. brillante(빛나는), potente(강력한), cadente(낙하하는), pesante(무거운) fiorente(만개한), sorgente(솟아나는), bollente(끓는), eccellente(탁월한), divertente(재미있는), ardente(불타는), rilassante(긴장이 풀어지는), interessante(흥미로운), emozionante(감동적인) 같은 형용사로 사용되거나 dipendente(사원), amante(애인), rappresentante(대표자), assistente(조수, 조교), cantante(가수), comandante(지휘자), combattente(전사), contribuente(납세자), dirigente(관리자), insegnante(교사), principiante(초보자), conducente(운전사), dirigente(지배인) 같은 명사로 사용된다.

예문 **La mia vacanza è stata molto rilassante.**
Luca ha degli ottimi insegnanti.
Gli studenti partecipanti al corso devono presentarsi alle 9.00.

[과거분사]

부류	-are	-ere	-ire
원형동사	andare	credere	pulire
현재분사 (규칙)	andato	creduto	pulito

불규칙 과거분사의 예.

fare → fatto, accendere → acceso, bere → bevuto, cuocere → cotto, chiudere → chiuso, aprire → aperto, offrire → offerto, ecc.

과거분사 또한 명사나 형용사로 사용될 수 있다. bandito(도적), condannato(죄인), ferito(부상자), laureato(대학졸업자), morto(사망자), pregiudicato(전과자), ricercato(용의자), ricoverato(입원환자), invitato(초대받은 자)처럼 명사인 경우 명사의 성수에 따라 어미 변형이 일어나는 것은 당연한 일이고, 형용사의 어미변형은 기본적으로 늘 고려되어야 하는 사항이다.

예문 **Quel negozio vende merce rubata.**
Per andare in Italia, ho bisogno di un visto.

주지하는 바와 같이 과거분사는 이탈리아어에서 복합시제를 만들 때 사용되는 필수적인 것이다.

예문   Ho mangiato una pizza.
Sono andata in vacanza.
Li ho visti mentre tornavo da scuola.

과거분사는 또한 함축문 (**예문** Considerati i trascorsi, è meglio non sentirci più.)에서 활용된다. 과거분사를 활용한 함축문에서 자동사의 경우에 과거분사는 동일 구 내 행위주와 일치관계를 나타낸다. 반면 타동사의 경우에는 능동의 가치를 가질 때 과거분사의 형태가 동일 구 내의 목적어와 일치되고, 수동의 가치를 지닐 때 과거분사의 형태는 주절 내 주어와 일치된다.

예문   Partito il padre, si mise a piangere.
Partita la zia, si mise a piangere.
Finito il lavoro, sono uscito subito dall'ufficio.
Finiti gli studi, ho iniziato il lavoro.
Criticato da tutti, il direttore cambiò idea.
Criticati da tutti, i direttori cambiarono idea.

연습문제

I. 괄호 속 동사의 현재 혹은 과거 제룬디오 형태를 문장에 맞게 넣으세요.

1. Il ragazzo è uscito dall'aula (sbuffare).
2. È difficile guadagnarsi da vivere (lavorare) in fabbrica.
3. La medicina sarà meno amara (diluire) lo sciroppo con un po' d'acqua.
4. Abbiamo trovato facilmente la strada (leggere) le indicazioni.
5. Ti sei trovato nei guai non (ascoltare) i miei consigli.
6. Molta gente è andata all'estero non (trovare) lavoro.
7. In estate, (bere) poco si corre il rischio di disidratarsi.
8. (Mangiare) troppo, il nostro corpo si appesantisce.
9. L'ho riconosciuto (guardare) la sua foto sui giornali.
10. (Arrivare) in ritardo, non è stato accettato al corso.

II. 괄호 속 형태를 현재분사 혹은 과거분사의 적절한 형태로 넣으세요.

1. Mettete la marmellata sul pane (imburrare).
2. (Risolvere) il problema, si sentiva proprio bene.
3. Loro preferiscono la carne poco (cuocere).
4. L'aereo (provenire) da Roma ha mezz'ora di ritardo.
5. Le auto (parcheggiare) sul lato destro della strada avranno la multa.
6. Mi piacerebbe avere un pappagallo (parlare).
7. Le parole (scrivere) in rosso sono errate.
8. Una volta (completare) l'iscrizione, puoi accedere al corso.
9. Non si può entrare quando il dispositivo (lampeggiare) è in azione.
10. Un viso (sorridere) distende l'atmosfera.

정답은 p.284 참고

포인트7 가정문 (IL PERIODO IPOTETICO)

■ 가정문의 다양한 공식

[현실의 가정문 (realtà)]

Se posso, ti aiuto. (직설법 현재 + 직설법 현재)
Se potrò, ti aiuterò. (직설법 미래 + 직설법 미래)

[가능성의 가정문 (possibilità)]

Se potessi, ti aiuterei. (se + 접속법 반과거 + 조건법 현재)

[비현실의 가정문 (irrealtà)]

Se avessi potuto, ti avrei aiutato. (se + 접속법 대과거 + 조건법 과거)
se potevo, ti aiutavo. (se + 직설법 반과거 + 직설법 반과거)

[다양한 조합의 가정문]

특별한 형태의 가정문 Periodi ipotetici particolari	예문
se+직설법 현재 +직접명령	Se arrivi alla stazione, chiamami. (Se arrivi, ti prego di chiamarmi!)
현재분사 + 조건법 현재	Volendo, potresti farlo. (Se vuoi, potresti farlo)
접속법 대과거 + 조건법 현재	Se mi fossi preparato meglio, adesso non sarei così nervoso.
접속법 반과거 (단독)	Ah, Se avessi più tempo! (Mi piacerebbe avere più tempo)
접속법 대과거 (단독)	Ah! Se avessi avuto più tempo! (Mi sarebbe piaciuto avere più tempo)
조건법 현재 (단독)	Tu la faresti una cosa simile? (ellittico, non la farei se fossi al tuo posto)
조건법 과거 (단독)	Non avrei fatto questa scelta! (ellittico, se fossi stato al tuo posto)

연습문제

I. 괄호 속 동사의 적절한 형태로 가정문을 만드세요.

1) Se (io/essere) _____ in te, starei attento.

2) Mia sorella si preoccupa se io non (tornare) _____ a casa all'orario stabilito.

3) Se ieri (noi/vincere) _____ _____ quella partita, saremmo primi in campionato.

4) Se studiaste di più, ora non (voi/dovere)_____ fare le ripetizioni.

5) Se tu ieri non (dormire) _____ bene, oggi (noi/potere) _____ andare giù al mare.

6) Se vinco al lotto, ti (io/fare) _____ un regalo meraviglioso.

7) Se loro (sapere) _____ quello che hai fatto, se la (loro/prendere) _____ a morte.

8) Se Claudia (volere) _____ saperlo, te lo (lei/chiedere) _____.

9) Se (loro/arrivare) _____ in tempo a Roma, vengono anche noi.

10) Se me lo (tu/dire) _____ prima, ti avrei aspettato.

정답은 p.285 참고

포인트8 수동문 (LA FORMA PASSIVA)

■ 수동문 공식

[단순시제] 예문

현재   Giovanni **legge** il giornale.
               Il giornale **è/viene** *letto* da Giovanni.

미래   Giovanni **leggerà** il giornale.
               Il giornale **sarà/verrà** *letto* da Giovanni.

반과거   Giovanni **leggeva** il giornale.
               l giornale **era/veniva** *letto* da Giovanni.

원과거   Giovanni **lesse** il giornale.
               Il giornale **fu/venne** *letto* da Giovanni.

조건법 현재   Giovanni **leggerebbe** il giornale.
               Il giornale **sarebbe/verrebbe** *letto* da Giovanni.

접속법 현재   ... che Giovanni **legga** il giornale.
               ... che il giornale **sia/venga** *letto* da Giovanni.

접속법 반과거 ... che Giovanni **leggesse** il giornale.
               ... che il giornale **fosse/venisse** *letto* da Giovanni.

[복합시제] 예문

근과거   Giovanni **ha letto** il giornale.
               Il giornale **è** *stato* **letto** da Giovanni.

대과거   Giovanni **aveva letto** il giornale.
               Il giornale **era** *stato* **letto** da Giovanni.

선립미래   Giovanni **avrà letto** il giornale.
               Il giornale **sarà** *stato* **letto** da Giovanni.

조건법 과거   Giovanni **avrebbe letto** il giornale.
               Il giornale **sarebbe** *stato* **letto** da Giovanni.

접속법 과거   ...che Giovanni **abbia letto** il giornale.
               ... che il giornale **sia** *stato* **letto** da Giovanni.

접속법 대과거 ... che Giovanni **avesse letto** il giornale.
               ... che il giornale **fosse** *stato* **letto** da Giovanni.

주의

① 단순시제에서는 수동의 형태로 'essere+p.p.' 혹은 'venire+p.p.'가 모두 가능하지만 복합시제에서는 'essere+p.p.'만 가능하다.

예문   Il giornale è/viene letto da Mario.
       Il giornale è stato letto/*viene stato letto da Mario.

② 조동사 'dovere'가 개입한 문에서는 'essere' 대신 'andare'로 대치될 수 있다.

예문   Gli anziani vanno rispettati(=devono essere rispettati) da tutti noi.

③ 복합시제의 수동태에서는 'essere'만이 사용되지만 'dimenticare, distruggere, smarrire'와 같은 동사의 경우에는 andare로 대치될 수 있다.

예문   Tutti i documenti sono andati smarriti(=sono stati smarriti).

④ 수동의 si
능동문의 주어가 tutti noi, tutti voi, tutti, nessuno 와 같이 불특정 다수를 의미할 경우 대명사 접어(particella pronominale) si는 타동사에 수동의 기능을 부여하며 타동사의 형태는 동사 뒤에 있던 주어와 일치를 이루어야 한다.

예문   Noi possiamo fare questo lavoro. → Questo lavoro si può fare.
       Nessuno fa queste cose. → Queste cose non si fanno.
       Tutti sanno queste cose. → Queste cose si sanno.

       Tutti sentono un rumore. → Si sente un rumore.
       Tutti sentono dei rumori. → Si sentono dei rumori.

       Da qui vediamo il sentiero che abbiamo fatto.
       → Da qui si vede il sentiero che abbiamo fatto.
       Da qui vediamo i sentieri che abbiamo fatto.
       → Da qui si vedono i sentieri che abbiamo fatto.

포인트9 비인칭 (I VARI TIPI DI FORMA IMPERSONALE)

■ 다양한 비인칭 구문 방식

1. 주어를 특정하지 않고 일반화하는 다양한 방식

1) 불특정의 '그들'(=사람들)로 표현하는 방식

예문 **Dicono che la gente vive molto a lungo in Grecia.**

2) '우리'(=인간, 사람들)로 표현하는 방식

예문 **Vediamo spesso le cose veramente impossibili.**

3) '너'(=그 누구라도)로 표현하는 방식

예문 **Tu entri e vedrai subito che non è fatta a misura d'uomo.**

4) '누군가'(=어떤 사람)로 표현하는 방식

예문 **Quando uno è malato, di solito non ha appetito.**

5) 'si +3인칭 단수동사'로 일반화 하는 방식

예문 **In Italia si mangia bene.**

2. 비인칭의 si

1) 단순시제의 경우 'si + 3인칭 단수형'으로 일반화할 수 있다.

예문 **Si va al mare in estate.**
Alla festa si berrà birra e si mangeranno panini.
Si mangiava fuori la domenica.
Si partì per il viaggio.
Si potrebbe andare via.
Non si beve la birra in questo locale.
Non si beve in questo locale.

2) 비인칭 si와 수동의 si

예문 자동사이면 si는 비인칭이다.
Da qui si accede al sentiero.
Si va al mare.

타동사이고 단수 3인칭이면 비인칭의 si이기도 하고 수동의 si이기도 하다.

Da qui si vede bene (il panorama)

In Italia si mangia molta pizza.

타동사이고 복수 3인칭이면 수동의 si이다.

Da qui si vedono bene tutte le montagne.

In Italia si mangiano molte pizze.

3) 복합시제(근과거)에서는 동사의 특성에 따라 비인칭의 형태에 차이를 보인다.

예문 **Siamo partiti in treno. → Si è partiti/e in treno.** (자동사, 비인칭)

Siamo arrivati in ritardo. → Si è arrivati/e in ritardo. (자동사, 비인칭)

Abbiamo dormito bene. → Si è dormito bene.

(avere를 조동사로 취하는 자동사, 비인칭)

Abbiamo mangiato bene → Si è mangiato bene. (타동사, 목적어 무, 비인칭)

Abbiamo mangiato la pizza/le pizze/gli spaghetti.

→ Si è mangiata **la pizza.** (타동사 단수3인칭=비인칭+수동)

→ Si sono mangiate **le pizze.** (타동사 복수3인칭=수동)

→ Si sono mangiati **degli spaghetti.** (타동사 복수3인칭=수동)

[cfr. 재귀동사의 si와 혼동 주의:

Si arrabbia → Si è arrabbiato/a, Si arrabbiano → Si sono arrabbiati/e]

4) 'si + 형용사'에서 형용사의 어미는 언제나 -i/-e의 형태를 지닌다.

예문 **Si è liberi/Si è soli/Si è incinte**

Quando si è liberi, si è felici.

Quando si è vecchi, non si ha voglia di uscire.

Quando non si è sicuri, si dovrebbe chiedere a chi ne sa di più.

Quando si è amati, si è felici. (=quando uno è amato, è felice.)

Si sembra pazzi quando si è innaorati.

5) 재귀동사의 비인칭화는 다음과 같이 만들어진다.

예문 **Quando ci si lamenta si è noiosi.**

Quando si invecchia, ci si sente soli.

In vacanza ci si sente più rilassati.

Ci si è accorti/e dell'errore.

Ci si è dimenticati di partecipare alla riunione.

6) 비인칭구문에서의 대명사는 si 앞에 놓인다.

예문   Gli si darà domani.

La si è comprata tre mesi fa.

3. 기타 비인칭 동사

1) 기상관련 어휘

nevicare(눈이 내리다), **piovere**(비가 오다), **tuonare**(천둥치다), **fare**(날씨), **tirare**(바람불다), **grandinare**(우박이 내리다)

예문   Oggi piove molto.

Tuonò per tutto il pomeriggio.

Tira vento.

Fa caldo./freddo.

2) 3인칭 단수만 쓰는 주요 표현들

'비인칭 동사 + che' : sembrare, occorrere accedere, succedere, capitare, ecc.

'essere + 형용사, 부사, 명사 + che' : è possibile/bene/tempo ... che

예문   Bisogna/Occorre/Si deve studiare molto per superare l'esame.

Conviene aspettare più.

È giusto insistere.

È un peccato non poter arrivarci in tempo.

Sembra che sia giusto.

È successo che a quel punto se ne sono andati tutti.

È meglio studiare le lingue quando si è piccoli.

Sembra facile ignorare, ma non è così.

È necessario studiare un po' di più.

포인트10 양태와 시제의 일치 (LA CONCORDANZA DEI TEMPI E MODI)

이탈리아어 문법 최고 난이도!

종속절 동사의 정확한 시제와 법을 선택하기 위해서는 1) 주절 동사의 시제 2) 주절 동사의

법(직설법, 접속법) 요구 사항 3) 주절과 종속절 간의 시차(선행, 동시, 후행) 여부 등을 모두 고려하여야 한다. 이탈리아어 문법에서 가장 어려운 부분이라고 할 수 있다.

■ 직설법 시제의 일치 (Concordanza dei tempi all'Indicativo)

1. 주절이 현재 | So che

1) 종속절이 주절보다 선행할 경우

예문 **So che è stato un errore.** (근과거)
So che andava spesso al mare. (반과거)
So che studiò molto per l'esame. (원과거)

2) 종속절이 주절과 동시에 일어난 경우

예문 **So che hai ragione tu.** (현재)
So che lui sta andando al mare. (현재)

3) 종속절이 주절보다 후행할 경우

예문 **So che troverà un lavoro.** (단순미래)
So che lui va al mare. (현재)

2. 주절이 미래 | Saprò che

1) 종속절이 주절보다 선행할 경우

예문 **Saprò che avrà studiato/ha studiato/studiava/studiò il giorno prima.**
(선립미래 or 반과거 or 근과거 or 원과거)

2) 종속절이 주절과 동시에 일어난 경우

예문 **Saprò che studierà/studia quel giorno.** (단순미래 or 현재)

3) 종속절이 주절보다 후행할 경우

예문 **Saprò che studierà domani.** (단순미래)

3. 주절이 과거 | Sapevo che

1) 종속절이 주절보다 선행할 경우

예문 **Sapevo che era stato un errore./aveva studiato molto.** (대과거)
Sapevo che andava sempre al mare. (반과거)

2) 종속절이 주절과 동시에 일어난 경우

> **Sapevo che avevi ragione tu.** (반과거)
> **Sapevo che stava andando al mare.** (반과거)

3) 종속절이 주절보다 후행할 경우

> **Sapevo che avrebbe trovato un lavoro il giorno dopo.** (조건법 과거)
> **Sapevo che trovava un lavoro il giorno dopo.** (반과거)

주의 직설법의 일반적 시제 조합 규칙의 예외

지금까지 설명한 시차의 일치에 관한 '수학적' 도식은 논리적 안내일 뿐 화자의 '심리적' 도식관계에서는 그 조합이 달라질 수 있고, 외국인인 우리가 그 시차관계 표현을 조금 틀렸다 해서 이해되지 않는 것도 아니다. 하지만 다음 사항들에 유의하여야 한다.

① 종속절의 동사가 단순히 후행이 아닌 실제 미래행위를 나타낼 경우 주절의 동사가 과거라 하더라도 미래를 사용한다.

> **Ha detto che domani partirà per Milano.** (직설법 과거 + 미래의 혼합)

② 종속절의 동사가 실제적인 일이나 일상적인 상황을 표현하는 것이라면 주절의 동사가 과거라 하더라도 종속절에서는 현재를 사용한다.

> **Mi ha detto che sua ragazza è a Manchester.**
> **Mi ha consigliato che bisogna essere a casa.** (직설법 과거 + 현재의 혼합)

③ 주절의 동사가 미래인 경우는 그리 흔하지 않으며 종속절에 적용되는 형태 또한 그리 과학적이지 않은 형태를 보인다.

> **Saprò che ha studiato/stuiava il giorno prima.** (직설법 미래 + 과거의 혼합)

④ 선립과거(trapassato remoto)는 원과거(passato remoto)의 과거가 아니다. 근과거, 반과거, 원과거의 과거는 대과거(trapassato prossimo)이다. 따라서 주절이 원과거일 경우 종속절이 선행을 의미하려면 대과거의 형태가 되어야 한다. 하지만 'dopo che', 'quando', 'appena', 'finché' 등으로 문이 연결되고 문장 내의 두 행위가 곧바로 이어져 일

어난다면 원과거-선립과거의 조합이 성립한다. 이 경우에도 구어체적 사용은 매우 드물다고 할 수 있다.

> **예문** **Rispose a una domanda che le avevano fatto.** (원과거-대과거의 조합)
> **Tornò a casa, appena ebbe finito il lavoro.** (원과거-선립과거의 조합)

■ 접속법 시제의 일치 (Concordanza dei tempi all'Indicativo)

1. 주절이 현재 I Credo che

1) 종속절이 주절보다 선행할 경우

> **예문** **Credo che sia stato un errore.** (접속법 과거)
> **Credo che andasse spesso al mare.** (접속법 반과거)

2) 종속절이 주절과 동시에 일어난 경우

> **예문** **Credo che abbia ragione tu.** (접속법 현재)
> **Credo che stia lavorando.** (접속법 현재)

3) 종속절이 주절보다 후행할 경우

> **예문** **Credo che sappia/saprà dove andare.** (접속법 현재 or 단순 미래)

2. 주절이 미래 I Crederà che

1) 종속절이 주절보다 선행할 경우

> **예문** **Crederà che lui avrà studiato/abbia studiato il giorno prima.**
> (선립미래 or 접속법 과거)

2) 종속절이 주절과 동시에 일어난 경우

> **예문** **Crederà che lui studierà/studi quel giorno.** (단순미래 or 접속법 현재)

3) 종속절이 주절보다 후행할 경우

> **예문** **Crederà che lui studierà/studi il giorno dopo.** (단순미래 or 접속법 현재)

3. 주절이 과거 (반과거, 근과거, 원과거, 대과거) I Credevo che

1) 종속절이 주절보다 선행할 경우

예문   **Credevo che fosse stato un errore.** (접속법 대과거)
           Credevo che andasse spesso al mare. (접속법 반과거)

2) 종속절이 주절과 동시에 일어난 경우

예문   **Credevo che avessi ragione tu.** (접속법 반과거)
           Credevo che stesse lavorando. (접속법 반과거)

3) 종속절이 주절보다 후행할 경우

예문   **Credevo che avrebbe trovato/trovasse un lavoro.**
           (조건법 과거 or 접속법 반과거)

주의 접속법 시제 조합 시 유의사항

① 주절과 종속절의 주어가 동일할 때는 부정사 구문(di+infinitivo)으로 구성하되, 동시나 후행의 경우엔 단순시제를, 선행의 경우엔 복합시제를 사용한다.

예문   **Penso di fare la spesa.**
           Pensano di aver fatto del loro meglio.

② Non so 의 경우 non so che~ 가 아닌 non so se~의 표현을 사용한다.

예문   **Non so se possa venire lui.**

③ 직설법에서와 마찬가지로 주절의 동사가 미래인 경우는 그리 흔하지 않으며 주절의 동사가 과거인 경우 선행, 동시, 후행의 종속절에 공히 접속법 반과거의 적용이 가능하다.

예문   **Pensavo che trovasse subito il lavoro.**

■ 조건법 시제의 일치 (Concordanza dei tempi al Condizionale)

1. 주절이 조건법 현재 I Vorrei che

1) 종속절이 주절보다 선행할 경우

> **예문** **Vorrei che tu fossi stato qui.** (접속법 대과거)

2) 종속절이 주절과 동시에 일어난 경우

> **예문** **Vorrei che tu fossi qui.** (접속법 반과거)

3) 종속절이 주절보다 후행할 경우

> **예문** **Vorrei che tu fossi qui.** (접속법 반과거)

2. 주절이 조건법 과거 | Avrei voluto che

1) 종속절이 주절보다 선행할 경우

> **예문** **Avrei voluto che tu fossi stato lì.** (접속법 대과거)

2) 종속절이 주절과 동시에 일어난 경우

> **예문** **Avrei voluto che tu fossi lì.** (접속법 반과거)

3) 종속절이 주절보다 후행할 경우

> **예문** **Avrei voluto che tu fossi / saresti stato lì.** (접속법 반과거 or 조건법 과거)

주의 조건법 시제 조합 시 유의사항

① 주절이 현재이든 과거이든 조건법으로 표현될 경우 종속절이 선행이면 접속법 대과거가 되고 동시나 후행이면 공히 접속법 반과거 형태가 된다.

② 종속절에서 '과거 속의 미래' 시제는 직설법 구문이든 접속법 구문이든 조건법 구문이든 공히 '조건법 과거'의 형태가 된다.

③ 주절이 조건법 동사인 경우 종속절의 동사의 시제는 기본적으로 접속법 반과거 내지 대과거이다. 하지만 'dire', 'pensare' 및 이와 유사한 의미의 동사가 주절에서 조건법으로 표현되는 구문에서는 종속절에 접속법 반과거 내지 대과거가 아닌 접속법 현재 혹은 과거의 시제가 사용된다는 점에 유의하여야 한다.

> **예문** **Vorrei/Avrei voluto che tu dicessi/avessi detto la verità.**
> **Direi che sia/sia stato meglio fare così.**

연습문제

I. 다음 문장을 수동태 문장으로 바꾸세요.

1. Leonardo Da Vinci dipinse La Gioconda.
2. Il capo lo ha licenziato la settimana scorsa.
3. I greci hanno fondato la città di Napoli.
4. Un antico lampadario illuminava la stanza.
5. Il cameriere servì subito le pizze.
6. Un pallone ha rotto il vetro della finestra.
7. Il contadino ara il campo.
8. Il suono delle campane allarmò tutti.
9. Il sole illumina la finestra.
10. I poliziotti fermavano diverse automobili.
11. Il direttore dello studio presiederà la riunione.
12. L'arbitro avrà annullato la partita per la pioggia.
13. Tutti ti hanno ringraziato.
14. L'allenatore convocava i giocatori.
15. Un grande cuoco preparerà il pranzo.
16. Il vento scuoteva le pianticelle.
17. I bambini attendono il Natale.
18. I membri dell'istituto esamineranno le proposte.
19. Un famoso caricaturista disegnò la vignetta.
20. Pensavo che lui avesse offerto la cena.

정답은 p.285 참고

II. **비인칭 si** 를 활용하여 문장을 완성하세요.

1. Non (dire) _____ le bugie!
2. Queste medicine (prendere) _____ prendono dopo pranzo.
3. Quando (bere) _____ troppi caffè è difficile dormire la notte.
4. La pizza (mangiare) _____ con le mani e non con forchetta.
5. In biblioteca non (dovere) _____ fare rumore.
6. In quel negozio (comprare) _____ vestiti a prezzi ottimi!
7. Se ogni giorno (fare) _____ un po' di sport, questo fa bene alla salute.
8. In questa scuola (studiare) _____ le lingue straniere.
9. Nel museo non (potere) _____ fare fotografie.
10. Se (volere) _____ imparare l'italiano bisogna studiare i verbi!

III. **비인칭 si** 와 재귀대명사 **si** 에 주의하여 근과거 형태로 문장을 바꿔보세요.

1. Si dice la verità.
2. Si va in ferie.
3. Si aspettano le notizie.
4. Si ride e si piange.
5. Ci si ricorda delle cose importanti.
6. Si parla molto di come fare una riforma fiscale.
7. Si fanno grandi cambiamenti.
8. Quando si è poveri si vede la vita in modo diverso.
9. Il tempo era brutto ma alla fine si decide di andare al mare lo stesso.
10. Si torna a casa presto.
11. Su questo problema si fa molte ipotesi.
12. Maria ha avuto un incidente ma non si fa niente.
13. Andiamo a casa perché si fa tardi.
14. Carla e Maria si arrabbiano.
15. Quando si finisce l'università c'è ancora da fare la specializzazione.

정답은 p.286 참고

연습문제

I. **시제**에 맞게 괄호 속 동사를 적절한 형태로 변형하세요.

1. Elena sa che Massimo non (andare) _____ a lezione oggi.
2. Ieri abbiamo incontrato il ragazzo di cui Teresa ci (parlare) _____.
3. Oggi fa freddo perche la notte scorsa (piovere) _____ molto.
4. Ero sicuro che ieri Massimo (essere) _____ al centro per passeggiare.
5. Ero sicuro che il giorno prima Mario (rimanere) _____ a casa tutto il giorno.
6. Sono sicuro che domani Mario (potere) _____ superare l'esame.
7. Oggi resto a casa perche non (stare) _____ bene.
8. Sapevo che il giorno dopo Maria (partire) _____ per Milano.
9. Sono sicuro che in questo momento Luisa (tornare) _____ a casa.
10. Mi ha promesso che (tornare) _____ tra una settimana.
11. Luana mi ha detto che (tornare) ____ appena ____ dal Giappone.
12. Giuseppe non mi ha più restituito i soldi che gli (prestare) _____ da anni.
13. Laura ci ha detto che il suo figlio (dormire) _____ tutto il giorno ieri.
14. Apro ora il pacco che mi (arrivare) _____ ieri.
15. Ieri gli abbiamo fatto vedere le fotografie che noi (scattare) _____ durante le vacanze estive.
16. Dopo che il corso (finire) _____, Stefano partirà per l'Italia.
17. Sara ha detto che (fare) _____ tardi perché (rimanere) _____ senza benzina e (dovere) _____ fare tutta la strada a piedi.
18. Mi ha detto che non (essere) _____ possibile arrivare in tempo per il traffico.
19. Appena noi (decidere) _____ qualcosa, ti avvertiremo.
20. Dice che Massimo (andare) _____ a cena ieri da Sergio.

II. 종속절이 선행(un'azione anteriore)하도록 괄호 속 동사를 적절한 형태로 변형하세요.

1. Bruno dice che sabato scorso (andare) _____ in montagna.

2. So che Giovanni (andare) _____ spesso in montagna.

3. Sono certa che non (essere) _____ Franco a farmi quel brutto scherzo.

4. Preparerò la cena dopo che (finire) _____ di leggere il giornale.

5. Massimo dirà a Luigi che lei (leggere) _____ l'articolo.

6. Alberto mi ha detto che lui (stare) _____ proprio male.

7. Ho saputo che lui (consegnare) _____ i compiti.

8. Sabato scorso non sono venuto perché la sera prima (uscire) _____ e (prendere) _____ freddo.

9. Bruno capì subito quello che Enza (dire) _____ .

10. Franco sapeva che Alberto (lavorare) _____ in quell'ufficio.

III. 종속절이 동시(un'azione contemporanea)가 되도록 괄호 속 동사를 적절한 형태로 변형하세요.

1. So che tu (avere) _____ tante cose da fare, quindi ti lascio.

2. Luca dice sempre cose che non (essere) _____ vere.

3. Domani le chederò se (volermi) _____ sposare.

4. Franco mi ha detto che Alberto (lavorare) _____ anche la domenica.

5. Mentre parlavo con Franco (giocare) _____ nel salotto i bambini.

6. Maria ha telefonato mentre noi (fare) _____ colazione.

7. Fabio non poté pagare perché non (avere) _____ più soldi.

8. Tutti videro che Stefania non (stare) _____ bene.

9. Gli chiesi se (volere) _____ qualcosa da bere.

10. Non ti trattenni perché tu (volere) _____ andare via.

IV. 종속절이 후행(un'azione posteriore)하도록 괄호 속 동사를 적절한 형태로 변형하세요.

1. Federico sa già cosa (fare) _____ da grande.

2. Ti prometto che domani (smettere) _____ di fumare.

3. Sono sicuro che questo film non (durare) _____ molto.

4. Siamo certi che tu (fare) _____ del tuo meglio per aiutarlo.

5. Vedrai che (vincere) _____ tu alla fine.

6. La scorsa settimana Luca mi ha detto che (parlare) _____ con Lucia il giorno dopo.

7. Alberto diceva sempre che non (vedere) _____ mai quel film.

8. Fabio promise a Sofia che (telefonarle) _____ presto.

9. Lui disse che Elena (lasciare) _____ il lavoro, perche' guadagnava poco.

10. Ha detto che lui (venire) _____, ma non l'ho visto più.

V. 시제 종합 : 양태와 시제에 맞게 괄호 속 동사를 적절한 형태로 변형하세요.

1. Maria capì subito quello che (succedere) _____. (선행)

2. Enzo credeva che Alberto (lavorare) _____. (동시)

3. Sandro sa già cosa (fare) _____ da grande. (후행)

4. Massimo diceva che da giovane (vivere) _____ 5 anni in Italia. (선행)

5. Non ti trattenni perché (tu volere) _____ andartene. (동시)

6. Vorrei che Lei mi (fare) _____ la cortesia di uscire. (후행)

7. Dopo che (finire) _____ di studiare, andai a fare una passeggiata. (선행)

8. Spero che (avere) _____ fame perché vi ho preparato le pizze. (동시)

9. Ieri Luca mi ha detto che (parlare) _____ con Lucia. (후행)

10. Dopo che (fare) _____ l'esame, partirò per Londra. (선행)

11. Carlo non ha potuto pagare perché non (avere) _____ più soldi. (동시)

12. Mi hanno detto che (andarsene) _____ domani! (후행)

13. Sofia disse che Luigi (tradirla) _____ con Sonia. (선행)

14. Mentre parlavo con Franco (arrivare) _____ Marta. (동시)

15. Roberto diceva sempre che non (vedere) _____ mai quel film. (후행)

16. Pensavo proprio che loro mi (regalare) _____ una borsa. (선행)

17. Penso che (tu avere) _____ fretta, quindi ti saluto. (동시)

18. Non credo che questo film (durare) _____ molto. (후행)

19. Quando mi comprerai il motorino che mi (promettere) _____? (선행)

20. Mi ha detto che lui (lavorare) _____ qui soltanto per un mese. (선행)

정답은 p.286, 287 참고

■ SI

1. 재귀대명사 si

> 예문
> (Lui/Lei) si lava.
> (Lui/Lei) si è lavato/a.
> (Loro) si sono alzati/e.

2. 상호재귀사 si

> 예문
> (Noi) ci conosciamo da tempo.
> (Noi) ci siamo conosciuti.
> (Loro) si sono separati.

3. 강조를 위한 허사 si

> 예문
> **Lui si mangia due cornetti al mattino. (si mangia > mangia)**
> **Mi sono fatto una passeggiata. (mi sono fatto > ho fatto)**

4. 수동의 si

능동문의 주어가 tutti noi, tutti voi, tutti, nessuno 와 같이 불특정 다수를 의미할 경우 대명사 접어(particella pronominale) si는 타동사에 수동의 기능을 부여하며 타동사의 형태는 동사 뒤에 있던 주어와 일치를 이루어야 한다.

> 예문
> Noi possiamo fare questo lavoro. → Questo lavoro si può fare.
> Nessuno fa queste cose. → Queste cose non si fanno.
> Tutti sanno queste cose. → Queste cose si sanno.
>
> Tutti sentono un rumore. → Si sente un rumore.
> Tutti sentono dei rumori. → Si sentono dei rumori.
>
> Da qui vediamo il sentiero che abbiamo fatto.
> → Da qui si vede il sentiero che abbiamo fatto.
> Da qui vediamo i sentieri che abbiamo fatto.
> → Da qui si vedono i sentieri che abbiamo fatto.

5. 비인칭 si

비인칭 구문에서 접어대명사 "si"는 불특정 주어 tutti, noi, uno, qualcuno, ognuno, nessuno를 표현하며 타동사, 자동사, 재귀동사, 조동사, 형용사와 결합되어 사용된다.

[단순시제]

1) 타동사와의 결합 시의 비인칭

타동사에 의해 지배되는 외현적 직접목적어와 동사의 형태가 일치된다.

> 예문 **In pizzeria si beve birra e si mangiano pizze.**
> **Sulla spiaggia si prende il sole e si leggono dei libri.**
> **Si studia l'italiano.**

이렇게 목적어 명사가 외현적으로 등장한 경우는 비인칭 구문으로 해석될 수도 있고 수동의 구문으로 해석될 수도 있다.

> 예문 **Si leggono molto i romanzi gialli.** (불특정자인 주어에 포커스를 두면 비인칭)
> **I romanzi gialli si leggono molto.** (목적어가 주어인 것에 포커스를 두면 수동)

2) 자동사나 외현적 목적어 없는 타동사와의 결합 시 'si+동사 3인칭 단수'형태의 비인칭

> 예문 (si va/si torna/si sta…)
> **Si va in treno?**
> **Si sta proprio bene in autunno.**
> **Si mangia bene in questo locale.**
> **Si beve tanto.**
> **Non si fuma qui.**

3) 재귀동사와 결합 시의 비인칭

> 예문 (si impersonale + si riflessivo + verbo = ci si verbo)
> **Ci si sveglia presto in estate.**
> **Ci si trova bene in campagna.**

4) 조동사와 결합 시의 비인칭

> 예문 (si può/si deve/si vuole/si sa…)
> Si può entrare? (자동사)
> Si può usare questo computer?
> I piselli si possono mangiare anche crudi. (타동사)

5) 'si è + 형용사(복수형)' 형태의 비인칭

> 예문 Quando si è liberi, si è più felici.
> Quando il tempo è bello, si è sempre allegri.

[복합시제]

1) essere를 조동사로 취하는 동사들

(동작이나 상태를 나타내는 자동사, 재귀동사, 수동동사)의 과거분사의 어미가 '-i/e'이며 결국 'si è 과거분사i/e'의 형태로 비인칭이 구현된다.

> 예문 Quest'estate si è andati in Italia.
> Loro si è partiti/e alle tre. (자동사)
> Si può mangiare solo se prima ci si è lavati le mani. (재귀동사)
> Quando si è amati, si è felici.
> Se si è state lasciate, bisogna andare dal parrucchiere e farsi belle!
> (수동 동사)

Essere와 마찬가지로 sembrare, diventare, nominare와 같이 계사(copulativo)의 기능을 가진 동사들은 모두 'si è 과거분사i/e'의 형태를 갖게 된다.

> 예문 Una volta che si è diventati ricchi, la vita diventa più facile.
> Se si è state amiche, si è andate almeno una volta a pranzo fuori insieme.

2) avere를 조동사로 취하는 동사들

avere를 조동사로 취하는 자동사들과 목적어 없는 타동사들은 복합시제에서 과거분사의 어미가 ~o(남성 단수)로 유지된다.

> **예문** Era un film triste e non si è riso per niente!
> Si è ballato/dormito fino alle tre.
> Si è mangiato bene in quel ristorante.
> Si è parlato tanto di lui.
>
> Ci si è trovato bene in campagna.

2-1) 타동사로서 외현적 목적어를 갖는다면 과거분사의 어미가 목적어와 일치 관계를 이루며 이럴 경우 당연히 수동의 의미가 가미된다.

> **예문** Qui non si è vista nemmeno una persona.
> Il colpevole è stato catturato perché si sono analizzate bene tutte le prove.
> Purtroppo per questa patologia non si sono ancora fatti dei progressi.

[다른 대명사의 개입]

대명사가 개입하는 비인칭si의 구문은 '대명사 + si + 동사'의 어순으로 배치된다. 반면 대명사가 개입하는 재귀대명사 구문에서는 ' si + 대명사 + 동사'의 어순으로 배치된다.

1) 비인칭의 si (PRONOME + SI + VERBO)

> **예문** Quando si fa la cena? –La si fa quando tutti sono tornati a casa.
> Si è andati a Parigi l'anno scorso e ci si è andati anche quest'anno.
> Non si dovrebbero avere dubbi sulle torte: le si è fatte bene!
> Non mi si deve prendere in giro!

2) 수동의 si (SI + PRONOME + VERBO)

> **예문** Si fa la barba/si è fatto la barba/se la è fatta.
> Mi lavo le mani/Mi sono lavato(a) le mani/me le sono lavate.

다음 예문들에서 보이는 si가 수동의 si (si passivante)로 쓰인 것인가 비인칭의 si (si impersonale)로 쓰인 것인가를 생각해 보자.

예문 Da qui si accede al sentiero. (자동사, 비인칭의 si)
Da qui si vedono bene tutte le montagne. (비인칭의 si, 수동의 si)
Da qui si vede bene il panorama. (비인칭의 si, 수동의 si)
Si è pagato poco in quel ristorante. (비인칭)
Si è bevuto molto ieri. (비인칭)
Si è partiti ieri sera. (비인칭)
Si è arrivati tardi. (비인칭)
Li si legge con piacere. (비인칭)
Li si è letti con piacere. (비인칭)
Li si compra / Li si è comprati. (비인칭)
Qui si vende l'orologio. (=Qui viene venduto l'orologio. 외현 목적어 有-수동)
Qui si vendono le bibite. (=Qui vengono vendute le bibite. 외현 목적어 有-수동)
In questa pizzeria si mangia bene. (외현 목적어 無, 비인칭)
Si va al mare questo sabato. (외현 목적어 無, 비인칭)
Si è pagati poco (dal gestore) in quel ristorante. (외현 목적어 無, 비인칭)
Si pagano pochi soldi. (수동 혹은 비인칭)
Si comprano le pizze. (수동 혹은 비인칭)
Si sono comprate le pizze. (실질 주어에 일치, 수동)
Una cosa simile, non si è mai vista. (실질 주어에 일치, 수동)

■ 소사 (Particella) CI와 NE의 정리

소사 (particella)는 문장 내에서 독립성이 없으며 어딘가에 달라붙어 사용되는 기능요소로서 대명사 접어, 관사, 전치사, 접속사, 부사, 담화표지 등 다양하다. 이탈리아어의 동사 앞에 나타나 자주 우리를 혼란케 하는 ci와 ne에 대해 알아보자. 둘 간에 대비가 확연하므로 비교적 쉽게 이해할 수 있다.

1. CI의 주요 용법

1) ci(vi) locativo (장소부사)

예문 Quando vai a Busan? Ci vado domani.
Mi piace molto questa casa. Ormai ci abito da molti anni.

Questo è il ponte famoso della città. Ci passiamo spesso.

2) c'è / ci sono ('ci+essere', ~이 있다)

예문 C'è un progetto da realizzare.
Ci sono molte persone al centro oggi.

3) 재귀대명사, 인칭대명사

예문 Non ci ricordiamo più di lui.
Luisa non ci telefona mai.

4) 허사 ci + lo/la/li/le → ce

예문 Ce l'ho.
Ce l'abbiamo fatta.

2. NE의 주요 용법

1) 부분관사 ne

예문 Quanti bicchieri di birra hai bevuto? Ne ho bevuti due.
Ci sono tante ragazze qui, ma io non ne conosco nessuna.

2) 소유격 가치(di+qualcuno)의 ne

예문 Hai visto la fidanzata di Mario? Che ne pensi?
Ho rifiutato la proposta dei matti del mio dipartimento. Che ne dici?

3) 수동적 가치 (da+qualcuno)의 ne

예문 Ha visto Francesca e ne è rimasto affascinato.
Il matto è un diavolo. Ne sono disgustato davvero!

4) 출발장소 (moto da luogo) 의 ne

예문 Sorrento è un luogo fantastico. Ne sono appena tornato e già vorrei ripartire.
Sono andato alla festa e ne sono uscito un'ora dopo.

SI	**pronome riflessivo o reciproco** Si veste./Si lava le mani. Enzo e Elena si sono svegliati presto. Si conoscono da tempo. Si sono lasciati alla fine.
	pleonastico Si mangia un panino. Si beve un caffè.
	passivante A Pasqua si mangia l'uovo di cioccolato. In Italia si mangiano degli spaghetti.
	impersonale Si vede bene da qui. In Italia si mangia bene. Si è letto molti libri. Si è andati/e per musei. Ci si è svegliati/e presto.
CI	**pronome diretto/indiretto** Ci accompagni alla stazione?/Ci ha offerto un caffè.
	pronome riflessivo o reciproco Ci laviamo alle sette del mattino. Ci vediamo alle sette di sera.
	in questo/quel luogo (locativo) Sono andato a Firenze e ci sono rimasto una settimana.
	a, su, con +ql.cu., ql.co. Chi compra il pane? Ci penso io, non preoccuparti. > penso io a comprare il pane (pensare a fare questa cosa) Posso contare sull'aiuto di Marco? Certo che ci puoi contare! > puoi contare su quella cosa. Ada è un cane molto simpatico e ai miei bambini piace molto giocarci. > piace molto giocare con con questo cane.
	verbi pronominali (metterci, volerci, sentirci, ecc.) Ci vuole un'ora da qui per arrivare all'università.
NE	**pronome partitivo** Ho fatto una torta e ne mangio solo una fetta.
	da questo/quel posto (locativo) Sono stanca di questa festa, me ne vado.
	di + ql.co., ql.cu. Andiamo al cinema. Che ne dici?
	da+ql.cu., ql.co. Ha visto Francesca e ne è rimasto affascinato.

포인트11 직접화법과 간접화법 (DISCORSO DIRETTO E INDIRETTO)
최고의 난코스이자 동사 학습의 완성, 화법의 전환!

[직접화법의 간접화법으로의 전환]

직접화법을 간접화법으로 전환하려면 동사, 대명사, 형용사, (필요 시) 부사 등을 모두 바꾸어야 한다. 도출 과정을 마음속으로 따라가 보자!

예문 Maria disse: "Io sono stanca."
→ Maria disse disse che era stanca.

Maria disse: "Ho visto questo film."
→ Maria disse che aveva visto quel film.

Maria disse: "Intanto io vado, vi aspetto davanti a casa mia."
→ Maria disse che intanto lei andava e che li aspettava davanti a casa sua.

Maria mi disse: "Io ti aiuterò."
→ Maria disse che mi avrebbe aiutato/a.

Mio fratello disse: "Sono ammalato"
→ Mio fratello disse che era ammalato.

Il prof chiese loro: "Avete studiato?"
→ Il prof chiese loro se avessero studiato.

Disse: "Questo libro è il mio!"
→ Disse che quel libro era suo.

Disse: "Ti chiamerò domani."
→ Disse che l'avrebbe chiamato il giorno dopo.

Luigi disse: "Ero affamato."
→ Disse che era affamato.

Il maestro ordinò al ragazzo: "Taci!"
→ Il maestro ordinò al ragazzo di tacere.

> **참고**

직접화법에서 주절의 동사가 현재 혹인 미래일 경우 간접화법에서의 시제변화는 없다.

예문   **Maria dice/dirà: "me ne vado."**

   → Maria dice/dirà che se ne va.

하지만 직접화법에서 주절의 동사가 과거로 표현되면 간접화법에서의 시제는 변화하며

예문   **Rosa mi ha detto/disse: "ieri ho visto Luca"**

   → Rosa mi ha detto che il giorno prima aveva visto Luca.

아래에서 보는 바와 같이 종속절의 시제 조건에 따라 매우 복잡하게 변화한다.

1. 각 어휘요소의 형태 변화

1) 인칭대명사의 변화

예문   **Lui/Lei disse: "io sono stanco/a."**

   → disse che lui/lei era stanco/a.

   Disse: "Oggi dobbiamo partire."

   → Disse che quel giorno dovevano partire.

   Enzo disse: "Roberta non mi chiama più."

   → Enzo disse che Roberta non lo chiamava più.

2) 재귀대명사의 변화

예문   **Laura mi disse: "non mi trovo bene."**

   → Laura mi disse che lei non si trovava bene.

3) 소유사의 변화

예문   **Massimo affermò: "la mia macchina è rotta."**

   → Massimo affermò che la sua macchina era rotta.

4) 지시사의 변화

예문   **Massimo affermò: "Mi piace questa macchina."**

   → Massimo affermò che gli piaceva quella macchina.

5) 동사의 변화

예문   **Laura mi ha chiesto: "Che cosa fai?"**

→ Laura mi ha chiesto che cosa facevo.

Mi chiese: "Puoi venire a casa mia?"

→ Mi chiese se potevo/potessi andare a casa sua.

6) 장소부사 (**qui/qua → lì/là**)

예문   Disse: "Sto qui a Firenze da anni."

→ Disse che stava lì a Firenze da anni.

7) 시간부사 (ora → allora, poco fa → poco prima, fra poco → poco dopo, ieri → il giorno prima, oggi → quel giorno, domani → il giorno dopo)

예문   Laura disse: "oggi mi sento proprio bene."

→ Laura disse che quel giorno si sentiva proprio bene.

8) 주절과 종속절의 **주어가 같을 때**는 부정사형을 사용한다.

예문   Maria ha detto: "Sono stanca."

→ Maria ha detto di essere stanca.

Maria ha detto: "Ho sbagliato."

→ Maria ha detto di avere sbagliato.

2. 시제요소의 전환

1) 직설법/접속법 현재는 경우에 따라 직설법/접속법 반과거가 된다.

예문   Maria disse: "Sono stanca."

→ Maria disse che era stanca.

Paola disse: "Credo che lui dica la verità."

→ Paola disse che credeva che lui dicesse la verità.

2) 직설법 근과거와 원과거는 대과거가 된다.

예문   Maria disse: "Non ho commesso nessun errore".

→ Maria disse che non aveva commesso nessun errore.

Laura disse: "Finii tutto il compito."

→ Laura disse che aveva finito tutto il compito.

3) 직설법 미래는 조건법 과거가 된다.

예문 Maria gli rispose: «Non ti deluderò più».

→ Maria rispose che non l'avrebbe più deluso.

Mario disse: "sarà una bella giornata di sole!"

→Mario disse che sarebbe stata una bella giornata di sole.

Maria disse: "Mio fratello si sposa."

→Maria disse che suo fratello si sarebbe sopato.

4) 조건법현재 → 조건법과거

예문 Paola disse: "comprerei volentieri la Genesis."

→ Paola disse che avrebbe comprato volentieri la Genesis.

5) 명령법 → di+Infinitivo/che+접속법 반과거

예문 Il professore raccomandò gli alunni: "Fate i compiti."

→ Il professore raccomandò gli alunni di fare i compiti.

→ Il professore raccomandò gli alunni che loro fecessero i compiti.

6) 가정법

예문 Disse: "Se posso, ti aiuto."

Disse: "Se potrò, ti aiuterò."

Disse: "Se potessi, ti aiuterei."

Disse: "Se avessi potuto, ti avrei aiutato."

→ Disse che se avesse potuto, l'avrebbe aiutato.

7) 의문문

예문 Domandò: "Dove vai/sei andato?"

→ Domandò dove andassi/fossi andato.

Domandò: "Cosa fai/hai fatto?"

→ Domandò cosa facessi/avessi fatto.

Chiese al ragazzo: "Come ti chiami?"

→ Chiese al ragazzo come si chiamasse.

Lui le chese: "Puoi aiutarmi?"

→ Lui le chiese se potesse aiutarlo.

8) 직접화법의 반과거와 대과거는 시제 불면이며 부정사, 분사, 동명사는 그 형태가 불변이다.

예문 Disse: "Volevo comprare quel libro,

ma leggendolo un po' mi accorsi che l'avevo già comprato."

→ Disse che voleva comprare quel libro,

ma leggendolo un po' si accorse che l'aveva già comprato.

연습문제

I. 아래 직접화법을 간접화법으로 바꿔보세요.

1. La mamma chiese a Elena: "Mi aiuti a cucinare?"
>_____

2. Disse: "Fra una settimana farò un viaggio in Messico."
>_____

3. La nonna le chiese: "Mi accompagni da Enzo?"
>_____

4. Elena gridò: "Non mi piace questo film."
>_____

5. Ci spiegarono: "Abbiamo vissuto in Italia per tanti anni."
>_____

6. Simone disse al maestro: "Ieri sono andato a teatro."
>_____

7. Maria disse: "Mio fratello si sposa."
>_____

8. Il conduttore ha detto: "Questa puntata sarà ricca di colpi di scena!"
>_____

9. Mia sorella disse: "Sono ammalata"
>_____

10. Mio padre mi disse: "Domani andremo allo stadio."
>_____

11. La maestra chiese alla classe "Avete studiato?"
>_____

12. Le dissi: "Non so cosa consigliarti"
>_____

13. Michela disse: "Vi aspetto tutti alla mia festa!"
>_____

14. Matteo disse: "Questo libro è il mio!"
>_____

15. Carla esclamò: "Oggi sono proprio felice!"
>_____

16. Matteo promise: "Ti chiamerò domani."
>_____

17. Il ragazzo chiese: "Chi viene con me?"
>_____

18. Il ragazzo disse: "Sono affamato."
>_____

19. Il padre ordinò al ragazzo "Taci!"
>_____

20. Marta disse: "me ne vado"
>_____

21. Gli disse: "Se mi scriverai, mi farai felice."
>_____

22. mio fratello mi disse: "domani partirò presto"
>_____

23. Andrea pensò: "devo risolvere questo problema."
>_____

24. Il nonno chiede a Tommaso: "Mi aiuti a verniciare il cancello?"
>_____

25. Tina mi chiese: "hai studiato i verbi?"
>_____

26. Gli ordinò: "Parti subito e non tornare più."
>_____

27. Valentino ha detto: "mi dispiace di non essere venuto."
>_____

28. Mia sorella mi ha detto: "ti porterò un regalo."
>_____

29. Iosella disse: "vorrei guidare la tua macchina"
>_____

30. Disse: "Se lo vedrò, gli parlerò."
>_____

정답은 p.288, 289 참고

VOCABOLI
COMPUTER E INTERNET

database	데이터베이스	nome utente	유저네임
stampare	프린트하다	password	패스워드
digitare	타이핑하다	rispondi	리플라이
minuscolo	소문자	avanti	포워딩
maiuscolo	대문자	nuovo messaggio	새 메시지
e-mail	이메일	allegato	첨부
mandare una e-mail	이메일 발송하다	inserire la spina	플러그 꽂다
indirizzo e-mail	이메일 어드레스	staccare la spina	플러그 빼다
		accendere	켜다
		spegnere	끄다

spegnere	끄다	computer portatile	노트북
avviare	발송하다	desktop	데스크탑
internet	인터넷	tablet	태블릿
sito internet	인터넷 사이트	schermo	화면
firewall	방화벽	tastiera	키보드
senza fili	무선 인터넷	mouse	마우스
scaricare	다운로드하다	monitor	모니터
cercare in internet	인터넷 브라우징하다	stampante	프린터
		router senza fili	무선 라우터
		cavo	케이블
		disco rigido	하드디스크
		casse	스피커
		cavo elettrico	전선

		Quiz. 왼쪽 어휘표를 참고하여 빈칸에 알맞는 단어를 적어 넣으세요.		

file	파일			
cartella	폴더			
documento	도큐먼트	1. 타이핑하다	→	d
hardware	하드웨어	2. 새 메세지	→	n
software	소프트웨어	3. 프린터	→	s
network	네트워크	4. 끄다	→	s
connettersi	로그인하다	5. 키보드	→	t
disconnettersi	로그오프하다	6. 노트북	→	c
barra di spazio	스페이스 바	7. 프린트 하다	→	s
virus	바이러스	8. 로그인하다	→	c
memoria	메모리	9. 아래로 스크롤하다	→	s
videoscrittura	워드프로세서	10. 끄다	→	s
		11. 이메일 발송하다	→	m
scorrere verso il basso		12. 바이러스	→	v
아래로 스크롤하다		13. 첨부	→	a
scorrere verso l'alto		14. 메모리	→	m
위로 스크롤하다		15. 다운로드하다	→	s
software antivirus		16. 케이블	→	c
바리어스차단 소프트웨어		17. 발송하다	→	a
velocità del processore		18. 켜다	→	a
프로세서 속도		19. 프로세서 속도	→	v
internet a banda larga		20. 무선 인터넷	→	s
브로드밴드 인터넷				
alloggiamento di siti web				
웹 호스팅				
ISP				
인터넷 서비스 공급자				

부사
L'AVVERBIO

포인트1 부사의 종류

포인트2 작용역에 따른 부사의 위치

포인트3 부사의 비교급과 최상급

부사는 문장 구성상 부차적인 요소이지만 여러 문의 요소를 보다 명확히 해주는 변경자의 역할을 수행한다.

> **예문** **Enzo suona meravigliosamente la chitarra.** (동사의 의미 변경)
> **È molto arrabbiato.** (형용사의 의미 변경)
> **Enzo compra solo frutta.** (명사의 의미 변경)
> **Enzo ha imparato a scrivere molto precocemente.** (다른 부사의 의미 변경)
> **Abbiamo pensato soprattutto a te.** (구의 의미 변경)
> **Francamente, non so cosa fare.** (문 전체의 의미 변경)

포인트1 부사의 종류

1. 형성에 따른 부사의 분류

1) 단순부사 : bene, male, molto, poco, mai, qui, ...

2) 합성부사 : perfino, dappertutto, talvolta, ...

3) 파생부사 : francamente, ruzzoloni, bocconi, ...

4) 구 부사 : all'improvviso, di corsa, d'ora in poi, ...

2. 의미에 따른 부사의 분류

1) 방식부사 (avverbi di modo)

> brevemente, gentilmente, cavalcioni, carponi, ecc.
> adagio, apposta, assieme, bene, così, male, ecc.
> di corsa, più piano, più alto, all'incirca, in fretta, ecc.

2) 시간부사 (avverbi di tempo)

> ieri, oggi, frequentemente, subito, prima, finora, adesso, ecc.
> all'improvviso, in tempo, prima o poi, ecc.

3) 장소부사 (avverbi di luogo)

> lì, qui, laggiù, giù, dietro, sopra, altrove, presso, vi, ci, addosso, ecc.
> di là, di qua, di sotto, di fronte, ecc.

4) 양의 부사 (avverbi di quantità)

> appena, molto, abbastanza, troppo, poco, più, meno, ecc.
> all'incirca, di più, di meno, un poco, press'a poco, ecc.

5) 판단부사 (avverbi di giudizio)

> certo, sicuro, appunto, indubbiamente, ecc. (affermazione)
> no, né, nemmeno, neanche, ecc. (negazione)
> eventualmente, forse, chissà, magari, ecc. (dubbio)
> di sicuro, di certo, nemmeno per sogno, quasi quasi, ecc. (locuzioni)

6) 의문부사 (avverbi interrogativi)

> come? quando? quanto?, dove?, perché?, come mai?, ecc.
> da quanto?, da dove?, ecc.

7) 어형성에 의한 파생부사 (avverbi derivati)

① -mente

certo → cert + a+mente → certamente (-o 로 끝나는 형용사)
forte → forte + mente → fortemente (-e 로 끝나는 형용사)
uguale → ugual + mente → ugualmente (-le 로 끝나는 형용사)
regolare → regolar + mente → regolarmente (-re 로 끝나는 형용사)

예외
　　altro → altrimenti (*altramente)
　　benevolo → benevolmente (*benevolamente)
　　leggero → leggermente (*leggeramente)
　　pari → parimenti (*parimente)
　　ridicolo → ridicolmente (*ridicolamente)
　　violento → violentemente (*violentamente)

② -oni

bocca → bocconi 고개를 떨구고
ginocchio → ginocchioni 무릎을 꿇고
ciondolare → ciondoloni 매달린 채
ruzzolare → ruzzoloni 넘어질 듯
tentare → tentoni 어둠속에서 더듬거리며

③ 기타

alterazioni diminutive (bene/benino), vezzeggiative (male/maluccio), accrescitive (bene/benone), peggiorative (male/malaccio)

포인트2 작용역에 따른 부사의 위치

부사는 말 그대로 부수적인 요소로서 문장 내에서 필수적인 역할을 하지는 않는 만큼 문장 내에서의 위치가 자유롭다고 할 수 있다. 문장 내 위치에 따라 수식의 범위가 정해진다.

1. 국소부사

Solo Antonio ha giocato a calcio con Silvio. (non Mario)

Antonio ha solo giocato a calcio con Silvio. (non ha fatto altro)

Antonio ha giocato solo a calcio con Silvio. (non a tennis)

Antonio ha giocato a calcio solo con Silvio. (non con Mario)

2. 문장부사

Sinceramente, non so che cosa fare in futuro.

Non so, sinceramente, che cosa fare in futuro.

Non so che cosa farein futuro, sinceramente.

포인트3 부사의 비교급과 최상급

grandemente → più grandemente → grandissimamente

vicino → più vicino → vicinissimo

presto → più presto → prestissimo (prestino)

bene → meglio → benissimo (benino, benone)

male → peggio → malissimo (maluccio, malaccio)

poco → meno → pochissimo (pochino, pochetto)

연습문제

I. 파란 곳의 표현을 적절한 부사로 바꿔보세요.

1. La rivista "Vita Quotidiana" esce **una volta al mese**.

→ La rivista "Vita Quotidiana" esce _____.

2. Mi ha abbracciato e salutato **con affetto**.

→ Mi ha abbracciato e salutato _____.

3. Se studi **con costanza**, conoscerai la società italiana a fondo.

→ Se studi _____, conoscerai la società italiana a fondo.

4. Mi ha seguito **in tutti i luoghi in cui** andavo.

→ Mi ha seguito _____ andavo.

5. A lui piace stare **con tranquilità**.

→ A lui piace stare _____.

6. La notizia ci è arrivata **per telefono**.

→ La notizia ci è arrivata _____.

7. Vado in palestra **ogni giorno**.

→ Vado in palestra _____.

8. Mio figlio ama molto i film, **in particolare** "Harry Potter".

→ Mio figlio ama molto i film, _____ "Harry Potter".

9. A volte ragioni **in modo assurdo**.

→ A volte ragioni _____.

10. Devo rinnovare la tessera **una volta all'anno**.

→ Devo rinnovare la tessera _____.

II. 물음에 대한 답을 생각하며 아래 예시 와 같이 보기 중 적절한 단어를 골라 넣으세요.

보기

perfettamente   qui   lassù   adesso

poco   ci   per niente   al più presto   male   subito

1. quanto?

예시   Non me la sento _per niente_ di uscire stasera.

2. dove?

Vuoi stare _____ con noi?

3. dove?

Ho bisogno di una scala, _____ non ci arrivo!

4. come?

Non c'è bisogno che ripeti, ho capito _____.

5. dove?

Vorrei vedere Manchester, ho deciso che _____ andrò in estate.

6. quando?

Non vedo la nonna da un mese, andrò _____ da lei.

7. quanto?

Se ti dai _____ da fare, avrai risultati scadenti.

8. quando?

Ho finito gli esercizi, _____ te li mando con una e-mail.

9. come?

È difficile lavorare in un posto dove ci si trova _____.

10. quando?

Il direttore La prega di aspettarlo, perché arriverà _____.

정답은 p.289 참고

VOCABOLI
BAGNO / GIARDINO / CUCINA

water 변기
lavandino 세면대
scarico 배수구
scarica doccia 샤워 배수구
tappettino 욕실 카펫
dentifricio 치약
spugna 스폰지
portasapone 비누 접시
sgabello 조그만 의자
specchio 거울
ripiano 선반
mensola 벽걸이 선반
accappatoio 목욕가운
rubinetti dell'acqua 수도꼭지
bagno schiuma 거품목욕 비누
spazzolino da denti 칫솔
rasoio da barba 면도기
portabiancheria 빨래통
portasciugamani 수건걸이

giardino 정원
orto 채소밭
scarico 배출
steccato 울타리
garage 주차장
ghiaia 자갈
serra 온실
prato 잔디
piante 식물
piscina 수영장
ascia 도끼
forca 쇠스랑
zappa 괭이
rastrello 갈퀴
cesoie 큰 가위
vanga 삽
carriola 손수레
scala 사다리
secchio 작업용 물통
cancello 철문
vaso di fiori 꽃병
tagliaerba 잔디깎기
patio 테라스용 긴 의자
annaffiatoio 스프링쿨러
cestino della spazzatura 쓰레기통
cassetta delle lettere 우편함
corda del bucato 빨랫줄

caffettiera 커피포트
fornello 쿠커
congelatore 냉동고
forno 오븐
cucina a gas 스토브
tostapane 토스터기
apribottiglie 병따개
tagliere 도마
grattugia 치즈 가는 판
spremitore 주서기
mestolo 국자
ciotola 공기
coltello 나이프
forchetta 포크
frigo, frigorifero 냉장고
guanti da forno 오븐장갑
lavastoviglie 식기세척기
cucchiaio 스푼
coltello 나이프
forchetta 포크
padella per friggere 프라이팬

Quiz. 왼쪽 어휘표를 참고하여
빈칸에 알맞는 단어를 적어 넣으세요.

cucchiaio 스푼
cucchiaino 티스푼
bacchette 젓가락
tazza 잔
insalatiera 볼, 용기
stoviglie 식기류
bicchiere 유리컵
barattolo 통
fiasco 항아리
piatto 접시
zuccheriera 설탕통
griglia 그릴
ricettario 요리책
lavandino 싱크대
tovaglia 식탁보
detersivo per piatti 주방세제
apparecchiare la tavola 상 차리다
sparecchiare la tavola 상 치우다
mattarello 방망이
pentola 냄비
spugna 스폰지
setaccio 체, 망
apriscatole 깡통따개
vassoio 쟁반
cucchiaio di legno 나무 숟가락
bilancia da cucina 요리용 저울
carta stagnola 키친 호일
cavatappi 코르크 마개 따개

1. 잔디 → p
2. 쓰레기통 → c
3. 스푼 → c
4. 수건 → a
5. 젓가락 → b
6. 채소밭 → o
7. 세면대 → l
8. 목욕가운 → a
9. 그릴 → g
10. 치약 → d
11. 오븐 → f
12. 꽃병 → v
13. 칫솔 → s
14. 치즈 가는 판 → g
15. 주차장 → g
16. 선반 → r
17. 도끼 → a
18. 냄비 → p
19. 병따개 → a
20. 코르크 마개 따개 → c

전치사
LA PREPOSIZIONE

포인트1 전치사의 종류

전치사는 명사, 형용사, 대명사, 원형동사, 부사 앞에 놓이는 단어들로서 문의 여러 요소 간 관계를 설정하는데 쓰인다. 단문에서는 문의 논리를 완성해주는 여러 보어로서 기능하고 (예시) **piangere di gioia, studiare di notte, tremare per la paura**), 복문에서는 내포 종속절을 도입하는 역할을 한다 (예시 **decidere di continuarlo, studiare per fare qualcosa**). 전치사의 요소 간 관계설정 기능이 없다면 문의 이해란 불가능하다.

포인트1 전치사의 종류

1. 본연의 전치사 (preposizioni proprie)

di, a, da, in, con, su, per, tra(fra) 단순 전치사들과 여러 형태의 관사화된 전치사 (즉, 전치사관사)들이다.

1) 전치사 di

	시간	di notte
	확정	il libro di Marco
	정확한 나이	una donna di 50 anni
	원인	a causa del conflitto
di	재료	maglia di seta
	주제	parlare di sport
	비유	A è più agg. di B
	질	un prodotto di grande qualità
	양	una casa di 100 metri quadrati

2) 전치사 a

a		
	시간	a mezzogiorno
	장소	a Bologna
	수단	forno a gas
	방식	a mano
	거리	a 50 chilometri
	정확한 나이	a 50 anni
	형벌	la condanna a morte
	수혜	a Maria
	가격	a mille euro

3) 전치사 da

da		
	시간	da molto tempo
	장소	da Milano
	수동태의 행동주	criticato da tutti
	목적	occhiali da sole
	방식	un consiglio da amico
	유래	Leonardo da Vinci
	거리	100 chilometri da Roma
	가격	le banconote da 100 euro
	원인	morire dal sonno

4) 전치사 in

in		
	시기	in autunno
	장소	in Italia
	수단	in macchina
	방식	restare in silenzio
	제한	è un esperto in storia dell'Occidente.
	재료	cancello in ferro

5) 전치사 con

con		
	동반	con Maria
	수단	con la moto
	방식	con la volontà
	원인	con il maltempo
	질	con gli occhi blu

6) 전치사 su

su		
	장소	sul tavolo
	주제	un articolo su Leonardo da Vinci
	막연한 나이	un uomo sui quarat'anni
	막연한 양	sui 90 metri quadrati

7) 전치사 per

per	시간	per un mese
	장소	per l'Italia
	목적	per andare
	원인	per malattia
	수단	per via aerea
	방식	per caso
	가격	per 1,000 euro

8) 전치사 tra/fra

tra / fra	시간	fra poco
	장소	confine tra due paesi
	관계	fra me e te
	분할	fra questi due

2. 전치사의 역할을 하는 비 전치사 (preposizioni improprie)

이 카테고리에 속하는 단어들로는 부사 (예시 **sopra, sotto, avanti, davanti, innanzi, dietro, dopo, dentro, fuori, contro, oltre, senza, presso** 등), 형용사 (예시 **lungo, salvo, secondo** 등), 분사 (예시 **mediante, rasente, stante, nonostante, durante, eccettuato, eccetto, dato** 등)로 이루어져 있고 다음의 기능을 한다.

1) 위치 : **sopra, sotto, dentro, fuori, vicino, lontano, davanti, dietro, presso, verso, oltre, attraverso, lungo**
2) 시간 : **prima, dopo, durante, entro, avanti, oltre**
3) 배제 : **senza, eccetto, tranne, fuorché, salvo**
4) 기타 : **contro, incontro, insieme, malgrado, nonostante, secondo, circa**

3. 전치사관용구(locuzioni prepositive)

accanto a, vicino a, davanti a, innanzi a, lontano da, invece di, insieme con, assieme a, prima di, di qua da, di là da, al di là di, a fianco di, al cospetto di, all'insegna di, in faccia di, in cima a, nel mezzo di, in capo a, fino da, a causa di, per motivo di, in conseguenza di, a forza di, per mezzo di, per opera di, a meno di, al pari di, in mezzo a, a dispetto di, a favore di, in base a, in considerazione di, per conto di, in quanto a, in confronto a, in cambio di, invece di, di tra, su per, fino a, sino a, fin da, sin da, ecc.

4. 자주 쓰이는 전치사 관련 용례

insieme o assieme + con Simone, con te, a Simone, a te.

sopra o sotto + il tavolo, di noi (con pronome personale).

davanti o innanzi + alla casa, a voi.

dietro + la casa, alla casa, di te (con pronome personale).

dopo + il pranzo, di voi (con pron. pers.).

fuori + porta, le mura, dalle mura, dai piedi, di me, di qui.

contro + tutti, la legge, di te (con pron. pers.).

oltre + confine, il fiume, a noi, a ciò.

senza + vino, il cappello, di te, di ciò (con pronome).

presso + la stazione, di te (con pron. pers.).

dentro + casa, il cassetto, al cassetto, di me.

vicino + a Roma, a te.

5. 전치사의 접속사적 기능

di + infinito : ti dico di parlare, vi prego di tacere, mi rallegro di aver vinto, ti proibisco di fumare ecc.; ci semba di aver capito, si prega di tacere, ecc.;

a + infinito : vi esorto a studiare, ci indussero a venire, fa bene a studiare, fa male a biasimarci, ecc.;

da + infinito : è tanto studioso da suscitare l'ammirazione di tutti;

in , su, dopo, prima + infinito : nel parlare si impappina; sullo scadere del tempo gli azzurri segnarono; prima di parlare rifletti;

con + infinito : con lo sbagliare s'impara;

per + infinito : ti sgrido per aiutarti; fu incolpato per aver taciuto i fatti;

senza + infinito : senza dire una parola uscì.

연습문제

I. 적절한 전치사 관사를 넣으세요.

1. .... tavolo dovrebbero esserci i libri di grammatica che stai cercando. Se non li trovi prova a cercare .... zaino.

2. Per andare a scuola prenderò il treno .... nove e ne uscirò .... quattro.

3. Quando ero piccolo mi piaceva salire .... alberi, sedermi .... rami e guardare il tramonto.

4. Domani devo andare .... università per informare .... studenti i risultati dei loro esami.

5. Mi hanno detto che .... trattorie si mangia meglio che .... ristoranti.

6. Mi hanno parlato molto bene .... professore. Invece, ... studenti, mi hanno parlato malissimo.

7. Possiamo liberarci .... smog e .... rumore della città, andando a vivere in campagna.

8. .... sguardo di una persona, si possono intuire più cose che .... parole che dice.

9. Non ho capito se l'appuntamento è .... una del pomeriggio o .... otto di sera.

10. Ti ricordi .... ragazzo di cui ti ho parlato? È un amico .... corso di lingua italiana.

II. 적절한 전치사 혹은 전치사 관사를 넣으세요.

1. Si è laureato ...... storia dell'America.

2. Visse vent'anni .... miseria.

3. Lo capii ...... primo sguardo.

4. Il giardino è circondato .... siepe.

5. Rimandate tutto .... domani.

6. Mangio .... bianco, cioè spaghetti .... burro.

7. È sappato .... finestra.

8. Passi .... me questa sera?

9. È una donna .... cinquant'anni.

10. .... me va bene così.

11. La finestra .... mia camera dà .... giardino.

12. Siamo usciti ...... casa per la cena ...... sei.

13. Sono stati condannati ...... morte .... alto tradimento.

14. Vado ...... Londra .... trovare la mia figlia.

15. È una ragazza .... gamba.

정답은 p.289 참고

VOCABOLI
OGGETTI CASALINGHI

		torcia	손전등
		batteria	배터리
		colla	풀
		accendino	라이터
		ago	바늘
		filo	실
caldaia	보일러	spilla da balia	안전핀
spina elettrica	전기 플러그	nastro adesivo	접착 테이프
rubinetto	수도꼭지	francobolli	우표
paletta e scopa	쓰레받기와 빗자루	fazzolettini	티슈
scopettone	자루걸레	carta igienica	화장지
cestino	통, 바구니	candeggina	표백제
secchio	통		

appendiabiti	코트걸이	detergente	세제
maniglia della porta	문 손잡이	disinfettante	소독약
zerbino	도어매트	ammorbidente	섬유유연제
paralume	전등갓	scalpello	끌
presa elettrica	전기 플러그	martello	망치
scarico	배수구	trapano	드릴
scarico del lavandino	세면대 구멍	pennello	페인팅 붓
tavola da stiro	다림판	pinze	핀셋
stiro da ferro	다리미	sega	톱
cemento	시멘트	cacciavite	나사 드라이버
vernice	페인트	scala	사다리
corda	끈, 줄	vite	나사
centralina elettrica	휴즈 박스	chiodo	못
		mattone	벽돌

costruire	건설하다, 짓다	
tagliare	자르다	
allentare	헐겁게 하다	
misurare	수치를 재다	
pitturare	페인팅 하다	
riparare	보수하다	
avvitare	나사를 박다	
stringere	조이다	
svitare	나사를 빼다	

bolletta del gas/della luce
가스비/전기세 고지서

bolletta del telefono/dell'acqua
전화비/수도세 고지서

rubinetto dell'acqua fredda/calda
찬물/더운물 수도꼭지

scopa con manico lungo
긴 빗자루

bidone della spazzatura
쓰레기통

pianta da appartamento
화분용 식물

interruttore della luce
전등 스위치

tappo per lavandino o vasca
세면대, 욕조 마개

interruttore della luce
전기 차단기

Quiz. 왼쪽 어휘표를 참고하여 빈칸에 알맞는 단어를 적어 넣으세요.

1. 손전등 → t
2. 건설하다 → c
3. 다리미 → s
4. 통, 바구니 → c
5. 시멘트 → c
6. 나사를 박다 → a
7. 세제 → d
8. 보수하다 → r
9. 쓰레받기와 빗자루 → p
10. 문 손잡이 → m
11. 헐겁게 하다 → a
12. 조이다 → s
13. 다리미 → s
14. 화분용 식물 → p
15. 수치를 재다 → m
16. 페인트 → v
17. 티슈 → f
18. 페인팅 붓 → p
19. 배터리 → b
20. 자르다 → t

접속사
LA CONIUGAZIONE

포인트1 접속사의 분류

문장과 문장 혹은 단어와 단어 사이를 이어주는 연결체로서 그 형태와 기능에 따라 각기 구분된다.

포인트1 접속사의 분류

1. 형태에 따라

1) 한 단어 단순 접속사

e, o, ma, né, anzi, ecc. se, come, che, quando 등

2) 복합 접속사

oppure (o-pure), perché (per-che), poiché (poi-che), purché (pur-che), affinché (al-fine-che), siccome (sì-come) 등

3) 관용어 접속사

dopo che, prima che, sino a che, ogni volta che, tutte le volte che, non appena che, per il fatto che, nonostante che, per la qual cosa, in modo che, anche se 등

2. 기능에 따라

1) 등위 접속사 (le congiunzioni coordinative)

① 부가 (aggiuntive) : pure, inoltre, ancora, altresì, oltre a ciò, oltre che

② 반의 (avversative) : ma, però, pure, mentre, anzi, invece, tuttavia, non di meno, pur tuttavia, ciò nonostante, non pertanto, del resto, per altro

③ 결론 (conclusive) : dunque, però, quindi, onde, perciò, pertanto, ebbene, laonde, per il che, per la qual cosa

④ 연결 (copulative) : e, pure, né, inoltre, ancora, neppure, neanche, nemmeno

⑤ 상호관련 (correlative) : e... e..., né... né..., o... o..., come... così, sia... sia..., sia... che, quanto... tanto..., quale... tale, non solo... ma anche, non solo, non... ma neppure, tanto più... quanto più

⑥ 공표 (dichiarative) : infatti, difatti, cioè, invero, ossia, vale a dire, voglio dire, cioè a dire

⑦ 이접 (disgiuntive) : o, ossia, ovvero, oppure

2) 종속접속사 (le congiunzioni subordinate)

① 원인 (causali) : ché, perché, giacché, poiché, siccome, perocché, per il fatto che, dato che, visto che, dal momento che

② 비교 (comparative) : che, così come, più che, meno che, altrettanto che

③ 양보 (concessive) : benché, sebbene, quantunque, quand'anche, per quanto, anche se, malgrado che

④ 조건 (condizionali) : se, ove, quando, purché, qualora, seppure, in caso che, a meno che, a condizione che

⑤ 연속 (consecutive) : che, cosicché, sicché, talché, così che, tale che, tanto che, di modo che

⑥ 공표 (dichiarative) : che, come

⑦ 의심 (dubitative) : se, che

⑧ 예외표시 (eccettuative) : fuorché, senonché, nonché, tranne, eccetto che, salvo che, senza che, solo che

⑨ 목적 (finali) : che, onde, perché, affinché, acciocché

⑩ 의문 (interrogative) : se, come, perché, se non

⑪ 양상 (modali) : come, quale, così, siccome, comunque, secondo che, altrimenti che, senza che

⑫ 시간 (temporali) : mentre, che, come, quando, allorché, finché, dacché, appena, allorquando, appena che, tosto che, prima che, dopo che, fino a che, subito che

연습문제

I. 밑줄친 곳에 적절한 접속사를 넣으세요.

1. Non so .... sei stato.

2. .... compravo qualcosa per te, mi son venuti addosso.

3. Pensi .... domani arriverà?

4. Lo farò subito .... non ho altra scelta.

5. Ha parlato ad alta volce per tutto il tempo .... lo ascoltassero bene.

6. Non voglio............ questo!

7. .... aver mangiato, sono andata subito a studiare.

8. Non ne voglio tanto, ... poco.

9. Ti ho già detto di no .... tu insisti!

10. Hai fatto .... ho detto o no?

11. Ho sonno .... vado a letto presto.

12. Verrò da te domani .... oggi pomeriggio.

13. Vai subito a comprare le mascherine .... rimarremo senza.

14. Non voglio ..... vino ..... birra, ... berrei solo acqua.

15. Le piante sono appassite .... le hai annaffiate.

16. Metterò bene in alto il cartello .... tutti lo vedano.

17. Oggi ho molto da fare .... non posso andare al cinema.

18. Vogliono sapere .... vieni al compleanno di Marco.

19. Se non vuoi ascoltare il mio consiglio, fai .... ti pare.

20. .... Enzo .... Massimo sono del segno dei pesci.

정답은 p.289 참고

VOCABOLI
PROFESSIONE

avvocato/essa	변호사	**infermiere/a**	간호사
dottore/essa	닥터	**cameriere/a**	웨이터
professore/essa	교수	**parrucchiere/a**	미용사
vigile/essa	교통 경찰관	**pompiere/ra**	소방수

il sindaco/a	시장		
segretario/a	비서		
commesso/a	점원		
poliziotto/a	정치인		
cuoco/a	요리사		
informatico/a	컴퓨터 기술자	**traduttore/ttrice**	번역가
contadino/a	농부	**imprenditore/trice**	기업가
impiegato/a	고용인, 사원	**attore/trice**	배우
postino/a	우편 배달부	**programmatore/trice**	프로그래머
veterinario/a	수의사	**direttore/trice**	디렉터
operaio/a	노동자	**pittore/trice**	화가
fotografo/a	포토그래퍼	**scrittore/trice**	작가
sarto/a	테일러	**senatore/trice**	상원의원
gelataio/a	아이스크림맨		
addetto/a alle pulizie	청소부		

Quiz. 왼쪽 어휘표를 참고하여 빈칸에 알맞는 여성형을 적어 넣으세요.

barista/barista	바리스타	
fiorista/fiorista	플로리스트	
musicista/musicista	뮤지션	
artista/artista	예술가	
regista/regista	영화감독	
dentista/dentista	치과의사	
tassista/tassista	택시 운전사	
autista/autista	운전사	
pilota/pilota	기장	
cantante/cantante	가수	

guida/guida turistica
투어가이드
insegnante/insegnante
교사
assistente/assistente di volo
스튜어드, 스튜어디스
assistente/assistente sociale
소셜 워커
farmacista/farmacista
약사

1. traduttore →
2. programmatore →
3. insegnante →
4. artista →
5. regista →
6. pittore →
7. postino →
8. professore →
9. vigile →
10. cantante →
11. guida turistica →
12. farmacista →
13. imprenditore →
14. avvocato →
15. parruchiere →
16. pompiere →
17. addetto alle pulizie →
18. dentista →
19. regista →
20. cameriere →

고급 이탈리아어 문법　　　　　　　　　　　　　　　　　　　197

감탄사
L' INTERIEZIONE

포인트1 감탄사의 분류

감탄사는 놀라움, 느낌, 부름, 응답 등을 표현하는 품사이다. 감탄사는 말의 내용 외에도 화자의 목소리 톤, 표정을 동반한다. 감탄사는 의미 없는 외침, 의성어 외에도 명사, 형용사, 부사, 동사의 표현도 등장한다.

포인트1 감탄사의 분류

1. 단순 감탄사(le interiezioni proprie)

Ah! Oh! (기쁨, 감탄/고통)

Uh! (고통)

Ahi! Ohi! Ahime! (고통, 근심)

Bah! (무관심, 싫증)

Boh! Mah! (불명확, 의심)

Eh! (불신, 체념, 질책)

Ehi! Ohi! (주의환기)

Ehm! (주저, 당황)

Wow! (기쁨, 경탄)

Uffa! (지루함, 싫증)

Ohib! (부정적 놀라움, 질책)

Brr! (추위, 두려움)

Puh! Puah! (불쾌, 반감)

Sst!, pss! (쉿!)

Paf!, pif!, clic!, clac!, cric!, crac! ciuf! patatrac! (각종 소음)

2. 어휘적 감탄사(le interiezioni improprie)

coraggio!, bene!, bravo!, stupendo!, magnifico!, meraviglioso!, bello!, fantastico!, capperi!, certo!, sicuro!, giusto!, peccato!, misericordia!, guai!, aiuto!, pietà!, salve!, viva!, via!, orsù!, forza!, suvvia!, addio!, avanti!, indietro!, diavolo!, ferma!, presto!, basta!, attenti!, mannaggia!

3. 구 감탄사 (le locuzioni esclamative)

Dio mio! ora basta! santo cielo! per carità! beato te! Che guaio! corpo di bacco!, si figuri! neanche per sogno! mamma mia! mio Dio!, santo cielo!, povero me!, poveri noi!, al diavolo!, all'inferno!, va' a farti benedire!, ma bravo!, ma bene!, al ladro!, al fuoco!

연습문제

I. 밑줄친 곳에 떠오르는 감탄사를 넣으세요.

1. ....! Che giornata di merda!

2. ....! Altrimenti non arriverai in tempo.

3. ....! Che ne diresti di andare al cinema?

4. ....! Che meraviglia!

5. ....! I compiti non finiscono mai!

6. ....! Siamo quasi arrivati alla metà.

7. ....! Mi avete proprio stancato con le vostre lamentele!

8. ....! Stai attento, mi hai fatto male!

9. ....! Chissà perché lo fanno!

10. ....! Che piacere vederti!

정답은 p.289 참고

VOCABOLI

CIBO ITALIANO

CARNE   고기

pancetta	베이컨
carne di manzo	비프
pollo	치킨
agnello	양
anatra	오리
prosciutto	햄
fegato	간
paté	갈은 고기
salame	살라미
salsiccie	소시지
carne di maiale	돼지고기
tacchino	칠면조
manzo	소고기

PESCE   생선

acciuga	멸치
merluzzo	대구
aringa	청어
sgombro	고등어
sardina	정어리
platessa	가자미
salmone	연어
salmone affumicato	훈제연어
sogliola	넙치
trota	송어
tonno	다랑어, 참치

FRUTTA 과일

mela	사과
albicocca	살구
banana	바나나
mora	블랙베리
mirtillo	블루베리
ciliegia	체리
cocco	코코넛
fico	무화과
uva	포도
kiwi	키위
lime	라임
limone	레몬
pompelmo	자몽
ananas	파인애플
uva spina	구스베리
pera	배
fragola	딸기
mango	망고
melone	멜론
arancia	오렌지
pesca	복숭아
prugna	자두
melograno	석류
lampone	라즈베리
casco di banane	바나나 송이
grappolo d'uva	포도송이

VERDURE   야채

carciofo	아티초크
asparago	아스파라거스
melanzana	가지
avocado	아보카도
germogli di soia	콩나물
barbabietola	비트
fave	잠두콩
broccoli	브로콜리
cavolo	양배추
carota	당근
cavolfiore	콜리플라워

sedano	샐러리		
zucchini	호박	1. 오렌지	→ a
cetriolo	오이	2. 고기	→ c
fagioli	프랑스콩	3. 포도송이	→ g
aglio	마늘	4. 오이	→ c
zenzero	생강	5. 생선	→ p
porro	파	6. 훈제연어	→ s
lattuga	양상추	7. 가지	→ m
fungo	버섯	8. 살구	→ a
cipolla	양파	9. 간	→ f
piselli	완두콩	10. 애호박	→ z
peperone	피망	11. 샐러리	→ s
patata	감자	12. 레몬	→ l
zucca	대호박	13. 과일	→ f
ravanello	무	14. 양배추	→ c
rucola	루콜라	15. 소고기	→ m
patata dolce	고구마	16. 야채	→ v
granoturco	옥수수	17. 체리	→ c
pomodoro	토마토	18. 당근	→ c
rapa	무	19. 고구마	→ p
spinaci	시금치	20. 돼지고기	→ c
fagioli rossi	붉은 콩		

Quiz. 왼쪽 어휘표를 참고하여 빈칸에 알맞는 단어를 적어 넣으세요.

신표준어
ITALIANO NEOSTANDARD

> **포인트1** 언어의 변화

> **포인트1** 언어의 변화

1. 문법화와 어휘화

① 동사 'durare 지속하다',
'mediare 중재하다' → 현재분사형 durante, mediante' → 전치사 '~동안', '~통해서'

② 동사 'cantare노래하다', 'piacere~좋아하다' → cantante가수', 'piacere기쁨'

③ 라틴어 명사 'MENTE 정신' (탈격 MENS, MENTIS) → '~mente'부사화 접미사

④ 어휘 'causa 원인' → 기능어 'a causa di ~ 때문에'

어휘 'parte부분' → 기능어 'da parte di '~에 의한'

⑤ il 'fai-da-te셀프서비스' (구에서 어휘로 전환)

⑥ da lontano '멀리서', all'improvviso '갑자기' (구에서 부사로 전환)

2. 변이들 간의 이동

① **questo, quello** (문어) → **questo qui, quello lì** (구어)

A me non mi piace la panna (문어: **Non mi piace la panna**)

② **single, mouse, computer, ticket** (외래어 → 모국어)

③ **cocomero** (중부), **melone d'acqua** (남부), **anguria** (북부) → 표준어

④ Lei 대신 tu의 확대 (직장동료 간에 사용, 모르는 사람에게도 사용)

⑤ (**persuadére** 대신에) **persuàdere**, (**ho detto a lui/a lei/loro** 대신에) '**ci ho detto**' (**stile basso popolare**)

⑥ (**timore, spavento** 대신에) **paura, fifa**

3. 어휘의 신 풍속도

① 영어 어휘의 유입의 가속화

원래 용어를 그대로 차용 (예. **fixing, leasing, rate, benefits, dictionary**) 하거나 문자 번역을 통한 차용 (예. **indirizzo, linea di credito, inflazione**).

② 축약어의 일반화 (예. **bici, cine, tele, moto, poli (per policlinico)**)

③ 선호되는 신 어휘

    esserci, volerci, averci, entrarci 같이 대명사 ci와 합한 형태들

    molto 대신 **troppo**로의 대치와 최상급 형으로 -**super**, -**iper** 사용 경향

    piuttosto che (예. **Piuttosto che il caffè, preferisco un succo di frutta**)

    eccetera를 대치하는 **quant'altro**

    assolutamente si!, assolutamente fanfastico!

    giusto/sbagliato 대신 **adeguato/non adeguato**

    niente의 형용사적 사용 (예. **niente scherzi!**)

generalmente 대신 di solito

pensare 대신에 mi sa ...

allo stesso modo 대신에 lo stesso

obbligatoriamente 대신에 per forza

però, tuttavia 대신에 solo che...

anche 대신 pure

ora 대신 adesso

ingannare, rubare 대신에 fregare

confusione 대신에 casino

4. 음운

① 개음 [è], [ò]과 폐음 [é], [ó] 간의 구별이 사라지는 추세 (pèsca/pɛsca/ vs. pésca/pesca/)

② 모음 사이의 's'음이 유성음 혹은 무성음 (casa, naso /s/ vs. rosa asilo /z/)규칙이 혼탁해져 무성음 [s]와 유성음 [z] 간 구분이 사라져가고 있음.

③ 무강세 단음절이나 2음절 단어 뒤 첫 자음의 이중자음화 (a ccasa, come ssopra)

④ 's+자음' 단어 앞의 삽입음 -i 소실 (*per iscritto, *per isbaglio)

⑤ 접속사 e 와 o에 붙이던 음편 -d는 동일 모음 앞에서만 -d 삽입 "ad, ed" (Bologna ed Empoli, ad Alessandro)

⑥ 모음탈락이나 생략 (ch'io sappia, far ombra)이 점점 줄어드는 추세임.

⑦ 모음 충돌 시 축약 (l'amica vs. *la amica, un'amica vs. *una amica)

⑧ 이중모음의 단음화 (suòno vs. sonare, muòvere vs. moveva)

5. 형태

① 문어체 주격 인칭대명사 egli/ella/esso/essa/essi의 사용이 사라지고 이 자리를 lui/lei/loro가 대치

> 예문 **Lui/Lei è venuto/a ieri.**
> ***Egli/Ella è venuto/a ieri.**

② 주어/보어 대명사 간 대립의 중화를 위한 te 의 과잉확대 사용

> 예문 **io e te, lui e te, Ci sei te?**

③ 여격 대명사 gli (남성 단수/복수, 여성 단수/복수)의 통합

> 예문 **Ho visto Maria e gli ho detto di venire anche lei.**
> **Ho visto i ragazzi e gli ho parlato.**

④ 비현실의 가정문에 직설법 반과거 형태 사용 확대

> 예문 **se venivamo prima, trovavamo posto.**
> **se venivamo prima, avremmo trovato posto.**
> **se fossimo venuti prima, trovavamo posto.**

⑤ '동사+ci' 형태 (ci attualizzante) 및 대명동사류 사용의 증가

> 예문 **c(i) ho fame/sete/tempo.**
> **ce l'ho/non ce l'ho.**

averci, capirci, crederci, entrarci(essere pertinente), esserci(capire), farci, restarci, rimetterci, sentirci, starci(essere d'accordo), volerci(essere necessario)

⑥ 다기능의 che

> **예문** dal giorno che ti ho visto
> Lo scatolone che ci ho messo dentro i vestiti vecchi
> Il mio amico che gli hanno rubato la macchina (복원 대명사를 갖는 경우)
> L'anno che abbiamo iniziato il liceo (시제 구문에서 in cui를 대치)
> Vai avanti tu che conosci la strada (설명-결과)
> Vai a dormire che ne hai bisogno (원인)
> Un amico a cui/che avevo prestato dei soldi, non s'è più fatto vivo.
> Il cassetto in cui/che ho messo le mappe è il secondo.
> L'uomo la cui/che auto aveva provocato il guaio, si trovava disagio.

⑦ 미래 시제 대신 현재 시제의 사용

> **예문** Stasera c'è una festa.
> Vado al cinema stasera.

⑧ 부분관사 대신 다른 형태 사용

> **예문** Ho comprato alcune pere/qualche(un po' di)pera > delle pere.

⑨ 기타

- 지시사 3분 체계 (questo/codesto/quello)에서 2분 체계(questo/quello)로의 전환
- **quale**형 관계대명사 (**il quale, i quali, di cui del quale** 등) 사용의 감소
- 반어적 접속사의 이중 강조형 (**ma però, mentre invece** 등)의 사용
- **mentre**의 반어적 의미 획득
- 양보절에 **sebbene, benché, nonostante** 대신 **anche se**의 사용
- 원인절에 **dato che, dal momento che** 사용의 확대
- 의문문에서 **perché** 대신에 **come mai, com'è che** 사용
- 복잡한 시제 사용이 현재, 완료과거, 비완료과거, 대과거 정도로 감소
- 허사적 **quello/quelli che** 형태 사용의 증가
- '동사+ -la/-sela/-sene'(**andarsene, avercela, farcela, prendersela** 등)형 증가
- **questo qui, quello lì** 형태의 사용 경향

- 접어대명사의 전치 우세 ("me lo puoi prestre?" > "Puoi prestarmelo?")
- 수동문 대신 능동문 사용
- '동사+무의미 ci' 형태 (예. **averci**에서 **ci**는 장소적 기능 상실) 사용
- **bere, mangiare**의 주어 행위 강조하는 재귀형태 (예. **mi bevo un caffè**)
- 간접대명사의 이중적 강조형 등장 (예. **A me mi, A te ti**)
- 반과거, 시제 보다 예의나 의도표현의 기능으로 사용 (예. **Volevo un caffè**)
- **tutto ciò** 대신 **tutto questo/quello**로의 대치 (예. **Tutto questo è vero**)
- 선립미래, 추측의 기능으로 사용 (예. **Maria non risponde, sarà uscita.**)
- **ci/vi** 변이 체계의 **ci** 로의 통합 경향
- 동사+부사/이동 전치사 형태의 사용 ('**andare indietro**정체되다', '**andar sotto**침몰하다', '**far fuori**죽이다', '**portare avanti**향상시키다')
- **Dai**의 용기 부여기능 대신 감탄기능 추가 (예. **Ma dai!**)

6. 구문

① 구성성분의 좌향이동+복원대명사 의무

예문
A Maria non le piacciono le pizze.
Le fotocopie, ce le ha Andrea.
I debiti, bisogna pagarli.
A Firenze, ci vado spesso.

② 우향이동

예문
Andrea ce le ha, le fotocopie
lo prendi, lo zucchero?
La accompagno io, la bambina a scuola.
Non la voglio, la pizza.

③ 거울효과

예문
Gli occhiali1, sul tavolo2, non ce2 li1 ho messi io.
Non (glie2) li1 ho dati io, i libri1, a Enzo2.

④ C'È presentativo

> 예문
> C' è un cane che urla.
> C' è lo zio che ti vuole parlare.
> C'è Gianni che se ne va sempre mezz'ora prima.

⑤ È/SONO ~ CHE 형태의 분열문

> 예문
> È Luisa che ha mangiato la pizza.
> È con te che vorrei andare al mare.
> Sono mesi che cerco di farti capire quello che non vuoi capire.

⑥ 탈문법화

> 예문
> *A me non mi persuade
> *A me non mi piace quello che stai dicendo.

⑦ 접속법/조건법의 사용 약화와 직설법으로의 대치 경향

> 예문
> Penso che ormai non viene più.
> Mi chiedo come può essere accaduto. (... possa...)
> Se lo sapevo, non ci venivo. (Se l'avessi saputo, non ci sarei venuto.)
> Credo che (tu) abbia -> Credo che hai

⑧ 조건법과거 형태 대신 구어체의 직설법 반과거의 사용

> 예문
> Credevo che veniva. (Credevo che sarebbe venuto 대신에)

⑨ stare+gerundio형태 (남부 방언 구어체가 신 표준어로 자리)

> 예문
> Sto venendo adesso.
> Sta guardando la luna.

⑩ 비속어의 확대 (cazzo, palle, culo를 사용한 표현의 일반화)

> 예문
> prendere per il culo '놀리다, 조롱하다'
> farsi il culo '힘들게 하다'

⑪ 이중 대명사의 좌향 경향

〔예문〕 **Me lo puoi prestare? >Puoi prestarmelo?**

⑫ 문두에 반어적 가치가 아닌 Ma의 도입

〔예문〕 **Ma tu verresti con me?**

⑬ 상식으로 이해되는 불일치

〔예문〕 **La gente muoiono.**

⑭ 복수(집합)주어에 대한 동사의 불일치 경향

〔예문〕 **Mi duole le spalle.**

⑮ 종속절을 이끄는 부사의 단순화 : **perché, quando** 선호 > **poiché, affinché**

비교급 tanto - quanto 분리쌍 대신 인접 형태 사용 :

〔예문〕 **Legge romanzi tanto quanto legge poesie.**
　　　> *Legge tanti romanzi quante poesie.**

VOCABOLI
ABBIGLIAMENTO

giacca a vento	파카	**guanti**	장갑
aprongrembiule	앞치마	**cappello**	모자
cappello da baseball	야구모자	**tacchi alti**	하이힐
cintura	벨트	**giubbotto**	자켓
bikini	비키니	**jeans**	진
blazer	블레이저 자켓	**mutande**	팬티
camicetta	브라우스	**giacca di pelle**	가죽재킷
stivali	부츠	**minigonna**	미니스커트
farfallino	나비넥타이	**vestito da notte**	나이트드레스
boxer	남성용 팬티	**tuta**	운동복
reggiseno	브라	**soprabito**	외투
cardigan	카디건	**maglia di lana**	모 스웨터
cappotto	코트	**pigiama**	잠옷
vestito	옷	**impermeabile**	우비
vestaglia	실내복	**sandali**	샌들
		sciarpa	스카프
calzamaglia	타이즈		
tuta da ginnastica	운동복		
scarpe da ginnastica	운동화	**camicia**	셔츠
pantaloni	바지	**laccio da scarpa**	구두끈
canottiera	조끼	**scarpe**	신발
stivali da pioggia	장화	**pantaloncini**	반바지
braccialetto	팔찌	**gonna**	치마
gemelli	커프스	**pantofole**	슬리퍼
orecchini	귀걸이	**calze**	양말, 스타킹
anello	반지	**tacchi a spillo**	하이힐
occhiali	안경	**abito**	수트
borsa	핸드백	**maglia**	스웨터
fazzoletto	행커치프	**costume da bagno**	수영복
foulard	머리띠	**tanga**	고무슬리퍼
maglietta a maniche corte 반소매 티셔츠		**cravatta**	넥타이
		costume da bagno (boxer) 트렁크형 수영복	

accendisigari	라이터		
rossetto	립스틱		
trucco	화장	1. 벨트	→ c
collana	목걸이	2. 스카프	→ s
piercing	피어싱	3. 양말, 스타킹	→ c
borsetta	핸드백	4. 신발	→ s
occhiali da sole	선글라스	5. 반지	→ a
ombrello	우산	6. 팔찌	→ b
bastone da passeggio	지팡이	7. 시계	→ o
portafoglio	지갑	8. 스웨터	→ m
orologio	시계	9. 셔츠	→ c
taglia	사이즈	10. 단추	→ b
largo	넓은, 느슨한	11. 주머니	→ t
stretto	타이트한	12. 넥타이	→ c
indossare	입다	13. 수트	→ a
mettersi	입다	14. 하이힐	→ t
togliersi	벗다	15. 사이즈	→ t
vestirsi	입다	16. 귀걸이	→ o
spogliarsi	벗다	17. 바지	→ p
bottone	단추	18. 코트	→ c
tasca	주머니	19. 부츠	→ s
cerniera	지퍼	20. 블라우스	→ c
allacciare	매다		
slacciare	풀다		

Quiz. 왼쪽 어휘표를 참고하여 빈칸에 알맞는 단어를 적어 넣으세요.

APPENDICI

• 동사 변화표

관용표현

파생어 목록

연습문제 해답

규칙동사 변화표

	VERBO	제1군 동사형 AMARE 사랑하다	제2군 동사형 CREDERE 믿다	제3-1군 동사형 SENTIRE 듣다, 느끼다	제3-2군 동사형 CAPIRE 이해하다
INDICATIVO	PRESENTE	amo ami ama amiamo amate amano	credo credi crede crediamo credete credono	sento senti sente sentiamo sentite sentono	capisco capisci capisce capiamo capite capiscono
	IMPERFETTO	amavo amavi amava amavamo amavate amavano	credevo credevi credeva credevamo credevate credevano	sentivo sentivi sentiva sentivamo sentivate sentivano	capivo capivi capiva capivamo capivate capivano
	PASSATO REMOTO	amai amasti amò amammo amaste amarono	credetti, credei credesti credette, credé credemmo credeste credettero, crederono	sentii sentisti sentì sentimmo sentiste sentirono	capii capisti capì capimmo capiste capirono
	FUTURO SEMPLICE	amerò amerai amerà ameremo amerete ameranno	crederò crederai crederà crederemo crederete crederanno	sentirò sentirai sentirà sentiremo sentirete sentiranno	capirò capirai capirà capiremo capirete capiranno
CONGIUNTIVO	PRESENTE	ami ami ami amiamo amiate amino	creda creda creda crediamo crediate credano	senta senta senta sentiamo sentiate sentano	capisca capisca capisca capiamo capiate capiscano
	IMPERFETTO	amassi amassi amasse amassimo amaste amassero	credessi credessi credesse credessimo credeste credessero	sentissi sentissi sentisse sentissimo sentiste sentissero	capissi capissi capisse capissimo capiste capissero
CONDIZIONALE	PRESENTE	amerei ameresti amerebbe ameremmo amereste amerebbero	crederei crederesti crederebbe crederemmo credereste crederebbero	sentirei sentiresti sentirebbe sentiremmo sentireste sentirebbero	capirei capiresti capirebbe capiremmo capireste capirebbero
IMPERATIVO		— ama ami amiamo amate amino	— credi creda crediamo credete credano	— senti senta sentiamo sentite sentano	— capisci capisca capiamo capite capiscano
GERUNDIO		amando	credendo	sentendo	capendo
PARTICIPIO	PRESENTE PASSATO	amante amato	credente creduto	sentente sentito	capente capito
INFINITO	PRESENTE PASSATO	amare avere amato	credere avere creduto	sentire avere sentito	capire avere capito

불규칙 동사 변화표

	VERBO	ACCENDERE 불을 켜다	ACCLUDERE 동봉하다	ACCORGERSI 알다, 깨닫다	AFFLIGGERE 괴롭히다
INDICATIVO	PRESENTE	accendo accendi accende accendiamo accendete accendono	accludo accludi acclude accludiamo accludete accludono	mi accorgo ti accorgi si accorge ci accorgiamo vi accorgete si accorgono	affliggo affliggi affligge affliggiamo affliggete affliggono
	IMPERFETTO	accendevo accendevi accendeva accendevamo accendevate accendevano	accludevo accludevi accludeva accludevamo accludevate accludevano	mi accorgevo ti accorgevi si accorgeva ci accorgevamo vi accorgevate si accorgevano	affliggevo affliggevi affliggeva affliggevamo affliggevate affliggevano
	PASSATO REMOTO	accesi accendesti accese accendemmo accendeste accesero	acclusi accludesti accluse accludemmo accludeste acclusero	mi accorsi ti accorgesti si accorse ci accorgemmo vi accorgeste si accorsero	afflissi affliggesti afflisse affliggemmo affliggeste afflissero
	FUTURO SEMPLICE	accenderò accenderai accenderà accenderemo accenderete accenderanno	accluderò accluderai accluderà accluderemo accluderete accluderanno	mi accorgerò ti accorgerai si accorgerà ci accorgeremo vi accorgerete si accorgeranno	affliggerò affliggerai affliggerà affliggeremo affliggerete affliggeranno
CONGIUNTIVO	PRESENTE	accenda accenda accenda accendiamo accendiate accendano	accluda accluda accluda accludiamo accludiate accludano	mi accorga ti accorga si accorga ci accorgiamo vi accorgiate si accorgano	affligga affligga affligga affliggiamo affliggiate affliggano
	IMPERFETTO	accendessi accendessi accendesse accendessimo accendeste accendessero	accludessi accludessi accludesse accludessimo accludeste accludessero	mi accorgessi ti accorgessi si accorgesse ci accorgessimo vi accorgeste si accorgessero	affliggessi affliggessi affliggesse affliggessimo affliggeste affliggessero
CONDIZIONALE	PRESENTE	accenderei accenderesti accenderebbe accenderemmo accendereste accenderebbero	accluderei accluderesti accluderebbe accluderemmo accludereste accluderebbero	mi accorgerei ti accorgeresti si accorgerebbe ci accorgeremmo vi accorgereste si accorgerebbero	affliggerei affliggeresti affliggerebbe affliggeremmo affliggereste affliggerebbero
IMPERATIVO		— accendi accenda accendiamo accendete accendano	— accludi accluda accludiamo accludete accludano	— accorgiti si accorga accorgiamoci accorgetevi si accorgano	— affliggi affligga affliggiamo affliggete affliggano
GERUNDIO		accendendo	accludendo	accorgendosi	affliggendo
PARTICIPIO	PRESENTE	accendente	accludente	accorgentesi	affliggente
	PASSATO	acceso	accluso	accortosi	afflitto
INFINITO	PRESENTE	accendere	accludere	accorgersi	affliggere
	PASSATO	avere acceso	avere accluso	essersi accorto	avere afflitto

	VERBO	ALLUDERE 암시하다	ANDARE 가다	ANNETTERE 합병하다	APPARIRE 나타나다
INDICATIVO	PRESENTE	alludo alludi allude alludiamo alludete alludono	vado vai va andiamo andate vanno	annetto annetti annette annettiamo annettete annettono	appaio appari appare appariamo apparite appaiono
	IMPERFETTO	alludevo alludevi alludeva alludevamo alludevate alludevano	andavo andavi andava andavamo andavate andavano	annettevo annettevi annetteva annettevamo annettevate annettevano	apparivo apparivi appariva apparivamo apparivate apparivano
	PASSATO REMOTO	allusi alludesti alluse alludemmo alludeste allusero	andai andasti andò andammo andaste andarono	annettei annettesti annetté annettemmo annetteste annetterono	apparvi apparisti apparve apparimmo appariste apparvero
	FUTURO SEMPLICE	alluderò alluderai alluderà alluderemo alluderete alluderanno	andrò andrai andrà andremo andrete andranno	annetterò annetterai annetterà annetteremo annetterete annetteranno	apparirò apparirai apparirà appariremo apparirete appariranno
CONGIUNTIVO	PRESENTE	alluda alluda alluda alludiamo alludiate alludano	vada vada vada andiamo andiate vadano	annetta annetta annetta annettiamo annettiate annettano	appaia appaia appaia appariamo appariate appaiano
	IMPERFETTO	alludessi alludessi alludesse alludessimo alludeste alludessero	andassi andassi andasse andassimo andaste andassero	annettessi annettessi annettesse annettessimo annetteste annettessero	apparissi apparissi apparisse apparissimo appariste apparissero
CONDIZIONALE	PRESENTE	alluderei alluderesti alluderebbe alluderemmo alludereste alluderebbero	andrei andresti andrebbe andremmo andreste andrebbero	annetterei annetteresti annetterebbe annetteremmo annettereste annetterebbero	apparirei appariresti apparirebbe appariremmo apparireste apparirebbero
IMPERATIVO		— alludi alluda alludiamo alludete alludano	va, vai, va' vada andiamo andate vadano	— annetti annetta annettiamo annettete annettano	— appari appaia appariamo apparite appaiano
GERUNDIO		alludendo	andando	annettendo	apparendo
PARTICIPIO	PRESENTE	alludente	andante	annettente	apparente
	PASSATO	alluso	andato	annesso	apparso
INFINITO	PRESENTE	alludere	andare	annettere	apparire
	PASSATO	avere alluso	essere andato	avere annesso	essere apparso

		VERBO	APPENDERE 걸다	ARDERE 태우다	ASSOLVERE 용서하다	ASSUMERE 물려받다,추측하다
INDICATIVO	PRESENTE		appendo appendi appende appendiamo appendete appendono	ardo ardi arde ardiamo ardete ardono	assolvo assolvi assolve assolviamo assolvete assolvono	assumo assumi assume assumiamo assumete assumono
	IMPERFETTO		appendevo appendevi appendeva appendevamo appendevate appendevano	ardevo ardevi ardeva ardevamo ardevate ardevano	assolvevo assolvevi assolveva assolvevamo assolvevate assolvevano	assumevo assumevi assumeva assumevamo assumevate assumevano
	PASSATO REMOTO		appesi appendesti appese appendemmo appendeste appesero	arsi ardesti arse ardemmo ardeste arsero	assolsi assolvesti assolse assolvemmo assolveste assolsero	assunsi assumesti assunse assumemmo assumeste assunsero
	FUTURO SEMPLICE		appenderò appenderai appenderà appenderemo appenderete appenderanno	arderò arderai arderà arderemo arderete arderanno	assolverò assolverai assolverà assolveremo assolverete assolveranno	assumerò assumerai assumerà assumeremo assumerete assumeranno
CONGIUNTIVO	PRESENTE		appenda appenda appenda appendiamo appendiate appendano	arda arda arda ardiamo ardiate ardano	assolva assolva assolva assolviamo assolviate assolvano	assuma assuma assuma assumiamo assumiate assumano
	IMPERFETTO		appendessi appendessi appendesse appendessimo appendeste appendessero	ardessi ardessi ardesse ardessimo ardeste ardessero	assolvessi assolvessi assolvesse assolvessimo assolveste assolvessero	assumessi assumessi assumesse assumessimo assumeste assumessero
CONDIZIONALE	PRESENTE		appenderei appenderesti appenderebbe appenderemmo appendereste appenderebbero	arderei arderesti arderebbe arderemmo ardereste arderebbero	assolverei assolveresti assolverebbe assolveremmo assolvereste assolverebbero	assumerei assumeresti assumerebbe assumeremmo assumereste assumerebbero
IMPERATIVO			— appendi appenda appendiamo appendete appendano	— ardi arda ardiamo ardete ardano	— assolvi assolva assolviamo assolvete assolvano	— assumi assuma assumiamo assumete assumano
GERUNDIO			appendendo	ardendo	assolvendo	assumendo
PARTICIPIO		PRESENTE	appendente	ardente	assolvente	assumente
		PASSATO	appeso	arso	assolto	assunto
INFINITO		PRESENTE	appendere	ardere	assolvere	assumere
		PASSATO	avere appeso	avere arso	avere assolto	avere assunto

	VERBO	ATTINGERE 퍼올리다	AVERE ~을 가지다	BERE ~을 마시다	CADERE 떨어지다
INDICATIVO	PRESENTE	attingo attingi attinge attingiamo attingete attingono	ho hai ha abbiamo avete hanno	bevo bevi beve beviamo bevete bevono	cado cadi cade cadiamo cadete cadono
	IMPERFETTO	attingevo attingevi attingeva attingevamo attingevate attingevano	avevo avevi aveva avevamo avevate avevano	bevevo bevevi beveva bevevamo bevevate bevevano	cadevo cadevi cadeva cadevamo cadevate cadevano
	PASSATO REMOTO	attinsi attingesti attinse attingemmo attingeste attinsero	ebbi avesti ebbe avemmo aveste ebbero	bevvi bevesti bevve bevemmo beveste bevvero	caddi cadesti cadde cademmo cadeste caddero
	FUTURO SEMPLICE	attingerò attingerai attingerà attingeremo attingerete attingeranno	avrò avrai avrà avremo avrete avranno	berrò berrai berrà berremo berrete berranno	cadrò cadrai cadrà cadremo cadrete cadranno
CONGIUNTIVO	PRESENTE	attinga attinga attinga attingiamo attingiate attingano	abbia abbia abbia abbiamo abbiate abbiano	beva beva beva beviamo beviate bevano	cada cada cada cadiamo cadiate cadano
	IMPERFETTO	attingessi attingessi attingesse attingessimo attingeste attingessero	avessi avessi avesse avessimo aveste avessero	bevessi bevessi bevesse bevessimo beveste bevessero	cadessi cadessi cadesse cadessimo cadeste cadessero
CONDIZIONALE	PRESENTE	attingerei attingeresti attingerebbe attingeremmo attingereste attingerebbero	avrei avresti avrebbe avremmo avreste avrebbero	berrei berresti berrebbe berremmo berreste berrebbero	cadrei cadresti cadrebbe cadremmo cadreste cadrebbero
IMPERATIVO		— attingi attinga attingiamo attingete attingano	— abbi abbia abbiamo abbiate abbiano	— bevi beva beviamo bevete bevano	— cadi cada cadiamo cadete cadano
GERUNDIO		attingendo	avendo	bevendo	cadendo
PARTICIPIO	PRESENTE	attingente	avente	bevente	cadente
	PASSATO	attinto	avuto	bevuto	caduto
INFINITO	PRESENTE	attingere	avere	bere	cadere
	PASSATO	avere attinto	avere avuto	avere bevuto	essere caduto

	VERBO	CHIEDERE ~을 묻다	CHIUDERE ~을 닫다	CINGERE 허리에 차다	COGLIERE 쥐다, 잡다
INDICATIVO	PRESENTE	chiedo chiedi chiede chiediamo chiedete chiedono	chiudo chiudi chiude chiudiamo chiudete chiudono	cingo cingi cinge cingiamo cingete cingono	colgo cogli coglie cogliamo cogliete colgono
	IMPERFETTO	chiedevo chiedevi chiedeva chiedevamo chiedevate chiedevano	chiudevo chiudevi chiudeva chiudevamo chiudevate chiudevano	cingevo cingevi cingeva cingevamo cingevate cingevano	coglievo coglievi coglieva coglievamo coglievate coglievano
	PASSATO REMOTO	chiesi chiedesti chiese chiedemmo chiedeste chiesero	chiusi chiudesti chiuse chiudemmo chiudeste chiusero	cinsi cingesti cinse cingemmo cingeste cinsero	colsi cogliesti colse cogliemmo coglieste colsero
	FUTURO SEMPLICE	chiederò chiederai chiederà chiederemo chiederete chiederanno	chiuderò chiuderai chiuderà chiuderemo chiuderete chiuderanno	cingerò cingerai cingerà cingeremo cingerete cingeranno	coglierò coglierai coglierà coglieremo coglierete coglieranno
CONGIUNTIVO	PRESENTE	chieda chieda chieda chiediamo chiediate chiedano	chiuda chiuda chiuda chiudiamo chiudiate chiudano	cinga cinga cinga cingiamo cingiate cingano	colga colga colga cogliamo cogliate colgano
	IMPERFETTO	chiedessi chiedessi chiedesse chiedessimo chiedeste chiedessero	chiudessi chiudessi chiudesse chiudessimo chiudeste chiudessero	cingessi cingessi cingesse cingessimo cingeste cingessero	cogliessi cogliessi cogliesse cogliessimo coglieste cogliessero
CONDIZIONALE	PRESENTE	chiederei chiederesti chiederebbe chiederemmo chiedereste chiederebbero	chiuderei chiuderesti chiuderebbe chiuderemmo chiudereste chiuderebbero	cingerei cingeresti cingerebbe cingeremmo cingereste cingerebbero	coglierei coglieresti coglierebbe coglieremmo cogliereste coglierebbero
IMPERATIVO		— chiedi chieda chiediamo chiedete chiedano	— chiudi chiuda chiudiamo chiudete chiudano	— cingi cinga cingiamo cingete cingano	— cogli colga cogliamo cogliete colgano
GERUNDIO		chiedendo	chiudendo	cingendo	cogliendo
PARTICIPIO	PRESENTE	chiedente	chiudente	cingente	cogliente
	PASSATO	chiesto	chiuso	cinto	colto
INFINITO	PRESENTE	chiedere	chiudere	cingere	cogliere
	PASSATO	avere chiesto	avere chiuso	avere cinto	avere colto

	VERBO	COMPRIMERE 단축하다, 억제하다	CONCEDERE 양보하다, 승인하다	CONDURRE 안내하다, 인솔하다	CONOSCERE 알다, 이해하다
INDICATIVO	PRESENTE	comprimo comprimi comprime comprimiamo comprimete comprimono	concedo concedi concede concediamo concedete concedono	conduco conduci conduce conduciamo conducete conducono	conosco conosci conosce conosciamo conoscete conoscono
	IMPERFETTO	comprimevo comprimevi comprimeva comprimevamo comprimevate comprimevano	concedevo concedevi concedeva concedevamo concedevate concedevano	conducevo conducevi conduceva conducevamo conducevate conducevano	conoscevo conoscevi conosceva conoscevamo conoscevate conoscevano
	PASSATO REMOTO	compressi comprimesti compresse comprimemmo comprimeste compressero	concessi concedesti concesse concedemmo concedeste concessero	condussi conducesti condusse conducemmo conduceste condussero	conobbi conoscesti conobbe conoscemmo conosceste conobbero
	FUTURO SEMPLICE	comprimerò comprimerai comprimerà comprimeremo comprimerete comprimeranno	concederò concederai concederà concederemo concederete concederanno	condurrò condurrai condurrà condurremo condurrete condurranno	conoscerò conoscerai conoscerà conosceremo conoscerete conosceranno
CONGIUNTIVO	PRESENTE	comprima comprima comprima comprimiamo comprimiate comprimano	conceda conceda conceda concediamo concediate concedano	conduca conduca conduca conduciamo conduciate conducano	conosca conosca conosca conosciamo conosciate conoscano
	IMPERFETTO	comprimessi comprimessi comprimesse comprimessimo comprimeste comprimessero	concedessi concedessi concedesse concedessimo concedeste concedessero	conducessi conducessi conducesse conducessimo conduceste conducessero	conoscessi conoscessi conoscesse conoscessimo conosceste conoscessero
CONDIZIONALE	PRESENTE	comprimerei comprimeresti comprimerebbe comprimeremmo comprimereste comprimerebbero	concederei concederesti concederebbe concederemmo concedereste concederebbero	condurrei condurresti condurrebbe condurremmo condurreste condurrebbero	conoscerei conosceresti conoscerebbe conosceremmo conoscereste conoscerebbero
IMPERATIVO		— comprimi comprima comprimiamo comprimete comprimano	— concedi conceda concediamo concedete concedano	— conduci conduca conduciamo conducete conducano	— conosci conosca conosciamo conoscete conoscano
GERUNDIO		comprimendo	concedendo	conducendo	conoscendo
PARTICIPIO	PRESENTE	comprimente	concedente	conducente	conoscente
	PASSATO	compresso	concesso	condotto	conosciuto
INFINITO	PRESENTE	comprimere	concedere	condurre	conoscere
	PASSATO	avere compresso	avere concesso	avere condotto	avere conosciuto

	VERBO	CONTUNDERE 때리다	CONVERGERE 모이다	CORRERE 달리다	CRESCERE 성장하다
INDICATIVO	PRESENTE	contundo contundi contunde contundiamo contundete contundono	convergo convergi converge convergiamo convergete convergono	corro corri corre corriamo correte corrono	cresco cresci cresce cresciamo crescete crescono
	IMPERFETTO	contundevo contundevi contundeva contundevamo contundevate contundevano	convergevo convergevi convergeva convergevamo convergevate convergevano	correvo correvi correva correvamo correvate correvano	crescevo crescevi cresceva crescevamo crescevate crescevano
	PASSATO REMOTO	contusi contundesti contuse contundemmo contundeste contusero	conversi convergesti converse convergemmo convergeste conversero	corsi corresti corse corremmo correste corsero	crebbi crescesti crebbe crescemmo cresceste crebbero
	FUTURO SEMPLICE	contunderò contunderai contunderà contunderemo contunderete contunderanno	convergerò convergerai convergerà convergeremo convergerete convergeranno	correrò correrai correrà correremo correrete correranno	crescerò crescerai crescerà cresceremo crescerete cresceranno
CONGIUNTIVO	PRESENTE	contunda contunda contunda contundiamo contundiate contundano	converga converga converga convergiamo convergiate convergano	corra corra corra corriamo corriate corrano	cresca cresca cresca cresciamo cresciate crescano
	IMPERFETTO	contundessi contundessi contundesse contundessimo contundeste contundessero	convergessi convergessi convergesse convergessimo convergeste convergessero	corressi corressi corresse corressimo correste corressero	crescessi crescessi crescesse crescessimo cresceste crescessero
CONDIZIONALE	PRESENTE	contunderei contunderesti contunderebbe contunderemmo contundereste contunderebbero	convergerei convergeresti convergerebbe convergeremmo convergereste convergerebbero	correrei correresti correrebbe correremmo correreste correrebbero	crescerei cresceresti crescerebbe cresceremmo crescereste crescerebbero
IMPERATIVO		— contundi contunda contundiamo contundete contundano	— convergi converga convergiamo convergete convergano	— corri corra corriamo correte corrano	— cresci cresca cresciamo crescete crescano
GERUNDIO		contundendo	convergendo	correndo	crescendo
PARTICIPIO	PRESENTE	contundente	convergente	corrente	crescente
	PASSATO	contuso	converso	corso	cresciuto
INFINITO	PRESENTE	contundere	convergere	correre	crescere
	PASSATO	avere contuso	avere converso	avere corso	avere cresciuto

	VERBO	CUCIRE 꿰메다	CUOCERE 요리하다	DARE ~을 주다	DECIDERE 결정하다
INDICATIVO	PRESENTE	cucio cuci cuce cuciamo cucite cuciono	cuocio cuoci cuoce cuociamo cuocete cuociono	do dai dà diamo date danno	decido decidi decide decidiamo decidete decidono
	IMPERFETTO	cucivo cucivi cuciva cucivamo cucivate cucivano	cuocevo cuocevi cuoceva cuocevamo cuocevate cuocevano	davo davi dava davamo davate davano	decidevo decidevi decideva decidevamo decidevate decidevano
	PASSATO REMOTO	cucii cucisti cucì cucimmo cuciste cucirono	cossi cuocesti cosse cuocemmo cuoceste cossero	diedi desti diede demmo deste diedero	decisi decidesti decise decidemmo decideste decisero
	FUTURO SEMPLICE	cucirò cucirai cucirà cuciremo cucirete cuciranno	cuocerò cuocerai cuocerà cuoceremo cuocerete cuoceranno	darò darai darà daremo darete daranno	deciderò deciderai deciderà decideremo deciderete decideranno
CONGIUNTIVO	PRESENTE	cucia cucia cucia cuciamo cuciate cuciano	cuocia cuocia cuocia cuociamo cuociate cuociano	dia dia cdia diamo diate diano	decida decida decida decidiamo decidiate decidano
	IMPERFETTO	cucissi cucissi cucisse cucissimo cuciste cucissero	cuocessi cuocessi cuocesse cuocessimo cuoceste cuocessero	dessi dessi desse dessimo deste dessero	decidessi decidessi decidesse decidessimo decideste decidessero
CONDIZIONALE	PRESENTE	cucirei cuciresti cucirebbe cuciremmo cucireste cucirebbero	cuocerei cuoceresti cuocerebbe cuoceremmo cuocereste cuocerebbero	darei daresti darebbe daremmo dareste darebbero	deciderei decideresti deciderebbe decideremmo decidereste deciderebbero
IMPERATIVO		— cuci cucia cuciamo cucite cuciano	— cuoci cuocia cuociamo cuocete cuociano	— dà dia diamo date diano	— decidi decida decidiamo decidete decidano
GERUNDIO		cucendo	cocendo	dando	decidendo
PARTICIPIO	PRESENTE PASSATO	cucente cucito	cocente cotto	dante dato	decidente deciso
INFINITO	PRESENTE PASSATO	cucire avere cucito	cuocere avere cotto	dare avere dato	decidere avere deciso

		VERBO	DEVOLVERE 양도하다, 이양하다	DIFENDERE 방어하다	DIPINGERE 색을칠하다, 그리다	DIRE 말하다
INDICATIVO	PRESENTE		devolvo devolvi devolve devolviamo devolvete devolvono	difendo difendi difende difendiamo difendete difendono	dipingo dipingi dipinge dipingiamo dipingete dipingono	dico dici dice diciamo dite dicono
	IMPERFETTO		devolvevo devolvevi devolveva devolvevamo devolvevate devolvevano	difendevo difendevi difendeva difendevamo difendevate difendevano	dipingevo dipingevi dipingeva dipingevamo dipingevate dipingevano	dicevo dicevi diceva dicevamo dicevate dicevano
	PASSATO REMOTO		devolvei devolvesti devolvé devolvemmo devolveste devolverono	difesi difendesti difese difendemmo difendeste difesero	dipinsi dipingesti dipinse dipingemmo dipingeste dipinsero	dissi dicesti disse dicemmo diceste dissero
	FUTURO SEMPLICE		devolverò devolverai devolverà devolveremo devolverete devolveranno	difenderò difenderai difenderà difenderemo difenderete difenderanno	dipinsi dipingesti dipinse dipingemmo dipingeste dipinsero	dirò dirai dirà diremo direte diranno
CONGIUNTIVO	PRESENTE		devolva devolva devolva devolviamo devolviate devolvano	difenda difenda difenda difendiamo difendiate difendano	dipinga dipinga dipinga dipingiamo dipingiate dipingano	dica dica dica diciamo diciate dicano
	IMPERFETTO		devolvessi devolvessi devolvesse devolvessimo devolveste devolvessero	difendessi difendessi difendesse difendessimo difendeste difendessero	dipingessi dipingessi dipingesse dipingessimo dipingeste dipingessero	dicessi dicessi dicesse dicessimo diceste dicessero
CONDIZIONALE	PRESENTE		devolverei devolveresti devolverebbe devolveremmo devolvereste devolverebbero	difenderei difenderesti difenderebbe difenderemmo difendereste difenderebbero	dipingerei dipingeresti dipingerebbe dipingeremmo dipingereste dipingerebbero	direi diresti direbbe diremmo direste direbbero
IMPERATIVO			— devolvi devolva devolviamo devolvete devolvano	— difendi difenda difendiamo difendete difendano	— dipingi dipinga dipingiamo dipingete dipingano	— dì dica diciamo dite dicano
GERUNDIO			devolvendo	difendendo	dipingendo	dicendo
PARTICIPIO	PRESENTE		devolvendo	difendente	dipingente	dicente
	PASSATO		devolvuto	difeso	dipinto	detto
INFINITO	PRESENTE		devolvere	difendere	dipingere	dire
	PASSATO		avere devolvuto	avere difeso	avere dipinto	avere detto

		DIRIGERE ~로 향하다	DISCUTERE 토론하다	DISTINGUERE 구별하다	DIVIDERE 나누다
INDICATIVO	PRESENTE	dirigo dirigi dirige dirigiamo dirigete dirigono	discuto discuti discute discutiamo discutete discutono	distinguo distingui distingue distinguiamo distinguete distinguono	divido dividi divide dividiamo dividete dividono
	IMPERFETTO	dirigevo dirigevi dirigeva dirigevamo dirigevate dirigevano	discutevo discutevi discuteva discutevamo discutevate discutevano	distinguevo distinguevi distingueva distinguevamo distinguevate distinguevano	dividevo dividevi divideva dividevamo dividevate dividevano
	PASSATO REMOTO	diressi dirigesti diresse dirigemmo dirigeste diressero	discussi discutesti discusse discutemmo discuteste discussero	distinsi distinguesti distinse distinguemmo distingueste distinsero	divisi dividesti divise dividemmo divideste divisero
	FUTURO SEMPLICE	dirigerò dirigerai dirigerà dirigeremo dirigerete dirigeranno	discuterò discuterai discuterà discuteremo discuterete discuteranno	distinguerò distinguerai distinguerà distingueremo distinguerete distingueranno	dividerò dividerai dividerà divideremo dividerete divideranno
CONGIUNTIVO	PRESENTE	diriga diriga diriga dirigiamo dirigiate dirigano	discuta discuta discuta discutiamo discutiate discutano	distingua distingua distingua distinguiamo distinguiate distinguano	divida divida divida dividiamo dividiate dividano
	IMPERFETTO	dirigessi dirigessi dirigesse dirigessimo dirigeste dirigessero	discutessi discutessi discutesse discutessimo discuteste discutessero	distinguessi distinguessi distinguesse distinguessimo distingueste distinguessero	dividessi dividessi dividesse dividessimo divideste dividessero
CONDIZIONALE	PRESENTE	dirigerei dirigeresti dirigerebbe dirigeremmo dirigereste dirigerebbero	discuterei discuteresti discuterebbe discuteremmo discutereste discuterebbero	distinguerei distingueresti distinguerebbe distingueremmo distinguereste distinguerebbero	dividerei divideresti dividerebbe divideremmo dividereste dividerebbero
IMPERATIVO		— dirigi diriga dirigiamo dirigete dirigano	— discuti discuta discutiamo discutete discutano	— distingui distingua distinguiamo distinguete distinguano	— dividi divida dividiamo dividete dividano
GERUNDIO		dirigendo	discutendo	distinguendo	dividendo
PARTICIPIO	PRESENTE	dirigente	discutente	distinguente	dividente
	PASSATO	diretto	discusso	distinto	diviso
INFINITO	PRESENTE	dirigere	discutere	distinguere	dividere
	PASSATO	dirigere	discutere	distinguere	avere diviso

	VERBO	DOLORE(DOLERSI) 아프다	DOVERE ~해야한다	ECCELLERE 우수하다	EMERGERE 갑자기 나타나다
INDICATIVO	PRESENTE	mi dolgo ti duoli si duole ci doliamo vi dolete si dolgono	devo devi deve dobbiamo dovete devono	eccello eccelli eccelle eccelliamo eccellete eccellono	emergo emergi emerge emergiamo emergete emergono
	IMPERFETTO	mi dolevo ti dolevi si doleva ci dolevamo vi dolevate si dolevano	dovevo dovevi doveva dovevamo dovevate dovevano	eccellevo eccellevi eccelleva eccellevamo eccellevate eccellevano	emergevo emergevi emergeva emergevamo emergevate emergevano
	PASSATO REMOTO	mi dolsi ti dolesti si dolse ci dolemmo vi doleste si dolsero	dovei tu dovesti dovette dovemmo doveste dovettero	eccelsi eccellesti eccelse eccellemmo eccelleste eccelsero	emersi emergesti emerse emergemmo emergeste emersero
	FUTURO SEMPLICE	mi dorrò ti dorrai si dorrà ci dorremo vi dorrete si dorranno	dovrò dovrai dovrà dovremo dovrete dovranno	eccellerò eccellerai eccellerà eccelleremo eccellerete eccelleranno	emergerò emergerai emergerà emergeremo emergerete emergeranno
CONGIUNTIVO	PRESENTE	mi dolga ti dolga si dolga ci doliamo vi doliate si dolgano	deva deva deva dobbiamo dobbiate devano	eccella eccella eccella eccelliamo eccelliate eccellano	emerga emerga emerga emergiamo emergiate emergano
	IMPERFETTO	mi dolessi ti dolessi si dolesse ci dolessimo vi doleste si dolessero	dovessi dovessi dovesse dovessimo doveste dovessero	eccellessi eccellessi eccellesse eccellessimo eccelleste eccellessero	emergessi emergessi emergesse emergessimo emergeste emergessero
CONDIZIONALE	PRESENTE	mi dorrei ti dorresti si dorrebbe ci dorremmo vi dorreste si dorrebbero	dovrei dovresti dovrebbe dovremmo dovreste dovrebbero	eccellerei tueccelleresti eccellerebbe eccelleremmo eccellereste eccellerebbero	emergerei emergeresti emergerebbe emergeremmo emergereste emergerebbero
IMPERATIVO		— duoliti si dolga doliamoci doletevi si dolgano	/	— eccelli eccelga eccelliamo eccellete eccellano	— emergi emerga emergiamo emergete emergano
GERUNDIO		dolendosi	dovendo	eccellendo	emergendo
PARTICIPIO	PRESENTE	dolentesi	/	eccellente	emergente
	PASSATO	dolutosi	dovuto	eccelso	emerso
INFINITO	PRESENTE	doleresi	dovere	eccellere	emergere
	PASSATO	essersi doluto	avere dovuto	avere eccelso	essere emerso

고급 이탈리아어 문법

	VERBO	ESISTERE 존재하다	ESPELLERE 추방하다	ESPLODERE 폭발하다	ESSERE ~이다, ~이 있다
INDICATIVO	PRESENTE	esisto esisti esiste esistiamo esistete esistono	espello espelli espelle espelliamo espellete espellono	esplodo esplodi esplode esplodiamo esplodete esplodono	sono tsei è siamo siete sono
	IMPERFETTO	esistevo esistevi esisteva esistevamo esistevate esistevano	espellevo tespellevi espelleva espellevamo espellevate espellevano	esplodevo esplodevi esplodeva esplodevamo esplodevate esplodevano	ero eri era eravamo eravate erano
	PASSATO REMOTO	esistei esistesti esisté esistemmo esisteste esisterono	espulsi espellesti espulse espellemmo espelleste espulsero	esplosi esplodesti esplose esplodemmo esplodeste esplosero	fui fosti fu fummo foste furono
	FUTURO SEMPLICE	esisterò esisterai esisterà esisteremo esisterete esisteranno	espellerò espellerai espellerà espelleremo espellerete espelleranno	esploderò esploderai esploderà esploderemo esploderete esploderanno	sarò sarai sarà saremo sarete saranno
CONGIUNTIVO	PRESENTE	esista esista esista esistiamo esistiate esistano	espella espella espella espelliamo espelliate espellano	esploda esploda esploda esplodiamo esplodiate esplodano	sia sia sia siamo siate siano
	IMPERFETTO	esistessi esistessi esistesse esistessimo esisteste esistessero	espellessi espellessi espellesse espellessimo espelleste espellessero	esplodessi esplodessi esplodesse esplodessimo esplodeste esplodessero	fossi fossi fosse fossimo foste fossero
CONDIZIONALE	PRESENTE	esisterei esisteresti esisterebbe esisteremmo esistereste esisterebbero	espellerei espelleresti espellerebbe espelleremmo espellereste espellerebbero	esploderei esploderesti esploderebbe esploderemmo esplodereste esploderebbero	sarei saresti sarebbe saremmo sareste sarebbero
IMPERATIVO		— esisti esista esistiamo esistete esistano	— espelli espella espelliamo espellete espellano	— esplodi esploda esplodiamo esplodete esplodano	— sii sia siamo siate siano
GERUNDIO		esistendo	espellendo	esplodendo	essendo
PARTICIPIO	PRESENTE PASSATO	esistente esistito	espellente espulso	esplodente esploso	ente stato
INFINITO	PRESENTE PASSATO	esistere essere esistito	espellere avere espulso	esplodere avere esploso	essere essere stato

	VERBO	ESTINGUERE (화재를) 끄다	EVADERE 도망하다	FARE ~을 하다	FIGGERE 때려 넣다
INDICATIVO	PRESENTE	estinguo estingui estingue estinguiamo estinguete estinguono	evado evadi evade evadiamo evadete evadono	faccio fai fa facciamo fate fanno	figgo figgi figge figgiamo figgete figgono
	IMPERFETTO	estinguevo estinguevi estingueva estinguevamo estinguevate estinguevano	evadevo evadevi evadeva evadevamo evadevate evadevano	facevo facevi faceva facevamo facevate facevano	figgevo figgevi figgeva figgevamo figgevate figgevano
	PASSATO REMOTO	estinsi estinguesti estinse estinguemmo estingueste estinsero	evasi evadesti evase evademmo evadeste evasero	feci facesti fece facemmo faceste fecero	fissi figgesti fisse figgemmo figgeste fissero
	FUTURO SEMPLICE	estinguerò estinguerai estinguerà estingueremo estinguerete estingueranno	evaderò evaderai evaderà evaderemo evaderete evaderanno	farò farai farà faremo farete faranno	figgerò figgerai figgerà figgeremo figgerete figgeranno
CONGIUNTIVO	PRESENTE	estingua estingua estingua estinguiamo estinguiate estinguano	evada evada evada evadiamo evadiate evadano	faccia faccia faccia facciamo facciate facciano	figga figga figga figgiamo figgiate figgano
	IMPERFETTO	estinguessi estinguessi estinguesse estinguessimo estingueste estinguessero	evadessi evadessi evadesse evadessimo evadeste evadessero	facessi facessi facesse facessimo faceste facessero	figgessi figgessi figgesse figgessimo figgeste figgessero
CONDIZIONALE	PRESENTE	estinguerei estingueresti estinguerebbe estingueremmo estinguereste estinguerebbero	evaderei evaderesti evaderebbe evaderemmo evadereste evaderebbero	farei faresti farebbe faremmo fareste farebbero	figgerei figgeresti figgerebbe figgeremmo figgereste figgerebbero
IMPERATIVO		— estingui estingua estinguiamo estinguete estinguano	— evadi evada evadiamo evadete evadano	— fai, fa' faccia facciamo fate facciano	— figgi figga figgiamo figgete figgano
GERUNDIO		estinguendo	evadendo	facendo	figgendo
PARTICIPIO	PRESENTE	estinguente	evadente	facente	figgente
	PASSATO	estinto	evaso	fatto	fitto
INFINITO	PRESENTE	estinguere	evadere	fare	figgere
	PASSATO	avere estinto	avere evaso	avere fatto	avere fitto

	VERBO	FINGERE ~하는 척하다	FLETTERE 구부리다	FONDERE 녹이다	FRANGERE 파괴하다
INDICATIVO	PRESENTE	fingo fingi finge fingiamo fingete fingono	fletto fletti flette flettiamo flettete flettono	fondo fondi fonde fondiamo fondete fondono	frango frangi frange frangiamo frangete frangono
	IMPERFETTO	fingevo fingevi fingeva fingevamo fingevate fingevano	flettevo flettevi fletteva flettevamo flettevate flettevano	fondevo fondevi fondeva fondevamo fondevate fondevano	frangevo frangevi frangeva frangevamo frangevate frangevano
	PASSATO REMOTO	finsi fingesti finse fingemmo fingeste finsero	flettei flettesti fletté flettemmo fletteste fletterono	fusi fondesti fuse fondemmo fondeste fusero	fransi frangesti franse frangemmo frangeste fransero
	FUTURO SEMPLICE	fingerò fingerai fingerà fingeremo fingerete fingeranno	fletterò fletterai fletterà fletteremo fletterete fletteranno	fonderò fonderai fonderà fonderemo fonderete fonderanno	frangerò frangerai frangerà frangeremo frangerete frangeranno
CONGIUNTIVO	PRESENTE	finga finga finga fingiamo fingiate fingano	fletta fletta fletta flettiamo flettiate flettano	fonda fonda fonda fondiamo fondiate fondano	franga franga franga frangiamo frangiate frangano
	IMPERFETTO	fingessi fingessi fingesse fingessimo fingeste fingessero	flettessi flettessi flettesse flettessimo fletteste flettessero	fondessi fondessi fondesse fondessimo fondeste fondessero	frangessi frangessi frangesse frangessimo frangeste frangessero
CONDIZIONALE	PRESENTE	fingerei fingeresti fingerebbe fingeremmo fingereste fingerebbero	fletterei fletteresti fletterebbe fletteremmo flettereste fletterebbero	fonderei fonderesti fonderebbe fonderemmo fondereste fonderebbero	frangerei frangeresti frangerebbe frangeremmo frangereste frangerebbero
IMPERATIVO		— fingi finga fingiamo fingete fingano	— fletti fletta flettiamo flettete flettano	— fondi fonda fondiamo fondete fondano	— frangi franga frangiamo frangete frangano
GERUNDIO		fingendo	flettendo	fondendo	frangendo
PARTICIPIO	PRESENTE	fingente	flettente	fondente	frangente
	PASSATO	finto	flesso	fuso	franto
INFINITO	PRESENTE	fingere	flettere	fondere	frangere
	PASSATO	avere finto	avere flesso	avere fuso	avere franto

	VERBO	FRIGGERE 튀기다	FUNGERE 대신하다	GIACERE 엎드리다	GIUNGERE 도착하다
INDICATIVO	PRESENTE	friggo friggi frigge friggiamo friggete friggono	fungo fungi funge fungiamo fungete fungono	giaccio giaci giace giacciamo giacete giacciono	giungo giungi giunge giungiamo giungete giungono
	IMPERFETTO	friggevo friggevi friggeva friggevamo friggevate friggevano	fungevo fungevi fungeva fungevamo fungevate fungevano	giacevo giacevi giaceva giacevamo giacevate giacevano	giungevo giungevi giungeva giungevamo giungevate giungevano
	PASSATO REMOTO	frissi friggesti frisse friggemmo friggeste frissero	funsi fungesti funse fungemmo fungeste funsero	giacqui giacesti giacque giacemmo giaceste giacquero	giunsi giungesti giunse giungemmo giungeste giunsero
	FUTURO SEMPLICE	friggerò friggerai friggerà friggeremo friggerete friggeranno	fungerò fungerai fungerà fungeremo fungerete fungeranno	giacerò giacerai giacerà giaceremo giacerete giaceranno	giungerò giungerai giungerà giungeremo giungerete giungeranno
CONGIUNTIVO	PRESENTE	frigga frigga frigga friggiamo friggiate friggano	funga funga funga fungiamo fungiate fungano	giaccia giaccia giaccia giacciamo giacciate giacciano	giunga giunga giunga giungiamo giungiate giungano
	IMPERFETTO	friggessi friggessi friggesse friggessimo friggeste friggessero	fungessi fungessi fungesse fungessimo fungeste fungessero	giacessi giacessi giacesse giacessimo giaceste giacessero	giungessi giungessi giungesse giungessimo giungeste giungessero
CONDIZIONALE	PRESENTE	friggerei friggeresti friggerebbe friggeremmo friggereste friggerebbero	fungerei fungeresti fungerebbe fungeremmo fungereste fungerebbero	giacerei giaceresti giacerebbe giaceremmo giacereste giacerebbero	giungerei giungeresti giungerebbe giungeremmo giungereste giungerebbero
IMPERATIVO		— friggi frigga friggiamo friggete friggano	— fungi funga fungiamo fungete fungano	— giaci giaccia giacciamo giacete giacciano	— giungi giunga giungiamo giungete giungano
GERUNDIO		friggendo	fungendo	giacendo	giungendo
PARTICIPIO	PRESENTE	friggente	fungente	giacente	giungente
	PASSATO	fritto	funto	giaciuto	giunto
INFINITO	PRESENTE	friggere	fungere	giacere	giungere
	PASSATO	avere fritto	avere funto	avere giaciuto	avere giunto

		GODERE 기뻐하다	INDULGERE 관대하다	INTRIDERE 적시다	INVADERE 침입하다
	VERBO				
INDICATIVO	PRESENTE	godo godi gode godiamo godete godono	indulgo indulgi indulge indulgiamo indulgete indulgono	intrido intridi intride intridiamo intridete intridono	invado invadi invade invadiamo invadete invadono
	IMPERFETTO	godevo godevi godeva godevamo godevate godevano	indulgevo indulgevi indulgeva indulgevamo indulgevate indulgevano	intridevo intridevi intrideva intridevamo intridevate intridevano	invadevo invadevi invadeva invadevamo invadevate invadevano
	PASSATO REMOTO	godei godesti godette godemmo godeste godettero	indulsi indulgesti indulse indulgemmo indulgeste indulsero	intrisi intridesti intrise intridemmo intrideste intrisero	invasi invadesti invase invademmo invadeste invasero
	FUTURO SEMPLICE	godrò godrai godrà godremo godrete godranno	indulgerò indulgerai indulgerà indulgeremo indulgerete indulgeranno	intriderò intriderai intriderà intrideremo intriderete intrideranno	invaderò invaderai invaderà invaderemo invaderete invaderanno
CONGIUNTIVO	PRESENTE	goda goda goda godiamo godiate godano	indulga indulga indulga indulgiamo indulgiate Indulgano	intrida intrida intrida intridiamo intridiate intridano	invada invada invada invadiamo invadiate invadano
	IMPERFETTO	godessi godessi godesse godessimo godeste godessero	indulgessi indulgessi indulgesse indulgessimo indulgeste indulgessero	intridessi intridessi intridesse intridessimo intrideste intridessero	invadessi invadessi invadesse invadessimo invadeste invadessero
CONDIZIONALE	PRESENTE	godrei godresti godrebbe godremmo godreste godrebbero	indulgerei indulgeresti indulgerebbe indulgeremmo indulgereste indulgerebbero	intriderei intrideresti intriderebbe intrideremmo intridereste intriderebbero	invaderei invaderesti invaderebbe invaderemmo invadereste invaderebbero
IMPERATIVO		— godi goda godiamo godete godano	— indulgi indulga indulgiamo indulgete indulgano	— intridi intrida intridiamo intridete intridano	— invadi invada invadiamo invadete invadano
GERUNDIO		godendo	indulgendo	intridendo	invadendo
PARTICIPIO	PRESENTE	godente	indulgente	intridente	invadente
	PASSATO	goduto	indulto	intriso	invaso
INFINITO	PRESENTE	godere	indulgere	intridere	invadere
	PASSATO	avere goduto	avere indulto	avere intriso	avere invaso

	VERBO	LEDERE 해를 입히다	LEGGERE ~을 읽다	METTERE ~을 두다	MORDERE 깨물다
INDICATIVO	PRESENTE	ledo ledi lede lediamo ledete ledono	leggo leggi legge leggiamo leggete leggono	metto metti mette mettiamo mettete mettono	mordo mordi morde mordiamo mordete mordono
	IMPERFETTO	ledevo ledevi ledeva ledevamo ledevate ledevano	leggevo leggevi leggeva leggevamo leggevate leggevano	mettevo mettevi metteva mettevamo mettevate mettevano	mordevo mordevi mordeva mordevamo mordevate mordevano
	PASSATO REMOTO	lesi ledesti lese ledemmo ledeste lesero	lessi leggesti lesse leggemmo leggeste lessero	misi mettesti mise mettemmo metteste misero	morsi mordesti morse mordemmo mordeste morsero
	FUTURO SEMPLICE	lederò lederai lederà lederemo lederete lederanno	leggerò leggerai leggerà leggeremo leggerete leggeranno	metterò metterai metterà metteremo metterete metteranno	morderò morderai morderà morderemo morderete morderanno
CONGIUNTIVO	PRESENTE	leda leda leda lediamo lediate ledano	legga legga legga leggiamo leggiate leggano	metta metta metta mettiamo mettiate mettano	morda morda morda mordiamo mordiate mordano
	IMPERFETTO	ledessi ledessi ledesse ledessimo ledeste ledessero	leggessi leggessi leggesse leggessimo leggeste leggessero	mettessi mettessi mettesse mettessimo metteste mettessero	mordessi mordessi mordesse mordessimo mordeste mordessero
CONDIZIONALE	PRESENTE	lederei lederesti lederebbe lederemmo ledereste lederebbero	leggerei leggeresti leggerebbe leggeremmo leggereste leggerebbero	metterei metteresti metterebbe metteremmo mettereste metterebbero	morderei morderesti morderebbe morderemmo mordereste morderebbero
IMPERATIVO		— ledi leda lediamo ledete ledano	— leggi legga leggiamo leggete leggano	— metti metta mettiamo mettete mettano	— mordi morda mordiamo mordete mordano
GERUNDIO		ledendo	leggendo	mettendo	mordendo
PARTICIPIO	PRESENTE	ledente	leggente	mettente	mordente
	PASSATO	leso	letto	messo	morso
INFINITO	PRESENTE	ledere	leggere	mettere	mordere
	PASSATO	avere leso	avere letto	avere messo	avere morso

	VERBO	MORIRE 죽다	MUNGERE 젖을 짜다	MUOVERE 움직이다	NASCERE 태어나다
INDICATIVO	PRESENTE	muoio muori muore moriamo morite muoiono	mungo mungi munge mungiamo mungete mungono	muovo muovi muove muoviamo muovete muovono	nasco nasci nasce nasciamo nascete nascono
	IMPERFETTO	morivo morivi moriva morivamo morivate morivano	mungevo mungevi mungeva mungevamo mungevate mungevano	muovevo muovevi muoveva muovevamo muovevate muovevano	nascevo nascevi nasceva nascevamo nascevate nascevano
	PASSATO REMOTO	morii moristi morì morimmo moriste morirono	munsi mungesti munse mungemmo mungeste munsero	mossi muovesti mosse muovemmo muoveste mossero	nacqui nascesti nacque nascemmo nasceste nacquero
	FUTURO SEMPLICE	morirò morirai morirà moriremo morirete moriranno	mungerò mungerai mungerà mungeremo mungerete mungeranno	muoverò muoverai muoverà muoveremo muoverete muoveranno	nascerò nascerai nascerà nasceremo nascerete nasceranno
CONGIUNTIVO	PRESENTE	muoia muoia muoia moriamo moriate muoiano	munga munga munga mungiamo mungiate mungano	muova muova muova muoviamo muoviate muovano	nasca nasca nasca nasciamo nasciate nascano
	IMPERFETTO	morissi morissi morisse morissimo moriste morissero	mungessi mungessi mungesse mungessimo mungeste mungessero	muovessi muovessi muovesse muovessimo muoveste muovessero	nascessi nascessi nascesse nascessimo nasceste nascessero
CONDIZIONALE	PRESENTE	morirei moriresti morirebbe moriremmo morireste morirebbero	mungerei mungeresti mungerebbe mungeremmo mungereste mungerebbero	muoverei muoveresti muoverebbe muoveremmo muovereste muoverebbero	nascerei nasceresti nascerebbe nasceremmo nascereste nascerebbero
IMPERATIVO		— muori muoia moriamo morite muoiano	— mungi munga mungiamo mungete mungano	— muovi muova muoviamo muovete muovano	— nasci nasca nasciamo nascete nascano
GERUNDIO		morendo	mungendo	muovendo	nascendo
PARTICIPIO	PRESENTE	morente	mungente	movente	nascente
	PASSATO	morto	munto	mosso	nato
INFINITO	PRESENTE	morire	mungere	muovere	nascere
	PASSATO	essere morto	avere munto	avere mosso	essere nato

	VERBO	NASCONDERE 감추다	NEGLIGERE 게으름 피우다	NUOCERE 상처를 입히다	OFFRIRE 제공하다
INDICATIVO	PRESENTE	nascondo nascondi nasconde nascondiamo nascondete nascondono	negligo negligi neglige negligiamo negligete negligono	nuoccio nuoci nuoce nuociamo nuocete nuocciono	offro offri offre offriamo offrite offrono
	IMPERFETTO	nascondevo nascondevi nascondeva nascondevamo nascondevate nascondevano	negligevo negligevi negligeva negligevamo negligevate negligevano	nuocevo nuocevi nuoceva nuocevamo nuocevate nuocevano	offrivo offrivi offriva offrivamo offrivate offrivano
	PASSATO REMOTO	nascosi nascondesti nascose nascondemmo nascondeste nascosero	neglessi negligesti neglesse negligemmo negligeste neglessero	nocqui nuocesti nocque nuocemmo nuoceste nocquero	offrii, offristi offrì offrimmo offriste offrirono
	FUTURO SEMPLICE	nasconderò nasconderai nasconderà nasconderemo nasconderete nasconderanno	negligerò negligerai negligerà negligeremo negligerete negligeranno	nuocerò nuocerai nuocerà nuoceremo nuocerete nuoceranno	offrirò offrirai offrirà offriremo offrirete offriranno
CONGIUNTIVO	PRESENTE	nasconda nasconda nasconda nascondiamo nascondiate nascondano	— — — — — —	nuoccia nuoccia nuoccia nuociamo nuociate nuocciano	offra offra offra offriamo offriate offrano
	IMPERFETTO	nascondessi nascondessi nascondesse nascondessimo nascondeste nascondessero	negligessi negligessi negligesse negligessimo negligeste negligessero	nuocessi nuocessi nuocesse nuocessimo nuoceste nuocessero	offrissi offrissi offrisse offrissimo offriste offrissero
CONDIZIONALE	PRESENTE	nasconderei nasconderesti nasconderebbe nasconderemmo nascondereste nasconderebbero	negligerei negligeresti negligerebbe negligeremmo negligereste negligerebbero	nuocerei nuoceresti nuocerebbe nuoceremmo nuocereste nuocerebbero	offrirei offriresti offrirebbe offriremmo offrireste offrirebbero
IMPERATIVO		— nascondi nasconda nascondiamo nascondete nascondano	— — — — — —	— nuoci nuoccia nuociamo nuocete nuocciano	— offri offra offriamo offrite offrano
GERUNDIO		nascondendo	negligendo	nuocendo	offrendo
PARTICIPIO	PRESENTE	nascondente	negligente	nuocente	offrente
	PASSATO	nascosto	negletto	nuociuto	offerto
INFINITO	PRESENTE	nascondere	negligere	nuocere	offrire
	PASSATO	avere nascosto	—	avere nuociuto	avere offerto

		PARERE ~인 것 같다	PERDERE 잃다	PERSUADERE 설득하다	PIACERE 마음에 들다
INDICATIVO	PRESENTE	paio pari pare paiamo parete paiono	perdo perdi perde perdiamo perdete perdono	persuado persuadi persuade persuadiamo persuadete persuadono	piaccio piaci piace piacciamo piacete piacciono
	IMPERFETTO	parevo parevi pareva parevamo parevate parevano	perdevo perdevi perdeva perdevamo perdevate perdevano	persuadevo persuadevi persuadeva persuadevamo persuadevate persuadevano	piacevo piacevi piaceva piacevamo piacevate piacevano
	PASSATO REMOTO	parvi paresti parve paremmo pareste parvero	persi perdesti perse perdemmo perdeste persero	persuasi persuadesti persuase persuademmo persuadeste persuasero	piacqui piacesti piacque piacemmo piaceste piacquero
	FUTURO SEMPLICE	parrò parrai parrà parremo parrete parranno	perderò perderai perderà perderemo perderete perderanno	persuaderò persuaderai persuaderà persuaderemo persuaderete persuaderanno	piacerò piacerai piacerà piaceremo piacerete piaceranno
CONGIUNTIVO	PRESENTE	paia paia paia paiamo paiate paiano	perda perda perda perdiamo perdiate perdano	persuada persuada persuada persuadiamo persuadiate persuadano	piaccia piaccia piaccia piacciamo piacciate piacciano
	IMPERFETTO	paressi paressi paresse paressimo pareste paressero	perdessi perdessi perdesse perdessimo perdeste perdessero	persuadessi persuadessi persuadesse persuadessimo persuadeste persuadessero	piacessi piacessi piacesse piacessimo piaceste piacessero
CONDIZIONALE	PRESENTE	parrei parresti parrebbe parremmo parreste parrebbero	perderei perderesti perderebbe perderemmo perdereste perderebbero	persuaderei persuaderesti persuaderebbe persuaderemmo persuadereste persuaderebbero	piacerei piaceresti piacerebbe piaceremmo piacereste piacerebbero
IMPERATIVO		— — — — — —	— perdi perda perdiamo perdete perdano	— persuadi persuada persuadiamo persuadete persuadano	— piaci piaccia piacciamo piacete piacciano
GERUNDIO		parendo	perdendo	persuadendo	piacendo
PARTICIPIO	PRESENTE	parvente	perdente	persuadente	piacente
	PASSATO	parso	perso	persuaso	piaciuto
INFINITO	PRESENTE	parere	perdere	persuadere	piacere
	PASSATO	essere parso	avere perso	avere persuaso	essere piaciuto

	VERBO	PIANGERE 울다	PIOVERE 비가 오다	PORGERE 제공하다	PORRE 놓다, 두다
INDICATIVO	PRESENTE	piango piangi piange piangiamo piangete piangono	piovo piovi piove pioviamo piovete piovono	porgo porgi porge porgiamo porgete porgono	pongo poni pone poniamo ponete pongono
	IMPERFETTO	piangevo piangevi piangeva piangevamo piangevate piangevano	piovevo piovevi pioveva piovevamo piovevate piovevano	porgevo porgevi porgeva porgevamo porgevate porgevano	ponevo ponevi poneva ponevamo ponevate ponevano
	PASSATO REMOTO	piansi piangesti pianse piangemmo piangeste piansero	piovvi piovesti piovve piovemmo pioveste piovvero	porsi porgesti porse porgemmo porgeste porsero	posi ponesti pose ponemmo poneste posero
	FUTURO SEMPLICE	piangerò piangerai piangerà piangeremo piangerete piangeranno	pioverò pioverai pioverà pioveremo pioverete pioveranno	porgerò porgerai porgerà porgeremo porgerete porgeranno	porrò porrai porrà porremo porrete porranno
CONGIUNTIVO	PRESENTE	pianga pianga pianga piangiamo piangiate piangano	piova piova piova pioviamo pioviate piovano	porga porga porga porgiamo porgiate porgano	ponga ponga ponga poniamo poniate pongano
	IMPERFETTO	piangessi piangessi piangesse piangessimo piangeste piangessero	piovessi piovessi piovesse piovessimo pioveste piovessero	porgessi porgessi porgesse porgessimo porgeste porgessero	ponessi ponessi ponesse ponessimo poneste ponessero
CONDIZIONALE	PRESENTE	piangerei piangeresti piangerebbe piangeremmo piangereste piangerebbero	pioverei pioveresti pioverebbe pioveremmo piovereste pioverebbero	porgerei porgeresti porgerebbe porgeremmo porgereste porgerebbero	porrei porresti porrebbe porremmo porreste porrebbero
IMPERATIVO		— piangi pianga piangiamo piangete piangano	— piovi piova pioviamo piovete piovano	— porgi porga porgiamo porgete porgano	— poni ponga poniamo ponete pongano
GERUNDIO		piangendo	piovendo	porgendo	ponendo
PARTICIPIO	PRESENTE	piangente	piovente	porgente	ponente
	PASSATO	pianto	piovuto	porto	posto
INFINITO	PRESENTE	piangere	piovere	porgere	porre
	PASSATO	avere pianto	avere piovuto	avere porto	avere posto

	VERBO	POTERE ~할 수 있다	PRENDERE 취하다, 잡다	PROPENDERE 기울어지다	PROTEGGERE 보호하다
INDICATIVO	PRESENTE	posso puoi può possiamo potete possono	prendo prendi prende prendiamo prendete prendono	propendo propendi propende propendiamo propendete propendono	proteggo proteggi protegge proteggiamo proteggete proteggono
	IMPERFETTO	potevo potevi poteva potevamo potevate potevano	prendevo prendevi prendeva prendevamo prendevate prendevano	propendevo propendevi propendeva propendevamo propendevate propendevano	proteggevo proteggevi proteggeva proteggevamo proteggevate proteggevano
	PASSATO REMOTO	potei potesti poté potemmo poteste poterono	presi prendesti prese prendemmo prendeste presero	propendei propendesti propendé propendemmo propendeste propenderono	protessi proteggesti protesse proteggemmo proteggeste protessero
	FUTURO SEMPLICE	potrò potrai potrà potremo potrete potranno	prenderò prenderai prenderà prenderemo prenderete prenderanno	propenderò propenderai propenderà propenderemo propenderete propenderanno	proteggerò proteggerai proteggerà proteggeremo proteggerete proteggeranno
CONGIUNTIVO	PRESENTE	possa possa possa possiamo possiate possano	prenda prenda prenda prendiamo prendiate prendano	propenda propenda propenda propendiamo propendiate propendano	protegga protegga protegga proteggiamo proteggiate proteggano
	IMPERFETTO	potessi potessi potesse potessimo poteste potessero	prendessi prendessi prendesse prendessimo prendeste prendessero	propendessi propendessi propendesse propendessimo propendeste propendessero	proteggessi proteggessi proteggesse proteggessimo proteggeste proteggessero
CONDIZIONALE	PRESENTE	potrei potresti potrebbe potremmo potreste potrebbero	prenderei prenderesti prenderebbe prenderemmo prendereste prenderebbero	propenderei propenderesti propenderebbe propenderemmo propendereste propenderebbero	proteggerei proteggeresti proteggerebbe proteggeremmo proteggereste proteggerebbero
IMPERATIVO		— — — — — —	— prendi prenda prendiamo prendete prendano	— propendi propenda propendiamo propendete propendano	— proteggi protegga proteggiamo proteggete proteggano
GERUNDIO		potendo	prendendo	propendendo	proteggendo
PARTICIPIO	PRESENTE	potente	prendente	propendente	proteggente
	PASSATO	potuto	preso	propenduto	protetto
INFINITO	PRESENTE	potere	prendere	propendere	proteggere
	PASSATO	avere potuto	avere preso	avere propenduto	avere protetto

	VERBO	PUNGERE 찌르다	RADERE 깎다, 면도하다	REDIGERE 작성하다	REDIMERE 구원하다
INDICATIVO	PRESENTE	pungo pungi punge pungiamo pungete pungono	rado radi rade radiamo radete radono	redigo redigi redige redigiamo redigete redigono	redimo redimi redime redimiamo redimete redimono
	IMPERFETTO	pungevo pungevi pungeva pungevamo pungevate pungevano	radevo radevi radeva radevamo radevate radevano	redigevo redigevi redigeva redigevamo redigevate redigevano	redimevo redimevi redimeva redimevamo redimevate redimevano
	PASSATO REMOTO	punsi pungesti punse pungemmo pungeste punsero	rasi radesti rase rademmo radeste rasero	redassi redigesti redasse redigemmo redigeste redassero	redensi redimesti redense redimemmo redimeste redensero
	FUTURO SEMPLICE	pungerò pungerai pungerà pungeremo pungerete pungeranno	raderò raderai raderà raderemo raderete raderanno	redigerò redigerai redigerà redigeremo redigerete redigeranno	redimerò redimerai redimerà redimeremo redimerete redimeranno
CONGIUNTIVO	PRESENTE	punga punga punga pungiamo pungiate pungano	rada rada rada radiamo radiate radano	rediga rediga rediga redigiamo redigiate redigano	redima redima redima redimiamo redimiate redimano
	IMPERFETTO	pungessi pungessi pungesse pungessimo pungeste pungessero	radessi radessi radesse radessimo radeste radessero	redigessi redigessi redigesse redigessimo redigeste redigessero	redimessi redimessi redimesse redimessimo redimeste redimessero
CONDIZIONALE	PRESENTE	pungerei pungeresti pungerebbe pungeremmo pungereste pungerebbero	raderei raderesti raderebbe raderemmo radereste raderebbero	redigerei redigeresti redigerebbe redigeremmo redigereste redigerebbero	redimerei redimeresti redimerebbe redimeremmo redimereste redimerebbero
IMPERATIVO		— pungi punga pungiamo pungete pungano	— radi rada radiamo radete radano	— redigi rediga redigiamo redigete redigano	— redimi redima redimiamo redimete redimano
GERUNDIO		pungendo	radendo	redigendo	redimendo
PARTICIPIO	PRESENTE	pungente	radente	redigente	redimente
	PASSATO	punto	raso	redatto	redento
INFINITO	PRESENTE	pungere	radere	redigere	redimere
	PASSATO	avere punto	avere raso	avere redatto	avere redento

	VERBO	REGGERE 지탱하다	RENDERE 돌려주다	RIDERE 웃다	RIFULGERE 반짝반짝 빛나다
INDICATIVO	PRESENTE	reggo reggi regge reggiamo reggete reggono	rendo rendi rende rendiamo rendete rendono	rido ridi ride ridiamo ridete ridono	rifulgo rifulgi rifulge rifulgiamo rifulgete rifulgono
	IMPERFETTO	reggevo reggevi reggeva reggevamo reggevate reggevano	rendevo rendevi rendeva rendevamo rendevate rendevano	ridevo ridevi rideva ridevamo ridevate ridevano	rifulgevo rifulgevi rifulgeva rifulgevamo rifulgevate rifulgevano
	PASSATO REMOTO	ressi reggesti resse reggemmo reggeste ressero	resi rendesti rese rendemmo rendeste resero	risi ridesti rise ridemmo rideste risero	rifulsi rifulgesti rifulse rifulgemmo rifulgeste rifulsero
	FUTURO SEMPLICE	reggerò reggerai reggerà reggeremo reggerete reggeranno	renderò renderai renderà renderemo renderete renderanno	riderò riderai riderà rideremo riderete rideranno	rifulgerò rifulgerai rifulgerà rifulgeremo rifulgerete rifulgeranno
CONGIUNTIVO	PRESENTE	regga regga regga reggiamo reggiate reggano	renda renda renda rendiamo rendiate rendano	rida rida rida ridiamo ridiate ridano	rifulga rifulga rifulga rifulgiamo rifulgiate rifulgano
	IMPERFETTO	reggessi reggessi reggesse reggessimo reggeste reggessero	rendessi rendessi rendesse rendessimo rendeste rendessero	ridessi ridessi ridesse ridessimo rideste ridessero	rifulgessi rifulgessi rifulgesse rifulgessimo rifulgeste rifulgessero
CONDIZIONALE	PRESENTE	reggerei reggeresti reggerebbe reggeremmo reggereste reggerebbero	renderei renderesti renderebbe renderemmo rendereste renderebbero	riderei rideresti riderebbe rideremmo ridereste riderebbero	rifulgerei rifulgeresti rifulgerebbe rifulgeremmo rifulgereste rifulgerebbero
IMPERATIVO		— reggi regga reggiamo reggete reggano	— rendi renda rendiamo rendete rendano	— ridi rida ridiamo ridete ridano	— rifulgi rifulga rifulgiamo rifulgete rifulgano
GERUNDIO		reggendo	rendendo	ridendo	rifulgendo
PARTICIPIO	PRESENTE PASSATO	reggente retto	rendente reso	ridente riso	rifulgente rifulso
INFINITO	PRESENTE PASSATO	reggere avere retto	rendere avere reso	ridere avere riso	rifulgere avere rifulso

	VERBO	RIMANERE 머물다	RISPONDERE 대답하다	RODERE 씹다, 이빨로 물다	ROMPERE 파손하다
INDICATIVO	PRESENTE	rimango rimani rimane rimaniamo rimanete rimangono	rispondo rispondi risponde rispondiamo rispondete rispondono	rodo rodi rode rodiamo rodete rodono	rompo rompi rompe rompiamo rompete rompono
	IMPERFETTO	rimanevo rimanevi rimaneva rimanevamo rimanevate rimanevano	rispondevo rispondevi rispondeva rispondevamo rispondevate rispondevano	rodevo rodevi rodeva rodevamo rodevate rodevano	rompevo rompevi rompeva rompevamo rompevate rompevano
	PASSATO REMOTO	rimasi rimanesti rimase rimanemmo rimaneste rimasero	risposi rispondesti rispose rispondemmo rispondeste risposero	rosi rodesti rose rodemmo rodeste rosero	ruppi rompesti ruppe rompemmo rompeste ruppero
	FUTURO SEMPLICE	rimarrò rimarrai rimarrà rimarremo rimarrete rimarranno	risponderò risponderai risponderà risponderemo risponderete risponderanno	roderò roderai roderà roderemo roderete roderanno	romperò romperai romperà romperemo romperete romperanno
CONGIUNTIVO	PRESENTE	rimanga rimanga rimanga rimaniamo rimaniate rimangano	risponda risponda risponda rispondiamo rispondiate rispondano	roda roda roda rodiamo rodiate rodano	rompa rompa rompa rompiamo rompiate rompano
	IMPERFETTO	rimanessi rimanessi rimanesse rimanessimo rimaneste rimanessero	rispondessi rispondessi rispondesse rispondessimo rispondeste rispondessero	rodessi rodessi rodesse rodessimo rodeste rodessero	rompessi rompessi rompesse rompessimo rompeste rompessero
CONDIZIONALE	PRESENTE	rimarrei rimarresti rimarrebbe rimarremmo rimarreste rimarrebbero	risponderei risponderesti risponderebbe risponderemmo rispondereste risponderebbero	roderei roderesti roderebbe roderemmo rodereste roderebbero	romperei romperesti romperebbe romperemmo rompereste romperebbero
IMPERATIVO		— rimani rimanga rimaniamo rimanete rimangano	— rispondi risponda rispondiamo rispondete rispondano	— rodi roda rodiamo rodete rodano	— rompi rompa rompiamo rompete rompano
GERUNDIO		rimanendo	rispondendo	rodendo	rompendo
PARTICIPIO	PRESENTE	rimanente	rispondente	rodente	rompente
	PASSATO	rimasto	risposto	roso	rotto
INFINITO	PRESENTE	rimanere	rispondere	rodere	rompere
	PASSATO	essere rimasto	avere risposto	avere roso	avere rotto

	VERBO	SALIRE 오르다	SAPERE 알다	SCEGLIERE 선택하다	SCENDERE 내리다
INDICATIVO	PRESENTE	salgo sali sale saliamo salite salgono	so sai sa sappiamo sapete sanno	scelgo scegli sceglie scegliamo scegliete scelgono	scendo scendi scende scendiamo scendete scendono
	IMPERFETTO	salivo salivi saliva salivamo salivate salivano	sapevo sapevi sapeva sapevamo sapevate sapevano	sceglievo sceglievi sceglieva sceglievamo sceglievate sceglievano	scendevo scendevi scendeva scendevamo scendevate scendevano
	PASSATO REMOTO	salii salisti salì salimmo saliste salirono	seppi sapesti seppe sapemmo sapeste seppero	scelsi scegliesti scelse scegliemmo sceglieste scelsero	scesi scendesti scese scendemmo scendeste scesero
	FUTURO SEMPLICE	salirò salirai salirà saliremo salirete saliranno	saprò saprai saprà sapremo saprete sapranno	sceglierò sceglierai sceglierà sceglieremo sceglierete sceglieranno	scenderò scenderai scenderà scenderemo scenderete scenderanno
CONGIUNTIVO	PRESENTE	salga salga salga saliamo saliate salgano	sappia sappia sappia sappiamo sappiate sappiano	scelga scelga scelga scegliamo scegliate scelgano	scenda scenda scenda scendiamo scendiate scendano
	IMPERFETTO	salissi salissi salisse salissimo saliste salissero	sapessi sapessi sapesse sapessimo sapeste sapessero	scegliessi scegliessi scegliesse scegliessimo sceglieste scegliessero	scendessi scendessi scendesse scendessimo scendeste scendessero
CONDIZIONALE	PRESENTE	salirei saliresti salirebbe saliremmo salireste salirebbero	saprei sapresti saprebbe sapremmo sapreste saprebbero	sceglierei sceglieresti sceglierebbe sceglieremmo scegliereste sceglierebbero	scenderei scenderesti scenderebbe scenderemmo scendereste scenderebbero
IMPERATIVO		— sali salga saliamo salite salgano	— sappi sappia sappiamo sapete sappiano	— scegli scelga scegliamo scegliete scelgano	— scendi scenda scendiamo scendete scendano
GERUNDIO		salendo	sapendo	scegliendo	scendendo
PARTICIPIO	PRESENTE	salente	sapiente	scegliente	scendente
	PASSATO	salito	saputo	scelto	sceso
INFINITO	PRESENTE	salire	sapere	scegliere	scendere
	PASSATO	avere salito	avere saputo	avere scelto	essere sceso

	VERBO	SCINDERE 분할하다	SCIOGLIERE 풀다	SCRIVERE ~을 쓰다	SCUOTERE 흔들다
INDICATIVO	PRESENTE	scindo scindi scinde scindiamo scindete scindono	sciolgo sciogli scioglie sciogliamo sciogliete sciolgono	scrivo scrivi scrive scriviamo scrivete scrivono	scuoto scuoti scuote scuotiamo scuotete scuotono
	IMPERFETTO	scindevo scindevi scindeva scindevamo scindevate scindevano	scioglievo scioglievi scioglieva scioglievamo scioglievate scioglievano	scrivevo scrivevi scriveva scrivevamo scrivevate scrivevano	scuotevo scuotevi scuoteva scuotevamo scuotevate scuotevano
	PASSATO REMOTO	scissi scindesti scisse scindemmo scindeste scissero	sciolsi sciogliesti sciolse sciogliemmo scioglieste sciolsero	scrissi scrivesti scrisse scrivemmo scriveste scrissero	scossi scuotesti scosse scuotemmo scuoteste scossero
	FUTURO SEMPLICE	scinderò scinderai scinderà scinderemo scinderete scinderanno	scioglierò scioglierai scioglierà scioglieremo scioglierete scioglieranno	scriverò scriverai scriverà scriveremo scriverete scriveranno	scuoterò scuoterai scuoterà scuoteremo scuoterete scuoteranno
CONGIUNTIVO	PRESENTE	scinda scinda scinda scindiamo scindiate scindano	sciolga sciolga sciolga sciogliamo sciogliate sciolgano	scriva scriva scriva scriviamo scriviate scrivano	scuota scuota scuota scuotiamo scuotiate scuotano
	IMPERFETTO	scindessi scindessi scindesse scindessimo scindeste scindessero	sciogliessi sciogliessi sciogliesse sciogliessimo scioglieste sciogliessero	scrivessi scrivessi scrivesse scrivessimo scriveste scrivessero	scuotessi scuotessi scuotesse scuotessimo scuoteste scuotessero
CONDIZIONALE	PRESENTE	scinderei scinderesti scinderebbe scinderemmo scindereste scinderebbero	scioglierei scioglieresti scioglierebbe scioglieremmo sciogliereste scioglierebbero	scriverei scriveresti scriverebbe scriveremmo scrivereste scriverebbero	scuoterei scuoteresti scuoterebbe scuoteremmo scuotereste scuoterebbero
IMPERATIVO		— scindi scinda scindiamo scindete scindano	— sciogli sciolga sciogliamo sciogliete sciolgano	— scrivi scriva scriviamo scrivete scrivano	— scuoti scuota scuotiamo scuotete scuotano
GERUNDIO		scindendo	sciogliendo	scrivendo	scuotendo
PARTICIPIO	PRESENTE	scindente	sciogliente	scrivente	scuotente
	PASSATO	scisso	sciolto	scritto	scosso
INFINITO	PRESENTE	scindere	sciogliere	scrivere	scuotere
	PASSATO	avere scisso	avere sciolto	avere scritto	avere scosso

		SEDERE 앉다	SEPPELLIRE 매장하다	SORGERE 솟아오르다	SPANDERE 펼치다
INDICATIVO	PRESENTE	siedo siedi siede sediamo sedete siedono	seppellisco seppellisci seppellisce seppelliamo seppellite seppelliscono	sorgo sorgi sorge sorgiamo sorgete sorgono	spando spandi spande spandiamo spandete spandono
	IMPERFETTO	sedevo sedevi sedeva sedevamo sedevate sedevano	seppellivo seppellivi seppelliva seppellivamo seppellivate seppellivano	sorgevo sorgevi sorgeva sorgevamo sorgevate sorgevano	spandevo spandevi spandeva spandevamo spandevate spandevano
	PASSATO REMOTO	sedei sedesti sedé sedemmo sedeste sederono	seppellii seppellisti seppellì seppellimmo seppelliste seppellirono	sorsi sorgesti sorse sorgemmo sorgeste sorsero	spandei spandesti spandé spandemmo spandeste spansero
	FUTURO SEMPLICE	siederò siederai siederà siederemo sederete sederanno	seppellirò seppellirai seppellirà seppelliremo seppellirete seppelliranno	sorgerò sorgerai sorgerà sorgeremo sorgerete sorgeranno	spanderò spanderai spanderà spanderemo spanderete spanderanno
CONGIUNTIVO	PRESENTE	sieda sieda sieda sediamo sediate siedano	seppellisca seppellisca seppellisca seppelliamo seppelliate seppelliscano	sorga sorga sorga sorgiamo sorgiate sorgano	spanda spanda spanda spandiamo spandiate spandano
	IMPERFETTO	sedessi sedessi sedesse sedessimo sedeste sedessero	seppellissi seppellissi seppellisse seppellissimo seppelliste seppellissero	sorgessi sorgessi sorgesse sorgessimo sorgeste sorgessero	spandessi spandessi spandesse spandessimo spandeste spandessero
CONDIZIONALE	PRESENTE	siederei siederesti siederebbe siederemmo siedereste siederebbero	seppellirei seppelliresti seppellirebbe seppelliremmo seppellireste seppellirebbero	sorgerei sorgeresti sorgerebbe sorgeremmo sorgereste sorgerebbero	spanderei spanderesti spanderebbe spanderemmo spandereste spanderebbero
IMPERATIVO		— siedi sieda sediamo sedete siedano	— seppellisci seppellisca seppelliamo seppellite seppelliscano	— sorgi sorga sorgiamo sorgete sorgano	— spandi spanda spandiamo spandete spandano
GERUNDIO		sedendo	seppellendo	sorgendo	spandendo
PARTICIPIO	PRESENTE	sedente	seppellente	sorgente	spandente
	PASSATO	seduto	seppellito	sorto	spanso
INFINITO	PRESENTE	sedere	seppellire	sorgere	spandere
	PASSATO	essere seduto	avere seppellito	essere sorto	avere spanso

	VERBO	SPEGNERE 끄다	SPINGERE 밀다	STARE 있다, 머무르다	STRINGERE 단단히 죄다
INDICATIVO	PRESENTE	spengo spegni spegne spegniamo spegnete spengono	spingo spingi spinge spingiamo spingete spingono	sto stai sta stiamo state stanno	stringo stringi stringe stringiamo stringete stringono
INDICATIVO	IMPERFETTO	spegnevo spegnevi spegneva spegnevamo spegnevate spegnevano	spingevo spingevi spingeva spingevamo spingevate spingevano	stavo stavi stava stavamo stavate stavano	stringevo stringevi stringeva stringevamo stringevate stringevano
INDICATIVO	PASSATO REMOTO	spensi spegnesti spense spegnemmo spegneste spensero	spinsi spingesti spinse spingemmo spingeste spinsero	stetti stesti stette stemmo steste stettero	strinsi stringesti strinse stringemmo stringeste strinsero
INDICATIVO	FUTURO SEMPLICE	spegnerò spegnerai spegnerà spegneremo spegnerete spegneranno	spingerò spingerai spingerà spingeremo spingerete spingeranno	starò starai starà staremo starete staranno	stringerò stringerai stringerà stringeremo stringerete stringeranno
CONGIUNTIVO	PRESENTE	spenga spenga spenga spegniamo spegniate spengano	spinga spinga spinga spingiamo spingiate spingano	stia stia stia stiamo stiate stiano	stringa stringa stringa stringiamo stringiate stringano
CONGIUNTIVO	IMPERFETTO	spegnessi spegnessi spegnesse spegnessimo spegneste spegnessero	spingessi spingessi spingesse spingessimo spingeste spingessero	stessi stessi stesse stessimo steste stessero	stringessi stringessi stringesse stringessimo stringeste stringessero
CONDIZIONALE	PRESENTE	spegnerei spegneresti spegnerebbe spegneremmo spegnereste spegnerebbero	spingerei spingeresti spingerebbe spingeremmo spingereste spingerebbero	starei staresti starebbe staremmo stareste starebbero	stringerei stringeresti stringerebbe stringeremmo stringereste stringerebbero
IMPERATIVO		— spegni spenga spegniamo spegnete spengano	— spingi spinga spingiamo spingete spingano	— stai, sta' stia stiamo state stiano	— stringi stringa stringiamo stringete stringano
GERUNDIO		spegnendo	spingendo	stando	stringendo
PARTICIPIO	PRESENTE	spegnente	spingente	stante	stringente
PARTICIPIO	PASSATO	spento	spinto	stato	stretto
INFINITO	PRESENTE	spegnere	spingere	stare	stringere
INFINITO	PASSATO	avere spento	avere spinto	essere stato	avere stretto

	VERBO	STRUGGERE 녹이다, 용해하다	SUCCEDERE (일이) 일어나다	SVELLERE 뽑다, 근절하다	TACERE 침묵하다
INDICATIVO	PRESENTE	struggo struggi strugge struggiamo struggete struggono	succedo succedi succede succediamo succedete succedono	svello svelli svelle svelliamo svellete svellono	taccio taci tace taciamo tacete tacciono
	IMPERFETTO	struggevo struggevi struggeva struggevamo struggevate struggevano	succedevo succedevi succedeva succedevamo succedevate succedevano	svellevo svellevi svelleva svellevamo svellevate svellevano	tacevo tacevi taceva tacevamo tacevate tacevano
	PASSATO REMOTO	strussi struggesti strusse struggemmo struggeste strussero	successi succedesti successe succedemmo succedeste successero	svelsi svellesti svelse svellemmo svelleste svelsero	tacqui tacesti tacque tacemmo taceste tacquero
	FUTURO SEMPLICE	struggerò struggerai struggerà struggeremo struggerete struggeranno	succederò succederai succederà succederemo succederete succederanno	svellerò svellerai svellerà svelleremo svellerete svelleranno	tacerò tacerai tacerà taceremo tacerete taceranno
CONGIUNTIVO	PRESENTE	strugga strugga strugga struggiamo struggiate struggano	succeda succeda succeda succediamo succediate succedano	svella svella svella svelliamo svelliate svellano	taccia taccia taccia tacciamo tacciate tacciano
	IMPERFETTO	struggessi struggessi struggesse struggessimo struggeste struggessero	succedessi succedessi succedesse succedessimo succedeste succedessero	svellessi svellessi svellesse svellessimo svelleste svellessero	tacessi tacessi tacesse tacessimo taceste tacessero
CONDIZIONALE	PRESENTE	struggerei struggeresti struggerebbe struggeremmo struggereste struggerebbero	succederei succederesti succederebbe succederemmo succedereste succederebbero	svellerei svelleresti svellerebbe svelleremmo svellereste svellerebbero	tacerei taceresti tacerebbe taceremmo tacereste tacerebbero
IMPERATIVO		— struggi strugga struggiamo struggete struggano	— succedi succeda succediamo succedete succedano	— svelli svella svelliamo svellete svellano	— taci taccia tacciamo tacete tacciano
GERUNDIO		struggendo	succedendo	svellendo	tacendo
PARTICIPIO	PRESENTE	struggente	succedente	svellente	tacente
	PASSATO	strutto	successo	svelto	taciuto
INFINITO	PRESENTE	struggere	succedere	svellere	tacere
	PASSATO	avere strutto	essere successo	avere svelto	avere taciuto

	VERBO	TENDERE 넓히다	TENERE 잡다, 쥐다	TERGERE (땀, 눈물) 닦다	TINGERE 염색하다
INDICATIVO	PRESENTE	tendo tendi tende tendiamo tendete tendono	tengo tieni tiene teniamo tenete tengono	tergo tergi terge tergiamo tergete tergono	tingo tingi tinge tingiamo tingete tingono
	IMPERFETTO	tendevo tendevi tendeva tendevamo tendevate tendevano	tenevo tenevi teneva tenevamo tenevate tenevano	tergevo tergevi tergeva tergevamo tergevate tergevano	tingevo tingevi tingeva tingevamo tingevate tingevano
	PASSATO REMOTO	tesi tendesti tese tendemmo tendeste tesero	tenni tenesti tenne tenemmo teneste tennero	tersi tergesti terse tergemmo tergeste tersero	tinsi tingesti tinse tingemmo tingeste tinsero
	FUTURO SEMPLICE	tenderò tenderai tenderà tenderemo tenderete tenderanno	terrò terrai terrà terremo terrete terranno	tergerò tergerai tergerà tergeremo tergerete tergeranno	tingerò tingerai tingerà tingeremo tingerete tingeranno
CONGIUNTIVO	PRESENTE	tenda tenda tenda tendiamo tendiate tendano	tenga tenga tenga teniamo teniate tengano	terga terga terga tergiamo tergiate tergano	tinga tinga tinga tingiamo tingiate tingano
	IMPERFETTO	tendessi tendessi tendesse tendessimo tendeste tendessero	tenessi tenessi tenesse tenessimo teneste tenessero	tergessi tergessi tergesse tergessimo tergeste tergessero	tingessi tingessi tingesse tingessimo tingeste tingessero
CONDIZIONALE	PRESENTE	tenderei tenderesti tenderebbe tenderemmo tendereste tenderebbero	terrei terresti terrebbe terremmo terreste terrebbero	tergerei tergeresti tergerebbe tergeremmo tergereste tergerebbero	tingerei tingeresti tingerebbe tingeremmo tingereste tingerebbero
IMPERATIVO		— tendi tenda tendiamo tendete tendano	— tieni tenga teniamo tenete tengano	— tergi terga tergiamo tergete tergano	— tingi tinga tingiamo tingete tingano
GERUNDIO		tendendo	tenendo	tergendo	tingendo
PARTICIPIO	PRESENTE	tendente	tenente	tergente	tingente
	PASSATO	teso	tenuto	terso	tinto
INFINITO	PRESENTE	tendere	tenere	tergere	tingere
	PASSATO	avere teso	avere tenuto	avere terso	avere tinto

	VERBO	TOGLIERE 벗다	TORCERE 짜다, 비틀다	TRARRE 끌다	UDIRE 듣다, 청취하다
INDICATIVO	PRESENTE	tolgo togli toglie togliamo togliete tolgono	torco torci torce torciamo torcete torcono	traggo trai trae traiamo traete traggono	odo odi ode udiamo udite odono
	IMPERFETTO	toglievo toglievi toglieva toglievamo toglievate toglievano	torcevo torcevi torceva torcevamo torcevate torcevano	traevo traevi traeva traevamo traevate traevano	udivo udivi udiva udivamo udivate udivano
	PASSATO REMOTO	tolsi togliesti tolse togliemmo toglieste tolsero	torsi torcesti torse torcemmo torceste torsero	trassi traesti trasse traemmo traeste trassero	udii udisti udì udimmo udiste udirono
	FUTURO SEMPLICE	toglierò toglierai toglierà toglieremo toglierete toglieranno	torcerò torcerai torcerà torceremo torcerete torceranno	trarrò trarrai trarrà trarremo trarrete trarranno	udirò udirai udirà udiremo udirete udiranno
CONGIUNTIVO	PRESENTE	tolga tolga tolga togliamo togliate tolgano	torca torca torca torciamo torciate torcano	tragga tragga tragga traiamo traiate traggano	oda oda oda udiamo udiate odano
	IMPERFETTO	togliessi togliessi togliesse togliessimo toglieste togliessero	torcessi torcessi torcesse torcessimo torceste torcessero	traessi traessi traesse traessimo traeste traessero	udissi udissi udisse udissimo udiste udissero
CONDIZIONALE	PRESENTE	toglierei toglieresti toglierebbe toglieremmo togliereste toglierebbero	torcerei torceresti torcerebbe torceremmo torcereste torcerebbero	trarrei trarresti trarrebbe trarremmo trarreste trarrebbero	udirei udiresti udirebbe udiremmo udireste udirebbero
IMPERATIVO		— togli tolga togliamo togliete tolgano	— torci torca torciamo torcete torcano	— trai tragga traiamo traete traggano	— odi oda udiamo udite odano
GERUNDIO		togliendo	torcendo	traendo	udendo
PARTICIPIO	PRESENTE	togliente	torcente	traente	udente
	PASSATO	tolto	torto	tratto	udito
INFINITO	PRESENTE	togliere	torcere	trarre	udire
	PASSATO	avere tolto	avere torto	avere tratto	avere udito

	VERBO	UNGERE 기름을 바르다	USCIRE 나가다	VALERE 가치가 있다	VEDERE 보다
INDICATIVO	PRESENTE	ungo ungi unge ungiamo ungete ungono	esco esci esce usciamo uscite escono	valgo vali vale valiamo valete valgono	vedo vedi vede vediamo vedete vedono
	IMPERFETTO	ungevo ungevi ungeva ungevamo ungevate ungevano	uscivo uscivi usciva uscivamo uscivate uscivano	valevo valevi valeva valevamo valevate valevano	vedevo vedevi vedeva vedevamo vedevate vedevano
	PASSATO REMOTO	unsi ungesti unse ungemmo ungeste unsero	uscii uscisti uscì uscimmo usciste uscirono	valsi valesti valse valemmo valeste valsero	vidi vedesti vide vedemmo vedeste videro
	FUTURO SEMPLICE	ungerò ungerai ungerà ungeremo ungerete ungeranno	uscirò uscirai uscirà usciremo uscirete usciranno	varrò varrai varrà varremo varrete varranno	vedrò vedrai vedrà vedremo vedrete vedranno
CONGIUNTIVO	PRESENTE	unga unga unga ungiamo ungiate ungano	esca esca esca usciamo usciate escano	valga valga valga valiamo valiate valgano	veda veda veda vediamo vediate vedano
	IMPERFETTO	ungessi ungessi ungesse ungessimo ungeste ungessero	uscissi uscissi uscisse uscissimo usciste uscissero	valessi valessi valesse valessimo valeste valessero	vedessi vedessi vedesse vedessimo vedeste vedessero
CONDIZIONALE	PRESENTE	ungerei ungeresti ungerebbe ungeremmo ungereste ungerebbero	uscirei usciresti uscirebbe usciremmo uscireste uscirebbero	varrei varresti varrebbe varremmo varreste varrebbero	vedrei vedresti vedrebbe vedremmo vedreste vedrebbero
IMPERATIVO		— ungi unga ungiamo ungete ungano	— esci esca usciamo uscite escano	— vali valga valiamo valete valgano	— vedi veda vediamo vedete vedano
GERUNDIO		ungendo	uscendo	valendo	vedendo
PARTICIPIO	PRESENTE	ungente	uscente	valente	vedente
	PASSATO	unto	uscito	valso	visto
INFINITO	PRESENTE	ungere	uscire	valere	vedere
	PASSATO	avere unto	essere uscito	avere valso	avere visto

	VERBO	VENIRE 오다	VINCERE 이기다	VIVERE 살다	VOLERE ~을 원하다
INDICATIVO	PRESENTE	vengo vieni viene veniamo venite vengono	vinco vinci vince vinciamo vincete vincono	vivo vivi vive viviamo vivete vivono	voglio vuoi vuole vogliamo volete vogliono
	IMPERFETTO	venivo venivi veniva venivamo venivate venivano	vincevo vincevi vinceva vincevamo vincevate vincevano	vivevo vivevi viveva vivevamo vivevate vivevano	volevo volevi voleva volevamo volevate volevano
	PASSATO REMOTO	venni venisti venne venimmo veniste vennero	vinsi vincesti vinse vincemmo vinceste vinsero	vissi vivesti visse vivemmo viveste vissero	volli volesti volle volemmo voleste vollero
	FUTURO SEMPLICE	verrò verrai verrà verremo verrete verranno	vincerò vincerai vincerà vinceremo vincerete vinceranno	vivrò vivrai vivrà vivremo vivrete vivranno	vorrò vorrai vorrà vorremo vorrete vorranno
CONGIUNTIVO	PRESENTE	venga venga venga veniamo veniate vengano	vinca vinca vinca vinciamo vinciate vincano	viva viva viva viviamo viviate vivano	voglia voglia voglia vogliamo vogliate vogliano
	IMPERFETTO	venissi venissi venisse venissimo veniste venissero	vincessi vincessi vincesse vincessimo vinceste vincessero	vivessi vivessi vivesse vivessimo viveste vivessero	volessi volessi volesse volessimo voleste volessero
CONDIZIONALE	PRESENTE	verrei verresti verrebbe verremmo verreste verrebbero	vincerei vinceresti vincerebbe vinceremmo vincereste vincerebbero	vivrei vivresti vivrebbe vivremmo vivreste vivrebbero	vorrei vorresti vorrebbe vorremmo vorreste vorrebbero
IMPERATIVO		— vieni venga veniamo venite vengano	— vinci vinca vinciamo vincete vincano	— vivi viva viviamo vivete vivano	— vuoi voglia vogliamo volete vogliano
GERUNDIO		venendo	vincendo	vivendo	volendo
PARTICIPIO	PRESENTE	venente	vincente	vivente	volente
	PASSATO	venuto	vinto	vissuto	voluto
INFINITO	PRESENTE	venire	vincere	vivere	volere
	PASSATO	essere venuto	avere vinto	avere vissuto	avere voluto

APPENDICI

동사 변화표

● **관용표현**

파생어 목록

연습문제 해답

A	
Abbaiare alla luna	달에게 짖다, 아무리 얘기해도 소용없다.
Abbassare le ali	날개를 낮추다, 겸손하게 행동하다
Abboccare all'amo	낚시바늘을 덥썩 물다, 함정에 빠지다
A buon rendere	호의를 받아들여
Acchiappare farfalle	불필요한 일에 시간을 허비하다
Acqua in bocca!	비밀을 지켜!
A cuore aperto	진정 말하건대
Ad ampio respiro	지식과 사고의 여러 영역을 포괄하는
A gambe levate	잽싸게 도망쳐서
Affogare nei debiti	빚속에 묻히다
Agile come un gatto	고양이처럼 민첩한
Agire dietro le quinte	숨어서 비밀리에 누군가/무언가를 조종하다
Aguzzar l'ingegno	문제를 해결하려고 애쓰다
A gogo	풍성하게
A grandi linee	큰 틀에서, 결론적으로
Alla garibaldina	덤벙대며 서두르는
Alla luce del sole	모든 이들이 보는데에서
Allevare una serpe in seno	나중에 해가 될 자에게 선을 베풀다
Allungare il collo	남들 몰래 뭔가를 보려하다
Alzare bandiera bianca	백기를 들다, 항복하다
Alzare la cresta	볏을 세우다, 거만하게 행동하다
Alzare le vele	돛을 달다, 사업을 시작하다
Alzare le mani	항복하다, 누군가를 때리다
Alzarsi con il piede sinistro.	분위기가 좋지 않다, 악조건 속에 있다
Ampliare i propri orizzonti.	자신의 기회를 확대하다
A macchia d'olio	빠르게 퍼지는
A malapena	힘들게
Ammazzare come un cane	잔인하게 살해하다
Anche l'occhio vuole la sua parte	쓸모 있는 것이 보기에도 좋을 수 있다
Anche l'occhio vuole la sua parte	외관도 중요하다
Andare a braccetto	맘이 맞다, 동의하다
Andare a Canossa	자신의 과오를 뉘우치고 상대의 패권을 인정하며 굴복하다
Andare a genio	좋아하다
Andarci con una gamba sola	기꺼이 원해서 가다

Andare a fagiolo	딱 맞다
Andare a gonfie vele	순풍에 돛을 달다
Andare a letto come le galline	매우 일찍 잠자리에 들다
Andare a monte	실패하다
Andare a Patrasso	무너지다
Andare a picco	실패하다
Andare a puttane	실패로 끝나다
Andare a rotoli	무너져가다
Andare a zonzo	어슬렁거리다, 목적 없이 배회하다
Andare alla cieca	잘 못보고 진행하다
Andare alla deriva	방기하다, 포기하다
Andare coi piedi di piombo	신중하게 나아가다
Andare di lusso	예상보다 잘 나아가다
Andare di male in peggio	상황이 점점 안 좋아지다
Andare in bianco	목적을 상실하다
Andare in fumo	잿더미로 변하다
Andare in tilt	총명함을 잃다
Andare su tutte le furie	매우 화가 나다
Andarsene con la coda fra le gambe	패주하다
Andar per rane	대화의 맥락을 잃어버리다
Andar vitello e tornare bue	전보다 더 멍청해지다
A occhio e croce	어림짐작으로 재 봤을 때
Aprire gli occhi	눈 뜨다, 알게되다
Arrampicarsi sugli specchi	말도 안 되는 변명거리를 찾다
Aspettare Godot	절대 오지 않을 것을 계속해서 기다리다
Aspettar la manna dal cielo	하늘에서 해결책이 저절로 떨어지길 기다리다
Attaccare bottone	길고 지루한 이야기를 나누다 / 시작하다
A tutta birra	전속력으로 가다
Aver provato il morso del lupo	안 좋은 일을 겪고난 후 현명해지다
Avere ancora i denti da latte	풋내기이다
Avere culo	행운을 가지다
Aver fatto trenta e fare trentuno	목적 달성을 위해 마지막 노력을 다 하다
Avere fegato	용기 있다
Avere il ballo di San Vito	멈출 줄을 모르다

Avere il carbone bagnato	양심이 없다
Avere il dente avvelenato	누군가에게 원한을 갖다
Avere il pollice verde	식물 기르는 재주가 있다
Avere il prosciutto davanti agli occhi	명백한 사실을 못보다
Avere l'acquolina in bocca	식탐이 있다
Avere la coda di paglia	남들이 알아챌 비난을 두려워하다
Avere la faccia tosta	부끄러움을 모르다
Avere la febbre del sabato sera	불타는 토요일의 욕망을 갖다
Avere la luna storta	분위기 최악이다
Avere la maledizione addosso	불운이 닥치다
Avere la mano leggera	무언가를 잘 다루다
Avere l'argento vivo addosso.	천방지축 불안정하다
Avere l'aspetto di un cane bastonato	누군가에/무언가에 심각하게 당한 사람 같다
Avere la pelle d'oca	닭살이 돋다
Avere la pelle dura	삶의 고난을 잘 견디다, 고단한 삶에 저항하다
Avere la puzza sotto il naso	남보다 자신이 잘났다고 생각하다
Avere la spada di Damocle sul capo	피할 수 없는 위험이 다가오려 하다
Avere la testa sulle spalle	책임감이 있는 사람이다
Avere la testa fra le nuvole.	산만하다, 현실감 없다
Avere le ali ai piedi.	엄청 빨리 달리다
Avere le mani bucate	낭비벽이 심한 사람이다
Avere le mani d'oro	많은 것을 할 줄 알다
Avere le mani lunghe	도벽이 있다
Avere le palle	용기를 지니다
Avere le palle piene	더 이상 할 수 없을 정도로 질리다.
Averne fin sopra i capelli	인내의 한계에 도달하다
Avere molte frecce al proprio arco	목적 달성을 위해 많은 것들을 준비하다
Averne per un pezzo	너무도 긴 시간을 보내다
Avere paura della propria ombra.	모든 것에 두려워하다
Avere poco sale in zucca	멍청하다
Avere sulla punta della lingua	혀 끝에서 맴돌다
Avere una fifa blu	새파랗게 겁에 질리다
Avere un asso nella manica	해결비법을 갖다
Avere una marcia in più	다른 사람보다 뛰어난 능력을 지니다 / 훌륭하다

Avere un chiodo fisso	고정관념에 사로잡히다
Avere un diavolo in corpo	에너지가 넘치다
Avere un diavolo per capello	극도로 화가 나다, 극도로 예민해지다
Avere una febbre da cavallo	열이 매우 높다
Avere un nodo alla gola	감격에 목이 메이다
Avere uno scheletro nell'armadio	숨기다
B	
Battere cassa	돈을 요구하다
Battere la fiacca	빈둥거리다, 늦장부리다
Bestia nera	악몽, 집착
Bollire in pentola	남몰래 무언가를 준비 중이다
Brancolare nel buio	어딜 향해 가는지도 모르고 가다
Bruciare le tappe	예상보다 먼저 목표에 도달하다
Buonanotte al secchio	실패, 미완성
Buttare al vento	낭비하다
Buttare paglia sul fuoco	갈등을 격화시키다
Buttarla sul ridere	힘겨운 상황을 누그러뜨리다, 긴장완화하다
Buttarsi a capofitto	무언가에 몰입하다
C	
Cadere dalla padella nella brace	위험을 피하려다 더 큰 실수를 하다
Cadere dalle nuvole	예고없이 갑자기 일어나다
Cadere in piedi	위험에서 잘 빠져나오다
Cadere tra le braccia di Morfeo	잠이 들다
Calzare a pennello	잘 지내다
Cambiare le carte in tavola	이전에 취하던 행동을 바꾸다
Camminare sul filo del rasoio	큰 위험을 무릅쓰다
Camminare sulle uova	불편한 상황에 처하다
Cani e porci	온갖 사람들 다
Capitare a fagiolo, cadere a fagiolo	제 때에 일어나다
Cascare dal pero	어안이 벙벙한 상태가 되다
Cavalcare la tigre	피할 수 없는 위험속에 빠지다
Cercare a destra e a sinistra	사방을 찾다
Cercare il pelo nell'uovo	작은 결점이라도 찾으려 하다
Cercare la quadratura del cerchio	어떤 문제에서 이상적 해결점을 찾아가다

Cercare in lungo e in largo	모든 방향에서 찾다
Cercare un ago in un pagliaio	찾아내는 것이 불가능 하다
Cercare per mare e per monti	사방에서 찾다
Chi la dura la vince.	목적을 이루려면 꾸준함이 중요하다
Chiodo scaccia chiodo	새로운 문제가 과거의 문제를 덮는다
Chiudere la stalla dopo che i buoi sono scappati	소 잃고 외양간 고치다
Chiudere un occhio	보지 않고 간과하다
Cogliere con le mani nel sacco	부정한 자를 명백한 증거로 놀라게 하다
Cogliere la palla al balzo	기회를 활용하다
Cogliere l'attimo	유리한 기회를 활용하다
Come un elefante in una cristalleria	주의하지 않다, 계속적 손실을 무릅쓰다
Conoscere i propri polli	누구와 무엇을 할지 다 알다
Contare come il due di picche/di briscola	아무런 가치가 없다
Colpo di spugna	지난 원한을 잊다, 용서하다
Coltivare il proprio orto	헛된 꿈 꾸지 않고 현실을 직시하다
Comandare a bacchetta	권위적이다
Come il diavolo e l'acqua santa	둘이 양립할 수 없다
Comprare a scatola chiusa	품질 검증 없이 구매하나
Conoscere come le proprie tasche	너무 잘 알다
Contare come il due di briscola (o il due di picche)	아무것도 고려하지 않다, 가치가 없다
Cosa fatta capo ha	이미 일어난 일은 바뀌지 않는다
Credere agli asini che volano	사람들이 말하는 모든 것을 믿다, 순진하다
Credersi il figlio della gallina bianca	모든 것을 갖춘 특별한 사람이라 생각하다
Credersi un padreterno	중요성을 두다
D	
Da che pulpito vien la predica	설교자는 자신이 말하는 대로 안 하는 첫 번째 사람이다
Dalla padella alla brace	안 좋은 상황이 더 안좋아지다
Dalle stelle alle stalle	좋은 상황에서 나쁜 상황으로
Dare del filo da torcere	방해하다
Dare di volta il cervello	미치다
Dare i numeri	말도 안 되는 말/일을 하다
Dare lavoro	일자리를 주다

Dare noia, dare fastidio	불편함을 주다
Dare retta, dare ascolto a ql.cu.	누군가의 말에 귀 기울이다
Dare una spinta	푸쉬하다
Dare una mano	도와주다
Dare nell'occhio	주의를 끌다
Dare un colpo al cerchio e uno alla botte	모두가 만족하게 행동하다
Darla a bere	속이다
Dare retta, dare ascolto a~	누군가의 말에 귀 기울이다
Darsela a gambe	도망치다
Darsi da fare	생산적으로 일하다
Darsi la zappa sui piedi	실수로 이득이 되지 않는 일을 하다
Detto, fatto	말했으니 곧바로 실행한다
Difendere qualcosa con i denti	끝까지 방어하다
Dormire tra due guanciali	안전함을 느끼다
Non dare tregua	괴롭힘, 방해가 끝이 없다
Dare agio, dare occasione, dare tempo	기회(여지)를 주다
Dare fondo a~	소비하다, 써버리다
Dare fuoco	불을 붙이다
Dare lavoro	일자리를 주다
Dare luogo a~	야기(촉발)하다
Dare spazio	생각이나 계획을 실현하는데 도움을 주다
Dare voce a~	~의 말을 들어주다
Dare i numeri	말도 안 되는 말/일을 하다
Dare una spinta	푸쉬하다
Darsi da fare	생산적으로 일하다
Dare del filo da torcere	가로막다, 방해하다
Dare di volta il cervello	갑자기 미치다
Dare l'imbeccata	뭘 해야할지 넌지시 조언하다
Dare nell'occhio	주의를 집중시키다
Dare una lavata di capo	따가운 질책을 하다
Dare un colpo al cerchio e uno alla botte	운이 좋다/예상하기 어려운 것을 생각해내다
Dare un dito e farsi prendere un braccio	누군가의 이해심을 이용하다
Darla a bere	가짜를 진짜라 믿게 하다
Darsela a gambe	도망치다

Darsi la zappa sui piedi	반대로 가다
Da uomo a uomo	명확하게
Detto, fatto	즉시 실행하다
Difendere coi denti	격하게 방어하다
Di punto in bianco	예고 없이
Dirne di tutti i colori	남 고려하지 않고 말해버리다
Dirne quattro	꾸짖다
Dormirci sopra	결정을 다음 날로 미루다
Dormire sugli allori	승리 후 편안하게 쉬다
Dormire tra due guanciali	아무 걱정 없이 안정감을 느끼다

E

Essere facile come bere un bicchiere d'acqua	너무 쉽다
Essere il mio cavallo di battaglia	내가 잘 아는 분야다
Essere inutile piangere sul latte versato.	지난 일은 후회해도 소용없다
Essere la solita cantilena	옛날 늘상 듣던 것이다
Entrare da un orecchio e uscire dall'altro	한 귀로 듣고 한귀로 흘리다
Entrare in ballo	개입하다, 행동에 들어가다
Essere a cavallo	목적달성을 확신하다
Essere agli sgoccioli	거의 끝나가다
Essere ai ferri corti	갈등의 결말 단계에 다다르다
Essere al settimo cielo	극도의 황홀감을 느끼다
Essere al verde	매우 가난하다
Essere alla frutta	에너지가 없다
Essere appeso a un filo	위험한 상황에 처하다
Essere baciato dalla fortuna	대단한 행운아이다
Essere come cane e gatto	끊임없이 싸우다
Essere come il gatto e la volpe	악행을 위해 서로 공조하다
Essere come il prezzemolo	흔히 볼 수 있는 평범한 사람이다
Essere come l'araba fenice	드물게 완벽한 것/사람이다
Essere come l'ebreo errante	어디에도 정착 못하다
Essere con la corda al collo	심각한 위험에 처하다
Essere come un libro aperto	숨길 비밀이 없다
Essere culo e camicia	매우 친한 관계이다
Essere di manica larga	관대하다

Essere due anime in un nocciolo	정말 친한 친구이다
Essere felice come una Pasqua	너무 만족하다
Essere fuori di sé	평소와 다른 사람이다
Essere il cavallo di battaglia	강점이다
Essere il pomo della discordia	불화의 원인이다
Essere in alto mare	목적지점에서 멀리 있다.
Essere in gamba	많은 능력을 지니다
Essere in quattro gatti	수가 적다
Essere in una botte di ferro	확실하다
Essere in vena~	~라 느끼다
Essere in prima linea	매우 중요하다
Essere in quattro gatti	적은 수이다
Essere in una botte di ferro	철통방어 상태이다
Essere in vena	무언가 하고싶다
Essere la ciliegina sulla torta	작품을 완성시키는 것이다
Essere l'elefante in una cristalleria	어설프다
Essere la fata Turchina	문제를 해결할 능력이 있다
Essere la pecora nera	그릇된 행동으로 튀는 사람이다
Essere la punta di diamante	가장 중요한 요소이다
Essere l'ultima ruota del carro	아무런 가치가 없다
Essere nella fossa dei leoni	매우 안좋은 상황에 놓이다
Essere nudo come un verme	실오라기 하나 걸치지 않다
Essere nuovo di zecca	막 구입한 신품이다
Essere pazzo come un cavallo	완전히 미치다
Essere pieno come un uovo	무척 붐비는 곳이다
Essere sano come un pesce	완벽한 건강상태이다
Essere secco come un'acciuga	몸이 마르다
Essere sulla cresta dell'onda	인생의 호황기에 있다
Essere tra i piedi	방해받다
Essere la pecora nera	남과 다른 자이다
Essere un altro paio di maniche	완전 다른 것이다
Essere un bastian contrario	늘 부조화이다
Essere un cerbero	매우 엄격하다
Essere un chiodo fisso	일관된 생각이다

Essere una chimera	실현불가능한 환상이다
Essere una frana	할 수가 없다
Essere un altro paio di maniche	앞의 것과 완전 다른 것이다
Essere una palla al piede	부담되다
Essere un fariseo	위선자이다
Essere un figlio di papà	부모 덕에 편안히 사는 자이다
Essere un furbo di tre cotte	교활하다
Essere un libro chiuso	극도로 내성적인 사람이다
Essere un pezzo di pane	착하고 온순하다
F	
Faccia di bronzo (o tosta)	수줍음이 없는 사람
Facile come bere un bicchiere d'acqua	매우 간단한
Farci il callo	습관이 되다
Fare da capro espiatorio	희생양이 되다
Far di necessit virtù	어려움에 적응하다
Fare acqua	물이 나가고 들어오게 놔두다
Fare a scaricabarile	책임을 다른 이에게 떠넘기다
Fare baracca e burattini	체념과 무관심의 상태가 되다
Fare caso a~	~주의하다
Fare colpo	강력한 인상을 주다
Fare fronte	맞서다
Fare i conti senza l'oste.	닥칠지도 모를 어려움을 무릅쓰고 행동하다
Fare la gatta morta	얌전한 척 하다
Fare l'avvocato del diavolo.	재판에서 상대측의 공격을 예견하고 방어하다
Fare orecchie da mercante.	아무 일도 아닌척하다, 못들은 체 하다
Fare luce	깨닫게 하다
Fare paura	놀래키다
Fare scuola, fare testo	표본이 되다
Fare testamento	마지막 의지를 표현하다
Fare una filippica	누군가에 대해 독설을 퍼붓다
Fare un nodo al fazzoletto	안 잊어버리려고 어떤 표시를 하다
Fare un patto col diavolo	원하는 것을 얻기 위해 무엇이라도 하다
Fare un salto nel buio	가져올 결과를 모르고 위험한 일을 시도하다
Far girare le palle	누군가의 신경을 건드리다

Farla franca	구하다
Far l'occhio di triglia	그윽한 시선을 하다
Far luce su qualcosa	명확히 하다
Farne di cotte e di crude	모든 짓을 다 하다
Farsene una ragione	부정한 일을 수용하다
Farsi beffa di qualcuno	놀리다, 조롱하다
Far ridere i polli	재미 없다, 웃기지 않다
Far rizzare i capelli	엄청 놀라게하다
Far secco	살해하다
Far vedere i sorci verdi	큰 문제를 야기하다
Far vedere la luna nel pozzo	허황된 약속으로 속이려하다
Far venire il latte alle ginocchia	몹시 귀찮다
Fare atto di fede	자신의 믿음을 공식 선언하다
Fare cappotto	떠들썩한 승리를 거두다
Fare come il cane dell'ortolano	먹지 않다, 먹게 놔두지 않다
Fare da palo	경비 서다
Fare di necessità virtù	역경에 적응하다
Fare di tutta l'erba un fascio	구분없이 아무렇게나 섞어 놓다
Fare di una mosca un elefante	과장하다
Fare i conti in tasca	무례한 호기심으로 다른 사람의 경제적 여유를 알아내다
Fare i conti senza l'oste	다른 이의 의지와 상관없이 급한 결정을 내리다
Fare il buono e il cattivo tempo	상황을 조절할 막강한 힘을 지니다
Fare il callo	습관이 되다
Fare il cascamorto	비위를 맞추다
Fare il culo	물리치다
Fare il diavolo a quattro	극도의 혼란을 만들다
Fare il doppiogioco	이중플레이를 하다
Fare il galletto	여성들의 비위를 맞추다
Fare pelo e contropelo	엄하게 꾸짖다
Fare il volo di Icaro	자신의 능력을 과대평가하다
Fare la cicala	돈을 마구 쓰다
Fare la figura del baccalà	멍청한 모습을 하다
Fare la fine del topo	덫에 걸려 죽다
Fare la pelle	학대하다

Fare la parte del leone	전부 다 가지다
Fare la spola	계속 왔다갔다 하다
Fare le scarpe	친한 척 음흉하게 다가가 조종하다
Fare l'indiano	못들은 척, 이해못하는 척 하다
Fare mente locale	기억해내거나 생각을 정리하기 위해 집중하다
Fare pelo e contropelo	신랄하게 비난하다
Fare piazza pulita	완전히 비우다
Fare tabula rasa	모든 흔적을 제거해 사라지게 하다
Fare tredici	대단한 행운을 얻다
Fare un buco nell'acqua	망하다
Fare un macello	엉망진창을 만들다
Fare un'ira di Dio	폭력적 장면을 연출하다
Fare una frittata	복구할 수 없는 손실을 야기하다
Farla franca	큰 손해없이 위험에서 빠져나오다
Farsene una ragione	부정적인 무언가를 수용하다
Fatto coi piedi	잘 못됐다
Ficcare il naso	개입하다, 간섭하다
Freddo cane	매우 춥다
Freddo di mano, caldo di cuore	사랑에 빠지면 피가 잘 돌지 않는다
Fuggire a gambe levate	황급히 달아나다
G	
Gambe in spalla	바람처럼 달리다
Gatta da pelare	해결해야할 문제
Gettare alle ortiche	마구 버리다
Gettare fumo negli occhi	속이다, 기만하다
Gettare la maschera	자신의 의도를 공개적으로 드러내다
Gettare la spugna	항복하다, 포기하다
Gettare paglia sul fuoco	갈등을 격화하다
Giocare come il gatto col topo	고양이 앞의 쥐처럼 괴롭히다
Grattarsi la pancia	아무 일도 안하다
Gridare al lupo	필요 없을 때도 도움을 요청하다
Guardare uno dall'alto in basso	사람을 무시하고 깔보다
I	
I conti non tornano	이성적으로 틀린 것 같다, 뭔가 잘못 됐다

Il cuore non sbaglia	직관은 틀리지 않는다
Il dado è tratto	주사위는 던져졌다
Il dolce far niente	행복한 태만의 상태
Il gioco non vale la candela	많은 노력과 희생에 의한 값진 결과
In bocca al lupo!	행운을 빌어!
In fin dei conti, Dopotutto, In fondo, Tutto sommato	결국
Indossare la camicia di Nesso	벗어날 수 없는 고통을 겪다
Ingoiare il rospo	맘에 안드는 상황을 어쩔 수 없이 감내하다
Inseguire una chimera	이룰 수 없는 꿈을 쫓다
In un batter d'occhio	찰나에, 순간에

L

La classe non è acqua	드문 품질이다
La gallina dalle uova d'oro	정말 유용한 무언가
Lacrime di coccodrillo	가짜 눈물
Lasciare a desiderare	완전히 만족하지 않다
Lasciarci le penne	죽다
Lasciar cuocere qualcuno nel suo brodo	누군가 스스로 정리하게 내버려두다
Lavarsene le mani	책임에서 벗어나다
Leccarsi i baffi	음식의 맛을 보거나 보게하다
Leccare i piedi	아부하다
Leccarsi le ferite	실패와 절망을 극복하려 애쓰다
Legarsela al dito	과실을 잊지 못하다
Levare le tende	가버리다
Levarsi dalle palle	비키다
Levarsi un dente	귀찮은 생각을 없애다
Liscio come l'olio	아무 문제없이
Lotta senza quartiere	끝없는 다툼
L'uovo di Colombo	불가능한 문제에 간단한 해결책

M

Mandare a farsi benedire, Mandare al diavolo	지옥으로 보내버리다
Mandare all'aria	파멸 속으로 보내버리다
Mandare a monte	목표를 달성하지 못하다

Mandare a quel paese	먼 곳으로 보내다
Mangiare a quattro palmenti	탐욕스레 먹다
Mangiare come un uccellino	아주 조금 먹다
Mangiare la foglia	미리 알아차리다
Mangiare pane a tradimento	감사표시도 없이 남에게 얹혀살다
Mangiare per due	많이 먹다
Mangiarsi vivo qualcuno	마음 상하게 하다, 상처주다, 누군가를 격렬하게 공격하다
Meglio soli che mal accompagnati.	나쁜 친구들과 교류하느니 혼자인 것이 낫다
Meglio tardi che mai.	아예 안 오는 것 보다 늦는 편이 낫다
Menare il can per l'aia	결론에 대도달하지 못하다
Menar per il naso	놀리다, 속이다
Mettere a ferro e fuoco	파괴하다
Mettere alle corde (o alle strette)	선택의 여지를 두지 않다
Mettere dei paletti	넘어선 안되는 선을 정하다
Mettere il carro davanti ai buoi	시간을 서두르다
Mettere il bastone tra le ruote	진행을 막다
Mettere il dito sulla piaga	꺼내기 힘든 민감한 주제를 건드리다
Mettere il lupo nell'ovile	악인에게 재산을 맡기다
Mettere in buona luce	남의 눈을 의식해 누군가에 대해 좋게 말하다
Mettere in cattiva luce	남에 대해 나쁘게 말하다
Mettere in croce	괴롭히다
Mettere in luce	명확히 하다
Mettere i puntini sulle, sugl'i	완강하다, 완고하다
Mettere la corda al collo	부담되고 수용할 수 없는 조건을 강요하다
Mettere la pulce nell'orecchio	의심이 들기 시작하다
Mettere nero su bianco	명문화하다, 명확하게 말하다
Mettere qualcuno in riga	누군가에게 규범을 지키라 명하다
Mettere troppa carne al fuoco	동시에 너무 많은 것을 하다
Mettercela tutta	최대한 전념하다
Metterci lo zampino	참견하다, 간섭하다
Metterci una croce sopra	생각을 그만하다
Metterci una pietra sopra	더 이상 생각안하다
Mettere alle corde	선택 가능성을 포기하지 않다

Mettere qualcosa sotto i denti	무엇이든 다 먹다
Mettersi il cuore in pace	괴로운 생각을 그만하다
Mettersi le mani nei capelli	절망하다
Mogli e buoi dei paesi tuoi	서로를 잘 이해하려면 같은 나라 사람과 혼인하는 것이 좋다
Mordersi la lingua	말한 것을 후회하다
Morire dalla voglia di ~	~하고 싶어 못 기다리겠다
Mostrare i denti	공격적 태도를 보이다
Muovere cielo e terra	모든 수단을 다 동원하다
N	
Nascere con la camicia	특별한 행운아이다
Natale con i tuoi, Pasqua con chi vuoi.	크리스마스는 가족과, 부활절은 연인과
Nemmeno per sogno!	꿈에라도 아니다
Non avere il becco di un quattrino	돈 한 푼 없다
Non aver niente da metter sotto i denti	찢어지게 가난하다
Non avere peli sulla lingua	거침없이 진심을 표현하다
Non batter chiodo	아무것도 얻지 못하다
Non cavare un ragno dal buco	노력에도 불구하고 얻지 못하다
Non chiudere occhio	잠을 못자다
Non ci piove	확신하는 어떤 것이다
Non guardare in faccia nessuno	아무걱정 하지 않다
Non capire un tubo	전혀 이해 못하다
Non cavar un ragno dal buco	노력과 시도에도 불구하고 아무 결론도 짓지 못하다
Nulla impossibile	모든게 가능하다
Non esser farina del proprio sacco	다른 이들의 도움으로 이룬 일이다
Non essere uno stinco di santo	진실되거나 정직하지 못한 사람이다
Non fare male a una mosca	순한 사람이다
Non importare un fico secco	아무것도 중요치 않다
Non muovere un dito	손 하나 까딱 안하다
Non promettere mari e monti.	지키지 못할 약속은 하지 말라.
Non sapere che pesci pigliare	뭘 결정할지 모르다
Non sapere dove sbattere la testa	어려운 상황 타개를 위해 어디서부터 무엇을 해야할지 모르다
Non saper tenere un cece in bocca	비밀 유지를 못하다
Non sentir volare una mosca	절대 침묵
Non si campa d'aria	너무 가난하다

Non stare né in cielo né in terra	불가능하다
Non stare più nella pelle	열렬히 고대하다
Non svegliare il cane che dorme.	잠자는 사자의 콧털을 건드리지 마라.
Non tutte le ciambelle escono col buco.	세상 일이 늘 원하는대로 되진 않는다.
Non torcere un capello.	절대 남을 해하지 말라.
Non valere un fico secco, Non valere una lira	가치가 없다
Non vedere l'ora	참고 기다릴 수가 없다
Nuotare nell'oro	엄청난 부자이다
Nuovo di zecca	완전 새로운
O	
O la va o la spacca	잘 될 수도 안될 수도 있는 매우 위험 큰 시도
O mangi la minestra, O salti dalla finestra	요구한 것을 반드시 이행해야만 한다
Occhio di falco, Occhio di lince	정확한 시력
Ogni morte di papa	드물게
Ognuno porta la sua croce	그 누구라도 생각해야할 문제들을 가지고 있다
Oltre al danno la beffa	마음의 상처에 모욕까지 더해지다
Ora si balla	닥쳐올 위험에 대한 걱정이 표현
P	
Pagare il fio	합당한 처벌을 받다
Parlare al muro	벽에 대고 말하는 격이다
Parlare a quattr'occhi	우리끼리 얘기다
Parlare chiaro e tondo	말 돌리지 않고 명확히 말하다
Parlare come un libro stampato	현란한 언어로 표현하다
Parlare ostrogoto	이해할 수 없는 말을 하다
Partire in quarta	열정을 가지고 시작하다
Passare dalle stelle alle stalle	성공이 실패로 이어지다
Passare la patata bollente	타인에게 힘든 상황을 안기다
Passare sotto le forche caudine	심한 모욕을 겪다
Perdere il lume della ragione	미치다
Perdere la faccia	권위, 명예를 잃다
Perdere le staffe	인내심을 잃다, 화가 나다
Per filo e per segno	자세하게

Per il rotto della cuffia	힘든 상황을 이겨내다
Pestare i piedi a qualcuno	피해를 입히다
Piangere a calde lacrime, Piangere come un vitello	절망적으로 울다
Piangere sul latte versato	뒤늦게 후회하다
Pieno come un uovo	꽉찬
Piantare in asso	어려운 상황에 처한 이를 홀로 놔두다
Piove, governo ladro!	정부와 비(날씨)를 탓하다
Piovere sul bagnato	부자는 더 부자가 된다, 불운에 볕이 들지 않는다
Portare acqua al mare	불필요한 일을 하다
Prendere alla lettera	속 뜻을 모르고 글자만 이해하다
Prendere due piccioni con una fava	일거양득
Prendere fiato	잠시 쉬기 위해 멈추다
Prendere in giro	조롱하다
Prendere qualcuno in contropiede	뜻밖에 누군가를 얻다
Prendere la palla al balzo	유리한 기회를 잡다
Prendere la vita con filosofia	삶의 문제 앞에 당당히 맞서다
Prendere lucciole per lanterne	혼동하다
Prendere piede	성공하다
Prendere posizione	입장을 취하다
Prendere sotto gamba	중요성이나 어려움을 간과하다
Prendere un granchio	실수를 범하다
Prendere una sbandata	깊이 사랑에 빠지다
Promettere mare e monti	지키지 못할 약속을 하다
Q	
Questioni di lana caprina	불필요한 논의
Qui casca l'asino	틀리기 쉬운 함정이 있다
Qui gatta ci cova	이상하거나 불편한 뭔가가 있다
R	
Raschiare il fondo del barile	문제를 해결하기 위해 마지막 남은 자원을 사용하다
Rendere pan per focaccia	받은 상처를 그대로 돌려주다
Restarci di sasso	망연자실해 있다
Restare con l'amaro in bocca	낙담해 있다

Rigare dritto	의무에 따라 행동하다
Rigirare la frittata	어떤 것을 자신의 편의대로 보여주다
Rimanere a galla	어려운 상황을 빠져나오다
Rimanere con un pugno di mosche	거의 혹은 아무것도 얻지 못하다
Rimanere di sasso	얼빠진 상태이다
Rimboccarsi le maniche	열중하다
Rimettersi in sesto	병이 낫다
Rispondere per le rime	반론에 구두로 반응하다
Rivoltare la frittata	쉽게 말이나 태도를 바꾸다
Rompere gli indugi	행동에 나서다
Rodersi il fegato	원한을 품다
Rompere il ghiaccio	침묵 상황을 깨다
Rompere le scatole	귀찮게하다
Rompere le uova nel paniere	준비한 계획을 망가뜨리다
S	
Saltare il fosso	새 관계를 위해 지난 모든 관계를 끊다
Salto di qualità	품질개선
Salvare capra e cavoli	한 가지 결정으로 둘의 이익을 지키다
Salvare la faccia	체면치례는 하다
Salvarsi per un pelo	간발의 차이로 목숨을 구하다
Sano come un pesce	너무도 건강한
Sapere il fatto proprio	자신에 대해 잘 알다
Saperla lunga, Saperne una più del diavolo	매우 교활하다
Sbarcare il lunario	궁핍한 생활을 하다
Scaldare il banco	공부는 거의 안하면서 학교를 다니다
Scappare a gambe levate	엄청 빨리 도망치다
Scavarsi la fossa	제 스스로 망가지다
Scegliere fior da fiore	최선의 선택을 하다
Scoprire l'acqua calda, Scoprire l'America	남들은 다 아는 것을 새롭게 발견했다고 생각하다
Segare la segatura	불필요한 일에 시간을 허비하다
Sentirsi un pesce fuor d'acqua	불편함을 느끼다
Servire due padroni	서로 맘이 맞지 않는 두 주인을 섬기다
Sfondare una porta aperta	같은 생각을 가진 사람의 의견을 지지하다
Signori si nasce, non si diventa	됨됨이는 어렸을 때부터 학습된다

Spaccare il capello in quattro	너무 세부적으로 들어가다
Spada di Damocle	위험에 노출된
Sparare a zero	불평하다, 비난하다
Spezzare una lancia a favore	방어자세를 취하다
Spremere come un limone	마지막 끝까지 활용하다
Sprecare il fiato	듣는 이도 없는데 불필요하게 말하다
Sputare il rospo	고백하다
Starci come il cavolo a merenda	부조화 상태이다
Stare a ruota	근 거리에 뒤따르다
Stare col fiato sospeso	결과를 초조하게 기다리다
Stare con le mani in mano	아무것도 안하다
Stringere i denti	저항하다
Sul più bello	최적의 순간에
T	
Tagliare fuori	배제하다
Tagliare i ponti	관계를 끊다
Tagliare la corda, svignarsela	사라지다
Tagliare la testa al toro	드라마틱한 결정을 하다
Tagliare le gambe	누군가를 힘으로 가로막다
Tallone d'Achille	약점
Tanto fumo e poco arrosto	속빈강정
Tarpare le ali a qualcuno	누군가의 능력발휘 기회를 가로막다
Tenere duro	저항하다
Tenere il becco chiuso	입을 닫다
Tenere il coltello dalla parte del manico	상황을 통제할 힘을 갖다
Tenere in ballo	기회를 보며 기다리다
Tenere in scacco	아랫사람을 어떻게 다룰까 하고 보다
Tenere sott'occhio	쉽게 통제하다
Tenere sulla corda, Tenere sulle spine	누군가를 위태로운 상황에 놔두다
Teso come una corda di violino	엄청 신경이 곤두선
Tirare i remi in barca	활동을 중지하다
Tirare in ballo	대화(사건)에 누군가를 끌어들이다
Tirare l'acqua al proprio mulino	자신의 사적 이익을 추구하다
Tirare la cinghia	궁핍하게 살다

Tirare per i capelli	누군가에게 무언가를 하도록 강요하다
Tirare troppo la corda	끊어질 정도로 줄을 당기다, 위험을 무릅쓰다
Toccare il fondo	인생의 바닥을 치다
Togliere le castagne dal fuoco	누군가를 어려움에서 구해내려고 돕다
Tre fili fanno uno spago	불필요한 세 개가 합쳐 필요한 무언가를 만들어내다
Trovare l'Eldorado	부러울만한 풍족한 상황을 맞이하다
Trovare pane per i propri denti	자신에게 딱 맞는 무언가를 발견하다
Trovarsi a tu per tu	단 둘이 있다
Trovarsi tra due fuochi	두 가지 위험 가운데 있다
Trovarsi tra l'incudine e il martello	위험하고 적대적인 두 사람 가운데 있다
U	
Usare il bastone e la carota	당근과 채찍을 활용하다
Uscire dai gangheri	인내심을 잃다
V	
Vedere il fondo	끝까지 가길 원하다
Vedere i sorci verdi	안 좋은 상황을 지나다
Vedere tutto nero	비관적으로 보다
Vedersela brutta	매우 위험한 상황에 처하다
Vendere cara la pelle	온 힘으로 자신을 방어하다
Venire al punto	대화의 가장 중요한 주제를 검토하다
Venire alla ribalta	갑자기 유명세를 타게 되다
Vivere in un limbo	불분명한 상황에 처하다
Voltare la faccia	갑자기 생각이나 태도를 바꾸다
Vuotare il sacco	아는 바를 모두 (비밀까지도) 폭로하다

APPENDICI

동사 변화표

관용표현

• 파생어 목록

연습문제 해답

■ 의미를 보강해주는 접두사

접두사	의미	예
a-, ad-, ac-	direzione, scopo	adattare, accorrere
ab-, as-	lontano	abnorme, astenersi
ambi-	due	ambidestro
ante-, anti-	davanti	antecedere, anticamera
arci-, archi-	molto, superiore	arcicontento, archidiocesi
bi-, bis-	due	biciclo, bisunto
circo-, circum-, intorno-	circoscritto	circumnavigazione
cis-	di qua	cisalpino
con-, com-, co-	insieme	concorrente, comprimario
contra-, contro-	opposizione	contraddire, contromisura
de-, di-, dis-	lontano	deportare, dilacerare, disunire
e-, es-, s-, sci-	fuori di	emigrare, espatriare, sconfinare
emi-	mezzo	metàemisfero
extra-, estra-, stra-	fuori da, superiore	extraparlamentare, straordinario
fra-, infra-	in mezzo	frapporre, infrascritto
giusta-	accanto	giustapporre
in- im-, ir-	dentro, sopra, non	incorrere, imporre, irrompere
inter-	tra	internazionale
intra-, intro-	dentro	intramuscolare, intromettersi
iper-	al di sopra, più che	ipersensibile
ipo-	al di sotto	ipoteso
mis-	non	miscendente
oltre-, ultra-	al di là	oltrepassare, ulrasonico
per-	attraverso	perforare, pervenire
peri-	intorno	perimetro, perifrasi
pos-, po-	dopo	posporre, pomeriggio
pre-, pro-	davanti	premettere, proporre
re-, ri-	di nuovo	restringere, riemergere
retro-	indietro	retrobottega
sub-, sotto-, so-, sol-, som-	sotto	subacqueo, sottostare, sostrato
super-, sovra-, sopra-	al di sopra, oltre	supersonico, sovrastruttura
trans-, tras-, tra-	di là	transalpino, trasportare
tri-, tris-	tre	tripartito, trisavolo

라틴어 기원의 접두사

접두사	의미	예
a-, an-	senza, non	apolitico, anarchia
ambi-	due	ambidestro
anti-	contro	antifurto
audio-	ascolto	audiovisivo
bi-	due	bilaterale
centi-	cento	centimetro
cruci-	croce	cruciforme
deci-	dieci	decimetro
digit-	dito	digitale
equi-	uguale	equidistante
maxi-	grandissimo	maxigonna
mini-	piccolissimo	minigonna
multi-	numeroso	multiforme
onni-	tutto	onnipotente
pluri-	più	plurimilionario
quadri-	quattro	quadrimestre
quinque-	cinque	quinquennale
radio-	raggio	radiologia
semi-	a metà	semivivo

그리스어 기원의 접두사

접두사	의미	예
aero-	aria	aeronautica
antropo-	uomo	antropofago
archeo-	antico	archeologia
auto-	da solo	automobile
baro-	peso	barometro
biblio-	libro	biblioteca
bio-	vita	biologia
caco-	cattivo	cacofonia
cinemato-	movimento	cinematografia
clepto-	furto	cleptomania
cosmo-	mondo	cosmopolita
cripto-	nascosto	criptovalute
critto-	nascosto	crittogramma
crono-	tempo	cronometro
dattilo-	dito	dattilografo

demo-	popolo	democrazia
dinamo-	forza	dinamometro
filo-	amare	filosofia
fono-	voce	fonografo
foto-	luce	fotografia
eco-	ambiente	economia
elio-	sole	eliocentrico
emo-	sangue	emofilia
emato-	sangue	ematocrito
gastero-	ventre	gasteropodo
gastro-	ventre	gastronomo
geo-	terra	geografia
idro-	acqua	idroscalo
ippo-	cavallo	ippodromo
iso-	uguale	isoscele
lito-	pietra	litografia
macro-	grande	macrocefalo
mega-	grande	megafono
megalo-	grande	megalomane
micro-	piccolo	microscopio
mono-	unico	monocolo
necro-	morte	necroforo
neo-	nuovo	neologismo
nevr-	nervo	nevralgia
neuro-	nervo	neurologo
omo-	simile	omogeneo
oro-	montagna	orografia
orto-	giusto	ortografia
paleo-	antico	paleolitico
pato-	sofferenza	patologia
ped-	bimbo	pediatra
penta-	cinque	pentametro
piro-	fuoco	pirotecnico
pneuma-	aria	pneumatico
poli-	numeroso	poliglotta
pseudo-	falso	pseudonimo
tecno-	arte	tecnocratico
tele-	lontano	televisione
teo-	dio	teologia
termo-	calore	termometro
tipo-	carattere	tipografo

■ 뉘앙스를 바꿔주는 접미사

접미사	뉘앙스	예
-ino/ina	diminutivi	bicchierino, gattino, piattino, paesino, ragazzino, tavolino, topolino, fratellino, piccolino, mammina, bastoncino, prestino/tardino
-etto/etta	diminutivi, vezzeggiativi	bacetto, cameretta, libretto, pranzetto, viaggetto borsetta, schiaffetto
-ello	diminutivi	alberello, asinello, storiella
-otto	diminutivi	giovanotto, passerotto cucciolotto
-uccio	diminutivi (affettivi o dispregiativi)	boccuccia, lettuccio, tesoruccio, cavalluccio (애칭) avvocatuccio, casuccia (비하)
-ucolo	diminutivi, dispregiativi	donnucola, poetucolo
-acchiotto	diminutivi, affettivi	furbacchiotto, orsacchiotto
-iciattolo	diminutivi, dispregiativi	fiumiciattolo, mostriciattolo
-one	accrescitivi	donna → donnona, uomo → omone, pall → pallone
-acchione	accrescitivi ironici	furbacchione/a, volpacchione/a mattacchione/a
-accio/a (-azzo)	accrescitivi dispregiativi	amorazzo, libraccio, boccaccia coltellaccio, codazzo, ventaccia ragazzaccio
-astro	accrescitivi dispregiativi (agg. attenuativi)	medicastro, politicastro dolciastro, biancastro
-ognolo -iccio	attenuativi	azzurrognolo, rossiccio, sudaticcio

■ 품사를 바꿔주는 접미사

1) 명사화

-aggine, -anza, -enza, -eria, -età, -igia, -ismo, -ita, -itudine, -ore	Qualità	testardaggine, costanza, clemenza, civetteria, serietà, alterigia, perbenismo, spontaneità, gratitudine, sapore
-aggio, -enza, -io, -ione, -ito, -mento, -ura, -uta, -zione	Azione	lavaggio, partenza, pigolio, ribellione, ruggito, tradimento, lettura, bevuta, costruzione
-aglia, -aia, -ame, -ato, -esca, -eto, -eta, -ime, -ina, -ione, -itu, -mento, -uglio, -ume, -ura	Insieme di	nuvolaglia, pietraia, bestiame, colonnato,
-aglio, -oio	Strumento	ventaglio, innaffiatoio
-aio, -aiolo, -ano, -ante, -ario, -ente, -fice, -iere, -ino, -ista, -olaio, -ore, -vendolo	Agente	fornaio, boscaiolo, ortolano, cantante, falsario, mittente, orefice, barbiere, spazzino, barista, calzolaio, professore, fruttivendolo
-aio, -ato, -oio, -orio, -ura	Luogo	acquaio, consolato, lavatoio, dormitorio, pretura
-esimo, -ismo	Dottrina	cristianesimo, comunismo
-iere, -ile, -ina	che funge da contenitore	braciere, fienile, vetrina

2) 형용사화

-abile, -ibile, -ubile	possibile di	navigabile, leggibile, solubile
-aceo, -apro, -igno	tendente a	violaceo, biancastro, solubile
-ale, -ano, -are, -ario, -ico, -iero, -ile, -istico, -ivo, -izio	riguardante di	provinciale, montano, familiare, ferroviario, toracico, ospedaliero, infantile, calcistico, sportivo, redditizio
-ale	che causa	mortale
-ano, -ino, -oso	proveniente di	paesano, cittadino, ventoso
-are	a forma di	triangolare
-uto	che ha in modo evidente	occhialuto, capelluto
-evole, -evolo	incline	favorevole, benevolo
-fero, -orio	portatore di	pestifero, illusorio

3) 고유명사의 형용사화

-acco	della Polonia	polacco
-ano	africano	dell'Africa
-ardo	savoiardo	della Savoia
-eno	iracheno	dell'Iraq
-eo	europeo	d'Europa
-esco	di Roma	romanesco
-ese	di Milano	milanese
-etano	di Napoli	napoletano
-iano	di Cristo	cristiano
-ico	di Napoleone	napoleonico
-igiano	delle Marche	marchigiano
-iota	di Cipro	cipriota
-olo	della Spagna	spagnolo
-ista	di Marx	marxista
-itano	di Palermo	palermitano
-ita	del Vietnam	vietnamita

4) 동사화 및 부사화

-acchiare, -icchiare, -ellare, -erellare, -ettare, -ottare, -icare, -ucchiare	alterazione	ridacchiare, dormicchiare, girellare, giocherellare, balbettare, parlottare, zoppicare, mangiucchiare
-azzare, -uzzare	alterazione e ripetizione	sghignazzare, sminuzzare
-ificare	rendere, causare	falsificare, beatificare
-mente, -oni	modo, maniera	elegantemente, tastoni

■ 라틴어 기원의 접미사

-cida	che uccide	omicida
-colo	della coltivazione, del prodotto	agricolo, viticolo, vinicolo
-coltore (-cultore)	che coltiva	frutticoltore, (frutticultore)
-coltura (-cultura)	coltivazione, allevamento	viticoltura (viticultura)
-dotto	condotto	acquedotto
-fero	che contiene	fiammifero, ombrellifero

-fico	che produce	prolifico, malefico
-forme	che ha la forma	filiforme, tubiforme
-fuga, -fugo	che sfugge, che allontana	transfuga, febbrifugo, callifugo
-grado	che cammina	retrogrado
-paro	che genera	oviparo, viviparo
-pede	che ha piedi	bipede, quadrupede
-valente	che vale	bivalente
-voro	che mangia	carnivoro, erbivoro

■ 그리스어 기원의 접미사

-algìa	dolore	nevralgia
-àntropo	uomo	filantropo
-arca	che comanda	monarca
-archìa	comando	monarchia
-bolo	che lancia	discobolo
-cefalo	testa	microcefalo
-ciclo	ruota	triciclo
-crate	che dirige	burocrate
-crazìa	potere	democrazia
-fagìa	il mangiare	antropofagia
-fago	che mangia	antropofago
-filìa	passione per	bibliofilia
-filo	che ama	bibliofilo
-fobìa	paura	idrofobia
-fobo	che ha paura	idrofobo
-fonìa	suono	radiofonia
-fono	del suono	telefono
-geno	che genera	idrogeno
-grafìa	descrizione	geografia
-grafo	che scrive	biografo
-gramma	scritto	telegramma
-ide	a forma di	sferoide
-logìa	scienza	mineralogia
-logo	studioso	astrologo
-mane	maniaco	piromane
-manìa	mania	bibliomania
-manzìa	divinazione	chiromanzia

-metro	misura	cronometro
-nomìa	amministrare	economia
-nomo	che regola	metronomo
-ònimo	nome	sinonimo
-patìa	sofferenza	cardiopatia
-pedìa	educazione	ortopedia
-podo	piede	gasteropodo
-scopìa	visione	radioscopia
-scopio	che vede	microscopio
-teca	scrigno	biblioteca
-tecnìa	scienza	zootecnia
-tipìa	impressione	linotipia
-tomìa	taglio	tracheotomia

APPENDICI

동사변화표

관용표현

파생어 목록

• 연습문제 해답

02. 관사

I) 1. x le 2. x i 3. x il 4. x un 5. le i 6. la x 7. x la 8. la x 9. la una 10. x x

II) 1. ok 2. Il 3. ok 4. ok 5. ok 6. la 7. la, la, l' 8. la 9. La, la 10. la Napoli

III) 1. Sul dei 2. all' con i 3. del 4. delle, dei, con gli 5. Nello, degli 6. sugli, sui 7. nelle, nei 8. Dallo, dalle 9. Nella 10. dal, delle

03. 명사

I) 1. la lettrice 2. la professoressa 3. la cagna 4. la duchessa 5. l'infermiera 6. la leonessa 7. la gallina 8. la regina 9. la pastora 10. la giornalista 11. la consorte 12. la eroina 13. la dea 14. la strega 15. la pediatra 16. l'ape 17. la pecora 18. la collega 19. l'attrice 20. la cuoca

II) 1. i poemi 2. i monarchi 3. le streghe 4. le allergie 5. le farmacie 6. le valigie 7. le camicie 8. le frecce 9. le province 10. i buchi 11. le mani 12. gli echi 13. i funghi 14. gli asparagi 15. i medici 16. i biologi 17. gli obblighi 18. i tecnici 19. gli agli 20. le centinaia

III) 1. gli arcobaleni 2. i capibanda 3. i crocevia 4. le acqueforti 5. i camposanti 6. le mezzelune 7. i pescispada 8. i bianconeri 9. gli accendisigari 10. i passaporti

04. 형용사

I) 1. mari blu 2. begli esempi 3. cornici antiche 4. giacche marroni 5. buoni studenti

II) 1. seri 2. bei 3. brillante 4. egoista 5. rosa

III) 1. il suo 2. il loro 3. le sue 4. dei suoi 5. il tuo

VI) 1. lo stesso(=il medesimo) 2, Allo stesso(=Al medesimo) 3. Le stesse(=Le medesime) 4. lo stesso(=il medesimo) 5. gli stessi(=i medesimi)

V) 1. nessuna 2. tutto 3. alcun 4. troppi 5. poco

VI) 1 quanti 2 che 3 quale 4 Che 5 quanta

VII) 1. terzo, prima 2. due un 3. duemila mille 4. cinquanta, trenta 5. sedicesimo, secondo

VIII) 1. più-di 2. più-che 3. tanto-quanto 4. più-che 5. meno-della

05. 대명사

I) 1. le 2. gli 3. lo 4. li 5. lo 6. le 7. la 8. ci-i 9. l'-a 10. ne-a 11. gli-o 12. ne 13. mi 14. le 15. lo 16. li 17. le 18. le 19. la 20. le

II) 1. li ho lavati io. 2. ci abbiamo visitato l'anno scorso. 3. non le abbiamo avute. 4. Sì, l'ho spenta. 5. li ho sentiti una settimana fa. 6. li ho visti ieri. 7. l'ho comprata al grande magazzino. 8. non l'ho invitata 9. le hanno trascorse al mare. 10. ne ho fatti tanti.

III) 1. ci 2. si 3. si 4. Ti, mi 5. vi, ci 6. si 7. ci 8. ci 9. si 10. vi, ci

IV) 1. Marcello è un ragazzo simpatico a cui offro spesso il caffè. 2. Abbiamo letto sul giornale le notizie di cui parlano tutti quanti. 3. Filippo è un bambino affascinante con cui Marta è uscita la sera. 4. Prendi i cd di cui ti ho parlato l'altra volta. 5. E' un ragazzo di cui ci si può fidare. 6. Ho vinto il concorso a cui ho partecipato un mese fa. 7. Le ricette con cui ho preparato il pranzo sono semplici. 8. Ho preso in prestito il maglione che hanno regalato a mia sorella. 9. Ho dato da mangiare al cagnolino che era in cortile. 10. La collega con cui vado d'accordo molto è Maria.

V) 1. che(=le quali) 2. che 3. di cui 4. (a) cui 5. in cui(=dove) 6. per cui 7. che 8. con cui (=con la quale) 9. a cui (al quale) 10. che 11. che 12. (a) cui 13. di cui 14. in cui 15. al quale 16. che 17. in cui(=dove) 18. che 19. (a) cui 20. in cui 21. di cui 22. dove 23. a cui/al quale 24. che(=il quale) 25. per cui(=per la quale) 26. (a) cui 27. in cui(=nel quale) 28. del quale(=di cui) 29. che 30. dove

06. 동사

ⓐ 재귀동사와 대명동사

I) 1. si è fatto, 2. ci laviamo, 3. si fermano, 4. si è svegliato, 5. ci salutiamo / ci vediamo, 6. vestirti, 7. si trovano, 8. asciugarmi, 9. si è arrabbiata, 10. si chiamano

II) 1. la pianti, 2. me ne vado, 3. te la passi, 4. se ne fregano, 5. ce l'ha 6. ce la faccio, 7. se ne infischia, 8. farcela, 9. ci vogliono, 10. me la cavo 또는 caverò

III) 1. me la sono cavata, 2. se l'è presa, 3. ce la siamo spassata, 4. ce l'ho fatta, 5. ci è cascata, 6. ce l'ho messa, 7. me la sono presa, 8. se ne sono andati, 9. ci sono voluti, 10. avercela

ⓑ 반과거 혹은 근과거

I) 1. sono arrivate, 2. mangiava, 3. andavamo, 4. abbiamo deciso, 5. hanno perso, 6. guardava / lavava, 7. volevo / stava / ho deciso, 8. ero / giocavo, 9. erano / hanno visitato, 10. ci siamo sposati / aveva, 11. suonava, 12. cucinava / facevano, 13. ha chiamato / ero, 14. abbiamo conosciuto / sapevano, 15. ho comprato / si è rotta

ⓒ 부정사

I) 1. aver offeso, 2. tornare, 3. finire, 4. aver visto, 5. arrivare, 6. provare, 7. essere andato, 8. aver cambiato, 9. aver avuto, 10. aver fatto

ⓓ 제룬디오

I) 1. sbuffando, 2. lavorando, 3. diluendo, 4. avendo letto, 5. avendo ascoltato, 6. avendo trovato, 7. bevendo, 8. Mangiando, 9. guardando, 10. Essendo arrivato

ⓔ 분사

I) 1. imburrato, 2. Risolto, 3. cotta, 4. proveniente, 5. parcheggiate, 6. parlante, 7. scritte, 8. completata, 9. lampeggiante, 10. sorridente

ⓕ **가정문**

I) 1. fossi, 2. torno, 3. avessimo vinto, 4. dovreste, 5. avessi dormito / saremmo potuti, 6. faccio, 7. sapessero / prenderebbero, 8. volesse / chiederebbe, 9. arrivano, 10. avessi detto

ⓖ **수동문**

I) 1. La Gioconda fu dipinta da Leonardo Da Vinci.

2. È stato licenziato dal capo la settimana scorsa.

3. La città di Napoli è stata fondata dai greci.

4. La stanza era illuminata da un antico lampadario.

5. Le pizze furono servite dal cameriere.

6. Il vetro della finestra è stato rotto da un pallone.

7. Il campo è arato dal contadino.

8. Tutti furono allarmati dal suono delle campane.

9. La finestra è illuminata dal sole.

10. Diverse automobili venivano fermate dai poliziotti.

11. La riunione sarà presieduta dal direttore dello studio.

12. La partita sarà stata annullata dall'arbitro per la pioggia.

13. Tu sei stato ringraziato da tutti.

14. I giocatori erano convocati dall'allenatore.

15. Il pranzo sarà preparato da un grande cuoco.

16. Le pianticelle erano scosse dal vento.

17. Il Natale è atteso dai bambini.

18. Le proposte saranno esaminate dai membri dell'istituto.

19. La vignetta fu disegnata da un famoso caricaturista.

20. Pensavo che la cena fosse stata offerta da lui.

ⓗ 비인칭

I) 1. si dicono, 2. si prendono, 3. si bevono, 4. si mangia, 5. si deve, 6. si comprano, 7. si fa, 8. si studiano, 9. si possono, 10. si vuole

II) 1. Si è detta la verità, 2. Si è andati in ferie, 3. Si sono aspettate le notizie, 4. Si è riso e si è pianto, 5. Ci si è ricordati delle cose importanti, 6. Si è parlato molto di come fare una riforma fiscale, 7. Si sono fatti grandi cambiamenti, 8. Quando si è stati poveri si vede la vita in modo diverso, 9. si è deciso, 10. Si è tornati, 11. si sono fatte, 12. si è fatta(재귀), 13. si è fatto, 14. C. e M. si sono abbracciate (재귀) 15. Quando si è finita

ⓘ 시제일치

I) 1. è andato [직.현-선행, 직.근], 2. aveva parlato [직.과-선행, 직.대], 3. è piovuto [직.현-선행, 직.근], 4. era [직.과-동시, 직.반], 5. era rimasto [직.과-선행, 직.대], 6. può/potrà [직.현-후행, 직.현/직.미], 7. [직.현-동시, 직.현], 8. sarebbe partita [직.과-후행, 조.과], 9. sta tornando [직.현-동시, 직.현], 10. sarebbe tornato(a)/tornava [직.과-후행, 조.과/직.반], 11. era tornata [직.과-선행, 직.대], 12. avevo prestato [직.과-선행, 직.대], 13. dormiva [직.과-동시, 직.반], 14. è arrivato [직.현-선행, 직.근] 15. avevamo scattato [직.과-선행, 직.대] 16. sarà finito [직.미-선행, 선.미], 17. aveva fatto, era rimasta, aveva dovuto [직.과-선행, 직.대], 18. era [직.과-동시, 직.반], 19. avremo deciso [직.미-선행, 선.미], 20. è andato [직.현-선행, 직.근]

II) 1. è andato [직.현-선행, 직.근], 2. andava [직.현-선행, 직.반], 3. era/è stato [직.현-선행, 직.반/근], 4. avrò finito [직.미-선행, 선.미], 5. avrà letto[추측 선. 미], ha letto/leggeva/lesse[근/반/원 가능], 6. stava/era stato [직.과-선행, 직.반/대], 7. aveva già consegnato [직.과-선행, 직.대], avrebbe consegnato [조.과-선행, 과거 속 미래], 8. ero uscito, avevo preso [직.과-선행, 직.대], 9. aveva detto/diceva [직.과-선행, 직.대/반], 10. aveva lavorato/lavorava [직.과-선행, 직.대/반]

III) 1. hai [직.현-현], 2. sono [직.현-현], 3. mi vorrà, 4. lavorava [직.과-반], 5. arrivò/giocavano [직.과-근], 6. facevamo [직.과-반], 7. aveva [직.과-반], 8. stava [직.과-반], 9. voleva [직.과-반], 10. volevi [직.과-반]

IV) 1. farà/fare [직.현-후행, 미], 2. smetterò [직.현-후행, 미], 3. durerà [직.현-후행, 미], 4. farai [직.현-후행, 미], 5. vincerai/vinci [미래-후행, 미/현], 6. avrebbe parlato [직.과-후행, 과거 속 미래], 7. avrebbe mai visto [직.과-후행, 과거 속 미래], 8. le avrebbe telefonato [직.과-후행, 과거 속 미래], 9. avrebbe lasciato [직.과-후행, 과거 속 미래], 10. sarebbe venuto [직.과-후행, 과거 속 미래]

V) 1. era successo (직, 과-과거들의 과거 대과거), 2. lavorasse (접, 과-접반), 3. farà/fa (직, 과-미래), 4. aveva vissuto (직, 과-대과거), 5. volevi (직, 과-동시반과거), 6. facesse (조, 현-동시, 후행 접반), 7. ebbi finito (직,원-선과거 연결), 8. abbiate (접, 현-현), 9. avrebbe parlato (직과, 과미 = 조과), 10. avrò fatto (선미-미), 11. aveva (직, 과-동시반과거), 12. se ne andarono (직과, 미래), 13. l'aveva tradita (직 원-대과거), 14. arrivò/è arrivata (동시 반과거-직과), 15. avrebbe mai visto (직과-과거 속 미래), 16. avessero regalato (접과-과거 속 미래), 17. abbia fretta (동시,접현), 18. duri/durerà (현-접현, 직미), 19. hai promesso (미-근과거), 20. aveva lavorato (과-대과거)

ⓘ 직접화법, 간접화법

I)

1. La mamma chiese a Elena di aiutarla a cucinare.(...che la aiutasse a cucinare.)
2. Disse che una settimana dopo avrebbe fatto un viaggio in Messico.
3. La nonna le chiese se la accompagnasse a casa di Enzo.
4. Elena gridò che non le piaceva quel film.
5. Ci spiegarono che avevano vissuto in Italia per tanti anni.
6. Simone disse al maestro che il giorno prima era andato a teatro.
7. Maria disse che suo fratello si sarebbe sopato.
8. Il conduttore disse che quella puntata sarebbe stata ricca di colpi di scena.
9. Mia sorella disse che era ammalata.
10. Mio padre mi disse che il giorno dopo saremmo andati allo stadio.
11. La maestra chiese alla classe se avessero studiato.
12. Le dissi che non sapevo cosa consigliarle.
13. Michela disse che ci avrebbe aspettato tutti alla sua festa.
14. Matteo disse che quel libro era suo.
15. Carla esclamò che quel giorno era proprio felice.
16. Matteo promise che il giorno dopo l'avrebbe chiamato.
17. Il ragazzo chiese chi andasse con lui.
18. Il ragazzo disse che era affamato.
19. Il padre ordinò al ragazzo di tacere.
20. Marta disse che se ne andava.
21. Gli disse che se le avesse scritto, l'avrebbe fatta felice.
22. Mio fratello mi disse che il giorno dopo sarebbe partito presto.
23. Andrea pensò di dover risolvere quel problema.
24. Il nonno chiede a Tommaso che lo aiutasse a verniciare il cancello.
25. Tina mi chiese se avessi studiato i verbi.
26. Gli ordinò che partisse subito e che non tornasse./Gli ordinò di partire subito e di non tornare.

27. Valentino ha detto che gli dispiaceva di non essere venuto.

28. Mia sorella mi ha detto che mi avrebbe portato un regalo.

29. Iosella disse che avrebbe voluto guidare la sua macchina.

30. Disse che se lo avesse visto, gli avrebbe parlato.

07. 부사

I) 1. mensilmente, 2. affettuosamente, 3. costantemente, 4. dovunque, 5. tranquillamente, 6. telefonicamente, 7. quotidianamente, 8. particolarmente, 9. assurdamente, 10. annualmente

II) 1. per niente, 2. qui, 3. lassù, 4. perfettamente, 5. ci, 6. al più presto, 7. poco, 8. adesso, 9. male, 10. subito

08. 전치사

I) 1. Sul – nello, 2. delle - alle, 3. sugli – sui, 4. all' - agli, 5. nelle – nei, 6. del – degli, 7. dallo – dal, 8. dallo – dalle, 9. all' -alle, 10. del - del

II) 1. in, 2. in, 3. al, 4. da una, 5. a, 6. in / al, 7. dalla, 8. da, 9. sui, 10. Per, 11. della / sul, 12. di / alle, 13. a / per, 14. a / per, 15. in

09. 접속사

I) 1. dove, 2. Mentre, 3. che, 4. perché, 5. affinché, 6. neanche, 7. Dopo, 8. né 9. ma, 10. quello che, 11. perciò, 12. anzi, 13. altrimenti, 14. né / né / ma, 15. sebbene, 16. in modo che, 17. perciò, 18. se, 19. come, 20. Sia / sia

10. 감탄사

I) 1. Santo cielo, 2. Sbrigati, 3. Ehi, 4. Oh, 5. Uffa, 6. Bene, 7. Basta, 8. Ahi, 9. Mah, 10. Ah